燕赵传奇

民俗文化（下）

河北人民广播电台五百集本土文化系列节目

王智◎主编

河北出版传媒集团
河北教育出版社

第五十一回 定窑千古韵 光彩照五环

上一回我们说到太行山四大瓷窑中名声最大、地位最高的邢窑，那是隋唐时期世界白瓷的圣地。在邢窑之后，中国白瓷历史又冉冉升起了一颗新星，这就是定窑。定窑里面究竟烧出了哪些珍贵的瓷器？那些瓷器又是如何漂洋过海传到国外的呢？

定窑的名气也是相当大，可以跟邢窑相媲美。

定窑是我国宋金时代北方规模最大、影响最广、为宫廷供奉瓷器时间最长的瓷窑场，以生产白瓷闻名于世，为宋代五大名窑之一。定窑白瓷胎体坚硬致密，釉色白中泛黄，呈牙白色，柔美温馨、自然恬静。其中，定窑瓷枕是定窑白瓷中最具创造性的经典。

在台湾的故宫博物院，最令世界各国旅游者神往的一件古代瓷器珍品就是定窑北宋白瓷孩儿枕。整个白瓷枕的釉色温润，这个胖胖的小孩儿双手伏在枕下安卧，脸上的表情非常生动，栩栩如生，令人爱不释手。

在北京故宫博物院，也珍藏着一件类似的宋代定窑孩儿枕，长 40 厘米，宽 14 厘米，高 18.3 厘米。从整体来看，小孩儿伏在卧榻上，他的背就是枕面。小孩儿的头斜枕于交叉的手臂上，脸向右侧，表情稚朴天真，大眼睛、宽脑门、大双耳、饱满的耳垂和挺直的鼻子构成了中国传统中的“富贵”形象。小孩儿的右手还握着一个绣球，身穿绣花绫罗长衫，外罩坎肩，下穿长裤，足登软底布鞋，衣着极具宋代服饰特点。卧榻四周雕刻着如意纹，精致华美。再加上瓷胎细腻，釉色白中发暖，就像是象牙一样温润，打眼一看，“岁月静好”四个字一下子就涌上心间。

瓷枕是中国古人创造的清凉消暑的寝具，据说，最晚在隋代就有了。隋炀帝骄奢淫逸、贪图享乐，夏天闷热难

台湾故宫博物院馆藏定窑孩儿枕

以入睡，他突发奇想，一纸令下，让瓷窑的工匠们给他烧制一种夏天用的枕具。工匠们谁都不敢怠慢，精雕细琢地给他制作了一款瓷枕，夏天枕着它睡觉清凉舒适，隋炀帝爱不释手。从那起，瓷枕就流行起来。

到了唐代，瓷枕开始大批量生产，到了两宋及金、元时期，瓷枕的发展进入了繁荣期，产地遍及大江南北。各地的瓷器艺术家挖空心思巧琢磨，烧造了千姿百态、形态各异的瓷枕。北方以定窑和磁州窑的瓷枕最为精美。当时定窑的瓷枕流行的有几何形枕、兽形枕、人物形枕等，工匠们还运用了剔画、印画、堆塑、金装等各种技法，让瓷枕变得更加精巧、细腻。

宋代词人李清照就在《醉花阴》中提到瓷枕："薄雾浓云愁永昼，瑞脑销金兽，佳节又重阳，玉枕纱厨，半夜凉初透。"这里的"玉枕"就是瓷枕。

到了清代，乾隆皇帝也非常钟爱定窑的孩儿枕。有一次乾隆得到了一件孩儿枕后，诗兴大发，提笔写了一首诗："瓷枕通灵气，全胜玳与珊。眠云浑不觉，梦蝶更应安。"

定窑白瓷"白如玉、薄如纸、声如磬"，成了中国瓷器中的佼佼者，一路飙红。长江后浪推前浪，到了北宋时期，定窑取代了邢窑，成为宋代的五大名窑之一，名扬海内外。定窑窑场位于河北省曲阳县境内，那定窑的名号又是从哪来的呢？

古代瓷窑一般以州命窑。定窑在曲阳，唐宋时期曲阳隶属定州，而且定州也是这些瓷器的主要集散地，因此称为“定窑”。

从河北走出来的著名历史学家傅振伦先生，曾是故宫博物院最权威的瓷器专家，也是我国著名的地方志专家。他老人家也曾谈到，定窑跟汝窑、官窑、哥窑、钧窑被公认为宋代五大名窑。

定窑是北宋王朝最北面的官窑，靠近宋辽边界，随时都有可能被契丹的铁骑踏平。可北宋王朝的皇帝们为什么要死死把持住定窑呢？

因为定窑是精细白瓷生产最具代表性的窑场。在北宋时期，定窑白瓷的地位迅猛飙升，甚至取代了曾在唐代盛极一时的邢窑白瓷，一跃成为“天下第一”，被进献到宫廷、官府，受到上流社会的追捧，成为宋朝的皇帝、士大夫、贵族的专供。

正因为定窑白瓷工艺精细、质地温润，就有人用定窑瓷形容美人的肌肤，夸赞美女像“瓷娃娃”一样润泽。定窑瓷的名气太大了，成了古代时尚界的宠儿。山西介休窑、平定窑、北京龙泉务窑，甚至江西景德镇、四川彭县窑等，纷纷效仿。这些窑场仿造的定窑瓷器，通常被称为“仿定器”。

斧碎红瓷，张贵妃为何触怒龙颜？
情有独钟，乾隆帝如何赋诗夸赞？

定窑在瓷器历史上流光溢彩，古人对定窑都有怎样的评价呢？

如果我们在中国古代文献中检索定窑，绝对不会像井陉窑那么委屈，因为定窑几乎就是河北瓷窑的代名词，红透大江南北，闪耀在中国古代史册之中，真可谓名垂青史。

宋代大文豪苏轼做过定州刺史，他对定瓷盛赞不已，还曾经留下这样的诗句：“潞公煎茶学西蜀，定州花瓷琢红玉。”他用这句“定州花瓷琢红玉”来夸赞定瓷的精细坚致、色彩绚烂。

北宋后期有个文人叫邵伯温，他在《邵氏闻见录》中讲了一个这样的故事：宋仁宗非常宠爱张贵妃，有一天去张贵妃那里，突然看见一件定州红瓷器。他就问：“你这个东西是哪儿来的啊？”张贵妃说：“是一个大臣送的。”宋仁宗生气了："我经常跟你说，不要接受大臣的馈送，你为什么不听呢？"说完以后，手持柱斧，当场把它打碎了。

这说明什么问题呢？首先说明这个红定瓷在当时是非常贵重的东西，不然皇上不会着急上火。家里多一个瓷碗搁那儿，皇帝就发火，是不可能的事。当时定州红瓷器在烧造上有相当的难度，是难得的珍品，所以手下的大臣才用这个来送礼，想送给皇帝却又不敢，只能拐弯抹角送给了贵妃，结果惹得皇上生气。这段记载是北宋人的记载，所以非常可信。由此可见，定窑不仅白瓷天下知名，也产红瓷器，且在当时也属珍贵物品，并为达官贵人所喜爱。

南宋太平老人的《袖中锦》给定瓷以极高的评价，认为定瓷与端砚、蜀锦等都是"天下第一"的名品。

不仅宋朝皇帝对定窑瓷器爱不释手，清代帝王也非常钟爱定窑瓷器。乾隆皇帝是位喜欢艺术收藏的帝王，曾经写了 32 首咏定窑的诗，可见这位天子对定瓷情有独钟。乾隆皇帝有些诗作被宫廷匠师镌刻在器物上，一直流传至今。其中一首《咏定窑海兽洗》的诗："海马瀛羊舞浪中，扶桑想见涌曦红。不为玩器为盂洗，淳朴犹余暮古风。"现如今，这件方形的瓷器就珍藏在北京故宫博物院。

在千年的历史长河中，定瓷之美有目共睹，流传后世的精品更是家喻户晓，首屈一指的就是白瓷。

定瓷烧成温度一般在 1300 摄氏度以上，高于一般瓷器的 1250 摄氏度，所以定瓷比其他窑口的瓷器更坚实。定瓷的胎料加工精细，生产出的白瓷细腻温润。再加上釉料中氧化钛含量较高，釉色白中泛黄，呈现出象牙般的质感，给人以柔和悦目、温润恬静的美感，被世人誉为"中和之美"。

俗话说："酒香不怕巷子深。"定窑瓷器凭着精致细腻的做工、超凡脱俗的造型，成了瓷器中的"状元郎"。定窑瓷器不但声震大江南北，还誉满海外，出口到世界很多国家。

定窑瓷器分布范围很广，考古证明，东到东北的辽宁，北到内蒙古高原，南到江浙、湖南，西到陕西，都有定瓷遗物出土。即使在宋金对峙时期，也从未阻断过定瓷产品的流通。近年来，考古专家在杭州市南宋都城临安城附近进行了考古发掘，在南宋太庙遗址、临安府衙署遗址出土了一定数量的定窑瓷器，有的还带有宫廷使用的款识。

定瓷除了在国内大江南北流传，还漂洋过海到了国外。从定窑产地曲阳，到黄骅渤海边的海峰镇，有一条水上瓷器之路，从曲阳沿着古代的滱水（今唐河）一直河运到海峰镇，然后装船出口海外。

定瓷很久以前就走到了遥远的非洲，埋在了金字塔的故乡埃及。公元641年，在大唐王朝长安，唐太宗李世民举行隆重的仪式，将文成公主嫁到吐蕃，与松赞干布成亲。同一年，阿拉伯人在非洲尼罗河畔创建了福斯塔特城，这座古城就是埃及首都开罗的前身，后来在战火中毁于一旦。在福斯塔特遗址考古中，出土了不少中国北宋王朝的定窑瓷器。另外，非洲东海岸的索马里，还有东南亚各国，都发现了定窑瓷片。

看来，定瓷不仅全国驰名，而且还畅销海内外，滚滚的波涛和疯狂的战争都没能阻挡住定瓷走向世界的脚步。

寻迹定州，定窑遗迹为何烟消云散？
实地查证，北大教授怎样解开谜团？

别看定窑在中国陶瓷史上地位显赫，在文献中也有很多记载，可是由于窑火早已熄灭，所以在20世纪30年代以前，人们并不知道定窑的窑址究竟在哪儿。人们琢磨着，这个窑不是叫定窑吗，那一定在定州。他们兴冲冲地来到定州寻找，却竹篮子打水一场空，连个影儿都没找着。定窑的遗址就这样被淹没在历史长河中。

直到1934年，一个留洋归来的学者揭开了这个历史之谜。这个学者就是时任北平大学工学院教授的叶麟趾先生。他通过实地考察，发现了定窑的遗址就在河北曲阳县剪子村（即涧磁村）和燕川村。

新中国成立后，故宫博物院的陈万里、冯先铭先生对定窑遗址进行了实地复查，确认曲阳涧磁、燕川等村是历史记载的定窑遗址所在地。2009年开始，河北省文物部门对定窑遗址进行考古发掘，数以吨计的瓷器和窑具出土，揭开

定窑遗址

了定窑许多历史谜团，被评为“2009 年全国十大考古新发现”。

那么，定窑究竟是从什么时候创烧的呢?

河北省文物研究所长韩立森通过对出土文物的研究得出结论，定窑的创烧时代在中晚唐时期。定窑具有如此优越的资源，为什么它的开创时间要比邢窑和井陉窑晚了几百年呢，这其中发生了什么事儿呢?

说话唐代安史之乱以后，河北形成三大藩镇割据的局面，而正定、定州、保定这一带的六个州，成为成德军节度使割据地区。成德军节度使李宝臣为了对付北面幽州节度使，就委派大将张孝忠驻守定州，控制易州、定州，没想到，李宝臣死了，他手下的大将王武俊发动了兵变，杀了李宝臣的儿子，控制了成德军。而占据易州、定州的张孝忠乘机投降了朝廷。朝廷为了遏制藩镇割据，就委任张孝忠为节度使。后来成德军的动乱平息了，王武俊成了成德军节度使，而张孝忠控制的易州、定州就从成德军分裂出去。张孝忠当了节度使，也需要大量瓷器，就开始建立自己的瓷窑，于是，位于曲阳县的定窑从此发展起来了。这段历史与考古发现正好相互印证。正是藩镇割据局面和易定节度使的需求，开启了定窑的历史。

定窑出土的定瓷中有 15 种带题款的，大都与宫廷有关。这些题款中数量最多的是五代、北宋初期的“官”字及“新官”字款。还有一些瓷器上带有“尚食局”、“尚药局”、“东宫”款，有一些盘子和碗上面还带有龙纹装饰，这说明从五代到宋代，再到金代，定窑都在为宫廷烧制瓷器。

为了保护定窑遗址，曲阳县设立了“定窑遗址文物保管所”，还成立了定瓷研究室，培养了定瓷大师陈文增等文化名人，定瓷坯釉研究等项目还申请了专利。2006 年，“定瓷烧制技艺”被列入国家级第二批非物质文化遗产名录。

如今，曲阳县以定窑、石雕艺术为主题的文化产业园，已经被列入国家文化产业示范园区，不仅促进了定窑艺术的恢复创新，也带动了当地旅游商品的开发和旅游产业的繁荣。

这正是：

千载定窑写辉煌，官窑贡品凝华章。

定瓷名品通四海，白瓷神品永流芳。

第五十二回　磁窑耀邺都　神韵永焕然

上一回说的是宋代五大名窑之一的定窑，经过百年寻访，考古学家终于在河北曲阳发现了定窑遗址，让“颜色天下白”的定瓷大白天下，揭开了被时光掩埋的秘密。河北四大瓷窑，都创造了了不起的传奇，这一回要说的这最后一处的磁州窑却堪称神话，它是唯一一个历经千年风霜，依然活在当下的窑口。磁州窑的窑火为何生生不息？它是怎样穿越古今来到我们面前的呢？

在河北四大瓷窑之中，磁州窑是唯一一处千年薪火相传，一直烧到现在的窑场。

从隋开皇二年（582 年）设立磁州到 1913 年废州改县，磁州窑经历了 1700 多年的历史。古代磁州窑的中心地带就在现在邯郸市的磁县和峰峰矿区彭城镇。

20 世纪 70 年代，考古工作者在磁山镇发掘出 8000 年前先民们烧造的陶器，这个发现，如一石激起千层浪，震惊了中外考古界。作为中国宝贵的新石器文化遗存，磁山文化把仰韶文化的考古年代一下子往前提了 1000 多年！这 1000 年间，到底发生了什么事儿呢？

磁县是河北靠安阳殷墟最近的县，大约在 3600 多年前的商代中期，这一带的陶工就在烧制白陶和硬质陶的基础上，烧出了原始瓷器，走出了人类从制陶到制瓷的一大步。从远古时代走出的磁州窑可谓家学渊源，这里的瓷器究竟有怎样的不同？

前面我们说过唐代独领风骚的邢窑、北宋盛极一时的定窑，这两座窑烧制的主要是精致的细白瓷器，属于高端定制，专供宫廷、贵族、雅士；与邢窑、定窑不同，磁州这个地方没有白瓷土资源，就好比一个姑娘没有天生的细白皮肤，但磁州窑依然风华绝代、光彩照人，这是如何做到的呢？

三分长相，七分打扮，这个理儿在瓷器界照样通行，磁州窑走的是一条化妆白瓷的路子。它运用了白地铁锈花、黑地白花、白地刻花、黑地刻花、白釉褐彩、红绿宋三彩、翡翠釉、墨玉釉等近30多种装饰技法进行装饰。人靠衣裳马靠鞍，这么多身让人眼花缭乱的漂亮衣裳往身上一穿，那华美的气质自然就出来了。

100多年来，国内一些学者大都把磁州窑定义为民窑，在他们看来，邢窑、定窑这些名窑之所以在历史上灭了火，是因为它们官窑的身份，伴随一场场的战争和朝代更迭，它们也身不由己受到牵连。而磁州窑呢，却扎根民间，和你方唱罢我登台的政治少了许多纠葛牵连，所以才独善其身走到了现在。

追根溯源，千年窑火缘何生生不息？

开枝散叶，磁州瓷器怎样风行天下？

用一座民窑来定义磁州窑、概括它的历史，笔者持否定的观点。

磁州窑从北朝开始，成为规模宏大的窑场，笔者认为，根本的因素不是民间需求，而与它所处的的位置有关。磁州窑所在的邺城是曹操建立的魏王都城、东晋十六国和东魏北齐的国都。磁州是北朝文化集中遗存区，东魏王朝的孝静帝、北齐的五位皇帝和闻名中外的兰陵王墓葬，都在磁县及其周边地区。

通过对峰峰矿区彭城镇的贾壁村、临水窑、邺城西郊的河南安阳等瓷窑遗址的发掘证明，正是从东魏北齐开始，这里开始大量烧制青瓷。在磁县邺城周围，东魏、北齐墓葬里也出土了大量的陶俑和随葬青瓷，它们都来自邺城附近的磁州窑。由此可见邺城的皇亲国戚们，对陶器瓷器存在大量需求，这在一定程度上刺激了磁州窑的生产。所以说，没有帝王之都邺城，就没有北朝的磁州窑。

唐朝后期，藩镇割据，磁州窑成了军阀官僚们的家族窑场，唐代后期那些独具特色的瓷枕、华丽的瓷塑，压根不是平民百姓用得着的东西，都属于藩帅定制，只是没有官窑的标签而已。所以，把磁州窑定义为纯粹民窑系，并不客观。

宋金元时期，磁州窑进入最辉煌的时期，一共拥有17个产区、上千个窑场，窑场遍布黄河流域的河北、河南、山东、山西、陕西、内蒙古等地，一些学者甚至把安徽肃县的白土窑、江西的吉州窑、福建泉州的磁灶窑、四川的广元窑都归入磁州窑系，因为它们都有着明显的磁州窑家族特征——装饰自由洒脱、造型别致。

当时，磁州窑工艺不仅影响了大半个中国，还引领了世界范围的瓷器审美之风。12世纪末，泰国国王把磁州窑的陶工带到自己的国家；在朝鲜，被称作“绘高丽”的陶瓷制品就是直接效仿磁州窑烧制的；在日本出土的相当于桃山时代的瓷器，与磁州窑的瓷器完全类似；在伊朗、伊拉克、埃及、土耳其，在越南、印度、马来西亚，都曾大量出土过铁锈花风格的磁州窑或磁州窑系的瓷器。

直到现在，磁州窑的瓷器也是世界各国博物馆的宠儿。在美国的百老汇博物馆、英国的大英博物馆，以及德国的慕尼黑、法国的巴黎都可以看到来自东方的这种黑白花瓷器。

穿越千年，足迹遍布大半个地球的磁州窑在世界陶瓷史上是当之无愧的常青树，然而翻遍史书，却很难查到关于它的记载，这是为什么呢?

深刻影响了世界陶瓷文化的磁州窑，在宋元史籍上竟没有记载，北宋官修的《太平寰宇记》里倒是有只言片语——“磁州土产是磁石、磁毛”，在明清史籍中也只是寥寥数语，明代的《格古要论》中也仅仅多说了几句：“古磁器，出河南彰德府磁州（磁州明清一度属于河南），和定器很相似，但没有泪痕，也没有划花，绣花、素色的价格比定窑瓷器便宜。”我们无法从史书中找到磁州窑历时千年的辉煌，不能不说是中国陶瓷文化的一件憾事。

尘封千年，一座古城掩埋多少历史机密?

行迹万里，一座古窑呈现几多繁华往事?

1918年，黄河泛滥，在河北省巨鹿县境内，一座神秘的古城遗址被冲出水面，这就是宋代古城巨鹿故城，此时它已经在地下沉睡800多年，与它一同重见天日的还有无数精美的宋代瓷器。

嗅觉灵敏的古董商、陶瓷专家、考古学者得到消息，从世界各地赶了过来，一番明争暗抢之后，大批精美的文物流失到海外，这其中就包括大量的磁州窑瓷器。

如今不少国家的博物馆里还陈列着当年的“战利品”：英国大英博物馆有一对磁州窑瓷枕，维多利亚阿尔贝特美术馆有一个铁锈花大梅瓶，美国密特罗鲍里埃美术馆有漂亮的白黑地刻花瓷瓶，而日本人更是最大的赢家，当年掠走的磁州窑精品有上万件之多。

淹埋地下的古窑址陆续被发现，一个遍布黄河流域的“磁州窑”和“磁州窑系”引起世界的关注，从北朝默默走来的磁州窑开始频频亮相世界艺术殿堂。

——1934 年，著名的英国学者霍普逊第一次提出“磁州窑”的概念。

——英国魏利阿姆夫人第一个将磁州窑艺术风格做了全面的归纳。

——日本学者长谷部乐尔写出了研究磁州窑的第一部专著《宋代的磁州窑》和《磁州窑》。

——1981 年，日本、美国、英国、加拿大四国在美国印第安纳州举办了磁州窑第一个“国际讨论会”。

这一道道来自世界的眼光让民族风的磁州窑有了国际范儿，蛰伏多年的无名英雄成了世界陶瓷史上的东方不败。在瓷器家族里，是英雄总要问个出处，磁州窑产区遍布黄河流域，到底哪里才是嫡传正宗呢？

唯有磁县漳河水域的观台窑、冶子窑、东艾口窑和滏阳水域的彭城镇各窑

磁州窑古窑群

是“嫡系磁州窑”，是磁州窑本部产地。

这其中，东艾口窑遗址是英国人卡尔贝克在20世纪30年代发现的。20年后，中国的学者陈万里发现了观台窑、冶子窑遗址。之后，学者们顺藤摸瓜，在观台镇和彭城镇方圆百里之内，陆续发掘出200多个古窑。

1958年，河北省文物工作队对观台窑址进行了科学发掘，刚挖了100多平方米，2600多件瓷器和标本就呼啦啦地冒了头；1987年，北京大学考古学系和河北省文物研究所对观台窑址进一步发掘，这回有了更惊人的发现，观台镇和彭城镇周围地表以下6米至9米，十几米高、数公里的古代瓷渣堆积如山，历代精美瓷器和瓷片标本数不胜数，这里简直就是一个古瓷的王国！考古队员一鼓作气，共收获了古窑场九座、完整或可复原的瓷器1000多件，瓷片标本数10万件。

伴随一件件文物出土，一段段记在瓷器上的历史明明白白浮现，它们证明，从元代至今，彭城镇的窑火800年未断。明朝的时候更有了“南有景德，北有彭城”的说法。作为北方瓷都，这里产销两旺，史书上形容“十里彭城，日进斗金”。

磁州窑的瓷器，不仅拥有美丽的纹饰，还留下了大量风雅的诗词和独特的吉祥文化。磁州窑的诗词大多出自当时文人之笔，随意亲和，形式也不拘谨。有“有客问浮世，无言指落花”这样的民谚俚曲，也有“众中少语，无事早归”这样的警示箴言，还有“贫居闹市无相识，富住深山有远亲”的处世哲学。此外“国家永安”、“天下太平”、“天地大吉”这样的吉祥话不在少数，“风吹前院竹，雨折后院花”、“清风细雨，黄花绿叶”这样优美的诗句更是数不胜数。这些题句大多写在瓷枕上，上口好记寓意好，文人墨客和市井百姓都喜欢。

磁州窑的窑口，重视品牌塑造。多数传世的瓷枕底部，都刻制着作坊的标记，如“张家造”、“赵家造”、“张大家枕”、“李家枕”等，这种窑口字号的款，成为磁州窑文化的标志之一。

磁州窑瓷器还有题写年款的绝品，一件是甘肃省博物馆收藏的北宋的白地黑花长方虎纹枕，枕面侧题“明道元年（1023年）巧月造，青山道人醉笔于沙阳”。另一件在英国，枕面刻“家国永安”，左书“熙宁四年（1071年）”。

如果有机会到邯郸峰峰矿区彭城镇的大街小巷转转走走，一定会发现那里的很多院墙、房脊、圈棚、街路都是用古窑具匣钵垒成，景致别具特色。走进古窑遗址，石碾、古槽、泥池、作坊……诉说着先民们冶陶烧瓷的艰辛，一个个俯拾皆是的瓷片守望着远去朝代的背影。这个建在瓷瓦堆上的古镇，是中国陶瓷文化的天然博物馆，也是世界陶瓷文化最壮丽的遗存！

现如今，在彭城镇，陶瓷工作者们把古老的工艺和现代科技结合起来，开创了出手彩、雕金、窑变花釉等新技法，开发出了象牙瓷、青花瓷等新产品。拥有磁山文化的人们用一脉相承的好手艺连缀起磁州窑的昨天、今天和明天，续写着中国瓷艺文化的崭新神话。

这正是：

磁州古窑薪火传，千年魅力风采展。

文化宝藏走五洲，渊源流传问磁山。

第五十三回 唐山好瓷艺 开创谱新天

上一回说到，磁州窑火烧千年，书写了一段千古流传的陶瓷神话。如果说河北古瓷窑历史是一部大书，那么每个瓷片都是这部书上闪亮的一页。接下来出场的这位，与前面的太行四大古窑相比，年龄不大，但是本领却不小，它就是唐山陶瓷。唐山有一个响当当的美称——北方瓷都。历史上，唐山陶瓷曾经创造了哪些第一，又书写了怎样的传奇呢？

说到当今中国的瓷器，不能不说唐山；说起河北的陶瓷技艺，不能不说唐山。唐山是当今中国名副其实的北方瓷都，制瓷历史延续了数百年，创造了近现代中国陶瓷业很多第一，很多传奇。

1925 年，中国历史上第一件卫生瓷在唐山诞生，从此结束了中国人的厨房、厕所卫具全部由外国人做主的时代。

1973 年，中国第一件骨质瓷在唐山烧制成功，结束了河北省近 300 年没有高端瓷器的历史，续写了河北瓷器引领中国顶端瓷器的辉煌。

1989 年，骨质瓷获得国家发明专利，从此中国陶瓷开始进入世界公认的高档瓷——骨质瓷市场。

2005 年 6 月 25 日，无铅骨质瓷诞生，使我国在加入 WTO 之后首次在陶瓷贸易方面，突破了国际市场的技术壁垒，让中国瓷器贴上了健康的标签。

唐山陶瓷开创了很多第一，成绩优异，功夫了得，但是跟太行山四大古瓷窑相比，唐山陶瓷只能算是个年轻人。

提起唐山陶瓷的历史，不得不提一位皇帝——明成祖朱棣。近现代唐山陶瓷的起源，与明成祖河北移民有着撇不开的关系。

话说，明成祖朱棣经过靖难之役，灭了不争气的侄子朱允文，夺取了大明王朝的皇权，颁诏建都北京。第二年从江浙和南京周边的南直隶挑选了豪门大户富商举家迁往北京周边。接着连续 13 年，从山西、山东、湖南、湖北等地向河北移民。这些人的到来，给河北带来了发展机遇。

当时，有姓田的和姓范的两个家族，从山西介休移民到唐山这一带。当然那个时候还没有唐山，两家都在滦州开平镇河沿庄安家落户。这两户人家都通晓烧制瓷缸的技术，迁到河沿庄后，发现当地有大量陶土可以制缸，再加上有煤做原料，于是在农闲的时候，就开始烧砖建窑。他们做的都是一些居家过日子的东西，比如咸菜缸、水缸和盛粮食的大瓮，还有一些粗瓷碗、和面盆等。后来，这个地方就有了一个新的名号——缸窑，就是烧大缸的窑口。

老田家和老范家在开平镇河沿庄过上了安安稳稳的小日子，这时候，另外一户姓秦的人家也搬到了这儿。因为秦家有钱，人多地多，就把自己定居的地方叫“秦庄”。秦家人看着老田家、老范家兴办缸窑生意红红火火，还赢得了很高的人气，就也开始琢磨发财的路子。巧得很，第二年有一户姓常的人家移民到这里，祖祖辈辈传下来的手艺就是烧缸窑、做瓷器。老秦家一看，这真的是踏破铁鞋无觅处，得来全不费工夫。他们家出钱，雇常家人做工，办了一个新的窑厂，还起了个很雅致的名字，叫“陶成局”。

到了明嘉靖以后，当地老百姓就把老秦家创办的陶成局叫作“东缸窑”；把老田家的窑厂叫作“西缸窑”。现如今，唐山市还留着这两个地名。

这东缸窑和西缸窑办了几辈子，老秦家和老田家的子孙整天跟泥土打交道，不过没有跟上时代潮流，技术上没什么发展。就这样，400 多年过去，直到清朝道光年间，陶瓷手工作坊仅有十来户，工人也就百十来号人。

窑厂不景气，两家窑厂的继承人都开始琢磨新的技术，找寻突破口。那么，唐山陶瓷究竟怎样实现了华丽转身呢?

高瞻远瞩，田家窑如何大胆创新烧制细瓷?

深谋远虑，秦家窑怎样抓住机遇扩大规模?

到了清朝光绪年间，老田家的窑口出了一个能人，他就是田鹤群。田鹤群脑子灵活，眼光放得长远，决心改变传统缸窑几百年的老模式。说干就干，他从外地进口瓷土，开始生产精致的细瓷。田鹤群这不拘一格的做派，让很多人心中打了个问号。祖祖辈辈几百年来，都没有烧制过细瓷，这个年轻人能成事吗？

光绪末年的一天，老田家的窑口沸腾了，人们全都笑得合不拢嘴。发生了什么大事呢？原来，田鹤群竟然生产出了唐山历史上，乃至冀东历史上最早的细瓷用具。这可是史无前例的大事，也给老田家长了不少脸面，更让老田家的瓷窑在唐山陶瓷发展史上留下了闪光的一页，为唐山陶瓷技术发展翻开了新的一篇。

与此同时，老秦家的后人也没有闲着。光绪四年（1878年），洋务派建了开平矿区局，开凿矿井需要坚实耐用的缸砖。老秦家的传人秦履安懂得生意经，使出全身力气，抓住了这个千载难逢的好机会，摇身一变成了开平矿务局缸砖的总设计和总包制，除了给开平矿务局提供缸砖，还给天津北洋机器局大沽造船厂提供缸砖和耐火砖。原来的窑口不够用了，老秦家又在古冶、林西等地分设缸砖场，生产规模不断扩大。

老秦家的生意越做越红火，正在得意，扭脸一瞅自己的老邻居，呦，老田家竟然烧出了细瓷！这可不得了，他可不能落在别人后面。就这样，秦履安也开始从外地运进瓷土，仿造各种细瓷，产业规模不断扩大，经济效益不断提高。后来，陶成局更名老陶成，成了唐山第一家规模较大的大工业生产的陶瓷厂。

老秦家几代人懂得经营之道，很会做买卖，而且产品的质量过硬，最终发展成为老陶成、东陶成和德盛三足鼎立的瓷厂。

秦家人的瓷窑厂生意越做越大，很多人看着眼红，都想插上一脚，分上一杯羹，甚至连外国商人也开始参与竞争。1921年，唐山陶瓷业杀出来个程咬金，它就是启新洋灰公司，原本是生产洋灰的，后来也在工厂的空地上建了瓷厂，生产的陶瓷叫“洋灰瓷”。

都说术业有专攻，启新洋灰公司的资本家对烧制瓷器不怎么在行，因为经营不善，撑了三四年，实在撑不下去了，就转租给了德国工程师汉斯·昆德，改名为启新瓷厂。

启新瓷厂从德国引进设备，率先使用机器生产陶瓷，改变了千百年来手工生产陶瓷的局面。1925 年，启新瓷厂首次生产出中国的第一件卫生陶瓷，这是唐山工业史上的一个创举。1927 年，启新瓷厂又生产出了彩色瓷砖，成为我国第一家生产彩色瓷砖的陶瓷企业。

20 世纪 30 年代，唐山的陶瓷业出现了一个兴旺发展的时期。

1931 年，唐山有陶瓷厂 60 家左右，陶瓷制品三次获得国内大奖，展示了现代陶瓷产业的实力，从此唐山有“北方景德镇”之誉。只可惜，日本侵略军占领这里以后，唐山陶瓷产业一度萧条。1948 年 12 月唐山解放后，人民政府给予了扶植和帮助，唐山陶瓷再现辉煌。改革开放以后，唐山陶瓷业更是突飞猛进，产量居全国第一，逐渐形成了规模宏大的陶瓷生产基地。唐山卫生瓷源源不断地进入千家万户，还出口到世界 100 多个国家和地区。2003 年 9 月，第六届唐山中国陶瓷博览会上，唐山获封了一个响当当的名号——“中国北方瓷都”。

有人说，唐山陶瓷是文人墨客口中的一缕芳香，沁人心脾；也有人说，唐山陶瓷是中国北方的一朵奇花，芬芳四溢。穿梭在唐山陶瓷市场的大街小巷，走在青石板铺成的街道上，各色陶瓷让人有种穿越时空的错觉。唐山陶瓷产品多达 300 多种，其中不乏名贵的珍品，还有名气响当当的“四朵金花”。它们分别是骨质瓷、白玉瓷、白兰瓷、玉兰瓷。

骨质瓷，就是像骨头一样质地的瓷器，是选用经特殊处理的动物骨灰为主料，加入适量的上等黏土、长石、优质石英等烧制而成，瓷质细腻，晶莹乳白，透明度高，超薄的骨质瓷“薄如纸，白如玉、声如磬”。

白玉瓷是高温烧成的硬质瓷，突出的特色是釉面光润，白中泛青，晶莹似玉，所以叫作“白玉瓷”。

白兰瓷是唐山陶瓷研究所在 20 世纪 80 年代的科研成果，特点是胎体薄，釉面洁白，光洁度高，透光性好，瓷质细腻，充实了艺术陶瓷的适用范围。

玉兰瓷是以滑石为主料，辅以黏土、长石烧制而成，呈半透明，洁白无瑕，如同凝脂，几乎再现了隋代邢窑透影瓷的晶莹，加以清淡的装饰，幽雅别致。

另外，唐山瓷器还创造了“龙锦彩瓷”，可以说是中国传统的绘画技艺与陶瓷工艺完美融合的新品种，画面具有天鹅绒效果，绒光锻彩，深受收藏界的青睐。

千锤百炼，刻瓷大师怎样创造历史辉煌？

精益求精，后辈艺人如何谱写灿烂篇章？

唐山陶瓷业大师云集，拥有国家级工艺美术、陶瓷艺术荣誉大师六名，一级大师 52 名，二级大师 50 名。这些陶瓷艺术大师个个有绝活，人人怀绝技。

陶瓷艺术中有一种独特的技艺，叫“刻瓷”，也称“瓷刻”，就是以刀代笔，在瓷器釉面上刻出生动的绘画。这种技艺曾被启功先生盛赞为“中国一绝”。从出土文物考证发现，东晋就有了刻瓷，但真正形成独具一格的刻瓷艺术，则是在明末清初。河北历史上有一位享誉世界的刻瓷大师朱友麟，他曾是晚清宫廷工匠，辛亥革命后，转入民间，以刻瓷为生。他的刻瓷艺术精妙绝伦，连续多次在国际上拿下重要奖项。

1914 年获得日本大正博览会的优胜奖，1915 年获得巴拿马国际博览会的金奖，1920 年获得加拿大工业博览会的一等奖。1933 年，国画大师张大千从苏州搬到北京，对朱友麟的刻瓷作品一见倾心，两个人就这样结下了不解之缘，互相切磋，亲密合作。张大千在瓷件上画画，朱友麟刻瓷成作品，两人齐心协力、举世无双。新中国成立初期，朱友麟的作品被周恩来总理称为国宝，不允许出口。

河北还有一位刻瓷大师刘修焯，他是石家庄铁路员工，1933 年出生。刘老先生非常喜欢陶瓷艺术，退休之后没两年，就开始自学刻瓷艺术，通过坚持不懈的努力，自学成才，练就了一番好手艺。他最拿手就是瓷刻中外名人的肖像，周恩来、徐悲鸿、齐白石、傅抱石，甚至迈克尔·乔丹都被他刻在了瓷器上。

他的作品“迈克尔·乔丹”获得第二届中国国际民间艺术博览会民间工艺银奖；在周恩来 100 周年诞辰之际，他完成六件周恩来的刻瓷肖像作品，被淮安周恩来纪念馆收藏；为了庆祝文学泰斗冰心老人 96 岁华诞，他还刻了一个肖像作品赠给冰心老人。另外，河北省民俗博物馆还收藏了他刻的齐白石、徐悲鸿等八件人物刻瓷作品。现如今，刘老先生已经完成多个系列数百件作品，获得了“河北省一级民间工艺美术家”的称号。

青出于蓝胜于蓝，唐山的新一代艺术家也很要强，一心要把刻瓷艺术推上新台阶。1964 年出生的刘小刚，继承传统刻瓷艺术，把中国画技艺运用到刻瓷艺术中，创作了几十件精美的刻瓷作品。他的作品“乡韵”获得第二届全国刻瓷大奖赛银奖，作品“碧湖秋韵”获得2008年全国刻瓷大奖赛银奖。2011年，刘小刚的作品又获得唐山市工艺美术大师陶瓷艺术大师技艺大赛金奖。刘小刚也被评为首届唐山工艺美术、陶瓷艺术一级大师。

2012年12月，唐山刻瓷艺术家们远赴卡塔尔，参加这一年多哈世界气候大会。他们应邀代表中国政府为此次多哈气候大会“中国角”系列活动制作了独具匠心的纪念品，受到国内外参会官员和专家学者的赞美和青睐。

这正是：

北国瓷都数唐山，陶瓷技艺六百年。

瓷艺百花齐开放，刻瓷奇葩展新颜。

第五十四回 黑陶兴于冀 技艺得兴叹

上一回说到瓷都唐山的历史，讲到陶瓷艺术的辉煌。这一回咱们一路穿越4000年，到太行深处去探寻古老的黑陶，在大山之间倾听那段不曾远去的故事。

我们在《燕赵传奇·根脉文化》中讲过这么一段历史，河北的老祖先在8000年前的磁山文化时期，就发明了一种实用的手艺——烧制陶器。这手艺传了一辈又一辈，到了唐尧的时代，就有黑陶问世了。这古老的艺术品正是4500年前龙山文化的典型代表。

唐尧也是河北老乡，保定的唐县、邢台的尧山正是他的封地，因为他出门往南边绕了一圈，石家庄的行唐县也就有了早先“南行唐”的名号。唐尧不单单是明事理、懂政治，在烧制陶器的事上也很在行，正因为唐尧的好手艺，烧陶的技术进了一大步，黑陶的文化登上了巅峰。

黑陶胎壁薄、面皮光，蛋壳似的外表让它堪称是陶瓷界的“黑美人”。不过，它的前身可没这么好的卖相，只是灰头土脸的灰陶。它表面那层光泽是在烧制的过程中熏出来的，黑烟之中小到看不见的碳离子渗进了陶坯，才有了这一层黑黝黝的好皮肤。

而这灰陶的发明创造来自于一回偶然的凉水冷却试验。这场试验就发生在民间的窑场，担纲主演的就是窑场里的工人。

早在仰韶文化时期，就有先民用红黏土烧制陶器，出来的成品都是红陶或者画上了花纹的彩陶。那时候，技术没那么先进，活儿干得是既费工又费力，还耗时间。等到窑里的火光熄灭了，还要眼巴巴地盼上好多天，窑里面的温度才能降得差不多。工人们要赶在窑温七八十摄氏度的时候把里面的物件取出来，这一进一出一身大汗，别提有多辛苦了。

这样的日子不知过了多久，终于出现了一个脑子灵光的聪明人，他想了一个又省时又省力的妙招，就是在熄火之后往窑场里面灌凉水来降温，这就是前面说的凉水冷却法。大家都觉得他这个想法不错，一致决定要试试看，谁也没想到，这一试就试出来一个奇迹。凉水冷却过的窑场开门后，大家见到的是一大堆灰色的陶器，原来，那红黏土做的陶坯一遇冷水，不光是降了温度，还被水激得变了颜色。大家都觉得这样的陶器挺新鲜，就把这门技艺传播开来，从这以后，灰陶就渐渐普及开来。

红陶变灰陶，来自于一次偶然；灰陶变黑陶，又是怎样一个巧合？

机缘巧合，太行山间诞生何种精美陶器？

因缘际会，燕赵大地再现何种传奇技艺？

唐尧时期，有一年连阴雨，雨水哗啦哗啦下得没完没了，烧陶的活儿可就没法干了，做好的陶坯没法晒干，这可怎么办呢？

大家还真想出来个办法——干脆把那些半干不湿的陶坯放到窑场里面烤干。他们搬来柴草就点火，可是这火没起多大，只是呼呼地往外冒黑烟。他们这才想起来，阴雨天的柴草也是湿乎乎的，点火可是烧不旺，烟倒是沤了很多。可是也没有别的办法，只能就这么着吧。等到陶坯熏干了，表面那一层颜色也给熏黑了，接着进窑再烧制，出来的就是黝黑光亮的黑陶。

这么看来这黑陶制作起来并不算难，可是，要把这无心插柳的成果变成一种技术，还得需要一而再，再而三地试验才能成功。不知道费了多少心血，这项技艺终于成熟了。黑陶艺术从唐尧时期一路走来，走到战国，走过两汉，在燕赵之地一直走到了隋唐时代。

如今，在河北省博物馆的古中山国展区，就能看到震撼世界的青铜器、精美绝伦的错金银器、惊艳全球的玉器，还有堪称经典的黑陶器。这些黑陶精品是 20 世纪 70 年代出土的文物，千百年间，它们就沉睡在石家庄平山县三汲乡战国中山国都城附近和中山王族墓葬之中。这一件件散发着幽光的艺术品，造型端庄优美，纹饰流畅典雅，色泽漆黑明亮，其中有盘有碗，有壶有罐，最出名的就是中山国王墓及其陪葬墓出土的磨光压划纹黑陶鼎。这件宝贝身高只有41.2厘米，虽然个头不大，样子却很威风。远看这造型是个铜鼎的模样，近了细看，上面有一圈六组的虎纹，虎头高高昂起，一双双虎目炯炯有神，虎尾直冲上天，爪子腾云驾雾，真是虎虎生威。从这些见证过历史的老物件里面可以看得出来，当年，这精美的黑陶就是王公贵族的至爱。

到了两汉时期，黑陶溜光水滑的表面上又多了一层彩绘，在中山靖王刘胜和他的妻子窦绾的墓葬之中就发现这样的好东西。那黑陶的盘子经过熏黑磨光的处理，又加上了仙鹤游鱼的图案，这两样加在一起，更显得黑陶沉稳大气、彩绘灵巧生动，那一种美只有亲眼见过才能真正了解。

这么美的东西能不能经得起时光的历练？有人想当然地认为，等到瓷器兴起以后，这黑乎乎的陶器也许就没人喜欢了。然而，事实当真如此吗？

1998年，一批考古工作者相约来到石家庄市平山县的西岳村，他们在这里忙活了好几天，发现了三座隋唐墓葬。墓主人就是燕赵之地最有名的望族博陵崔氏，隋朝礼部尚书崔仲方家族就是这墓葬的主人。

墓主人有着这么大的来头，里面随葬的东西那一准是错不了。果然，在崔仲方之子崔大善的陪葬品中，就出现了一组磨光黑陶器物，那精工细作的物件一看就是上等的好东西。这就可以说明一个问题——在隋唐之际，黑陶艺术还在河北这一带传承。

就像是人生总有起起伏伏，黑陶艺术也经历过一个漫长的低谷。有那么一段时间，这门祖辈传下来的手艺没了市场，黑陶做出来的产品也没了踪迹。究竟是怎样的一个契机，让黑陶艺术这棵老树再逢了春风，又是怎样一个名字，让这门传统的技艺再现灵光？

故事发生在邯郸馆陶，此地与陶器的制作有着很深的缘分。县城西北7里，有一座高高大大的陶丘，在古时候，这里就是因为盛产黑陶，所以被人称为“陶山”。战国时期，这一带是赵国的领地，陶山附近设了一座驿馆，馆陶县这个大号也由此而来。

馆陶有一条卫河，河的两岸共有大大小小72座陶窑，当地的老乡提起这些地方，都管它们叫作“皇窑”。因为这些窑场从前的主要任务就是烧制皇城砖和黑陶。这里不仅仅是古代黑陶的根据地，也是明朝皇城和明代长城砖的主产地。

几十年前，馆陶出了一个名叫李思月的年轻人，他从小就跟别的孩子不太一样，人家满世界跑着玩的时候，他就一门心思地钻研学业。可是，这孩子没赶上好年头，虽然成绩呱呱叫，到底也没上成大学。李思月的心眼儿很活泛，他觉得这条路走不通了，就改行干别的，只要是肯下功夫肯吃苦，总能闯出一片天。

那一年，这个20出头的毛头小伙子找人借了1000块钱，用这点儿本钱开了一家建材厂。几年的苦干，几年的拼搏，让他攒下了第一桶金，成了馆陶县远近闻名的“能人”。

李思月有钱了，可他的心里还有个梦想，就是传承祖宗留下的文化，复兴中国传统的黑陶。他出钱招了一批有技术的人，大家一块摸索了一阵子，第一炉黑陶出炉了。厂子里的喜庆劲儿还没持续多久，就被当头泼了一桶凉水，原来，这刚出炉的黑陶经不起细看，那成色根本就不行。这一回失败，就等于白扔了十几万的资金，李思月咬着牙又试了一次，可是这回还是没成功。

看着那些不像样的黑陶，厂子里的工人个个低着头不出声，李思月这个七尺高的汉子也流了眼泪。他大病一场，在床上躺了好几天，这些天里，他不光是在养病，也在反思自己的失败。忽然，李思月好像想到了什么，腾地一下就从床上坐起来，那病也好了一大半，他带上黑陶的模具，坐上火车来到北京。

李思月这一趟进京，费了好大劲儿找到了中央工艺美术学院，来到陶瓷专家的面前，把自己一肚子的想法全都说了出来。李思月一片诚心打动了这些艺术界的权威，老教授们一致支持他的黑陶梦，个个都下着心思帮他想办法。当时，著名的漆画家乔十光教授拍着李思月的肩膀对他说：“搞艺术不容易，文化创业更难，我也是馆陶人，全力支持你！”

俗话说，众人拾柴火焰高，何况这出手相助的都是业界知名的专家。有了大伙来帮忙，李思月又鼓起了信心。他揣着专家的指点，回去变卖了家产，一边组织技术骨干加强攻关，一边开设了黑陶艺术学校，专门请来专家讲学，为的就是培养这一行里的技术人才。

这一次，李思月下的功夫没有白费，就在1988年，第一窑达标的黑陶烧制成功。

陶窑里面出了精品，李思月的陶艺学校也出了成果，这里毕业的学生研究出了把镶嵌工艺和黑陶艺术相结合的创意产品，还拿到了“国家级工艺美术大师”、“省级工艺美术大师”的称号。

一路南下，李思月如何赢得全场喝彩？

一生追求，老艺人如何获得全球称赞？

手下有了技术精英，窑里出了艺术精品，李思月还是不知足，想让更多的人见识见识馆陶县的黑陶。1990年，他带着自己的宝贝南下广州，去参加那里的广交会。

李思月刚刚迈进会场，就有一个保安追了过来，问他是做什么的。李思月觉得人家问得挺奇怪，我来这当然是参展的，你干吗不问别人专门要来问我呢？他抬眼四处瞧了瞧，这才发现其他企业的大老板个个都是西装革履，只有自己穿着一身皱皱巴巴的布衣裳，也难怪人家要来多问一句。

虽然这行头比不上人家的好，不过，李思月的心里有的是底气，因为有拿得出手的好东西。他从箱子里边把黑陶小心翼翼地取了出来，这精美的艺术品就像块磁铁似的吸引了全场的目光。一大群来自世界各地的客商围了一大圈，都对这黑陶做的宝贝竖起了大拇指。没用多大工夫，李思月带来的300多件黑陶艺术品就被抢了个精光。这个来自于邯郸馆陶的传奇人物也引起了很多媒体的关注，不久之后，中央电视台还特意拍摄了专题片《陶山黑陶》。

这一回，李思月的黑陶算是出了大名，北京人民大会堂摆上了他的黑陶大瓶，他还为香港回归的大事件特制了一个99厘米高的“回归龙瓶”。2000年，正赶上世纪之交，包含着历史底蕴的黑陶被作为国礼赠给美国世界和平圣诗主编、世界诗人大会主席罗思玛丽女士。也是在这一年，受世界和平圣诗编委会委托生产刻有五国文字的双层龙瓶分别送到了美国、英国、日本、俄罗斯、澳大利亚五国元首的手中。2008奥运年，由著名陶艺家关玉良先生设计，李思月团队配合制作的黑陶艺术品“国娃”从上千件艺术品中脱颖而出，作为“国礼”和我国黑陶艺术的代表作，赠送给前来参赛的各国体育代表团团长。

李思月的黑陶融进了馆陶人的智慧，黑如漆、光如镜、薄如纸、硬如瓷，被称为“土与火文明的诠释，力与美的结晶”。因为在这一行多年来的坚持，李思月成了名副其实的“工艺美术大师”、“黑陶制作技艺传承人”、“河北省文化产业十佳领军人物”。

如今的“陶山黑陶”也凭着独特的工艺和优秀的产品，拿下了各种大奖，被评为“中国黑陶之冠”。这太行山里的宝贝远销东南亚、欧洲、美洲，馆陶县也获得了“中国黑陶艺术之乡”、“中国黑陶、彩陶研究基地”的称号。

李思月圆了自己的黑陶梦，燕赵之地还有更多人盼着复兴黑陶，在唐尧故地唐县、雄县，冀东平原的唐山，还有很多陶瓷艺人正走在复兴黑陶的圆梦之路上。

这正是：

古老黑陶四千年，神奇技艺燕赵传。

馆陶黑陶圆艺梦，五国元首留赞叹。

第五十五回 年画美出色 神码渊源深

上一回说到，陶器大家族里面出了一个另类，它浑身黝黑、朴实无华，低调又有内涵，被誉为“土与火的艺术，力与美的结晶”。燕赵民间艺术丰富多彩，除了气质娴雅的陶瓷，还有喜庆热闹的年画。一年一度登场的年画是怎样诞生的？多姿多彩的画面上记载着哪些惹人爱的故事？

我们先从一个探秘的话题说起：中国人过年贴年画的历史有多久呢？这得从河北内丘的神码说起。什么是神码？就是过年的时候老百姓家里张挂的神像。这是中国最古老的年画。

久远的农耕时代，老百姓都在家里供上各路神仙，保佑自己全家平安。于是，就有了最古老的年画——神码。

内丘神码，俗称“内丘神灵码”，这名字还经历了一个演变过程。一开始，河北老百姓家家户户都供奉灶王爷，希望灶王爷上天之后能够替自己家多多美言几句。神仙下凡都骑着神马，老百姓们也一并供奉。所以，这种年画最初叫“神马”。后来，老百姓们还是以供奉神灵为主，土神、场神、火神等神都在其中，内容更丰富，所以称为“神灵码”，俗称为“神码”。它产生于河北内丘，传播在河北平原和太行山区，是华夏农耕社会遗留下来的罕见的原生态文化艺术，被称作“中国木刻版画”、“木版年画的活化石”，成为中华民族宝贵的文化遗产。

内丘神码最早是直接画在石壁或墙壁上，这种画像祭祀可以追溯到夏商周时代。可是画在石壁或者墙壁上，容易褪色，不能长久保存下去，人们就把它做成石雕或者泥塑。后来造纸术和印刷术发明了，内丘神码也被印在了纸上，上面汇集了儒教、道教、佛教的各路人物。比方说，在书房里面贴的是儒家的孔圣人像，家堂里贴的是道家的八仙像，南墙上贴的佛教南海观音像等。在内丘神码流传的地区，祭祀神码的活动由一家之主一代一代传承下来，张贴的地方和方向有严格的规定，得按规矩办事，不能马虎大意。

内丘神码还有大神码和小神码之分，是内丘这一带农村过年换神像的必需品，所以在春节前，内丘神码就会大批量地雕版、印制、包装，然后送到县城的集市和庙会上出售。老百姓买来神码贴在所供位置，称为“请神”，春节时上供烧香以图吉祥，表达人们对美好生活向往的心态。在内丘和周边农村，春节贴神码是比贴春联还重要的民俗活动。许多农民特别是老太太，虽然一字不识，却认识每一张神码的神灵，还能讲得头头是道，形成当地一整套春节期间不可缺少的地方民俗。正因为如此，做神码的手艺和传统在许多地方绝迹了，在内丘却相当完整地传承和保存了下来。

时局动荡，内丘神码历经何种沧桑？

改革开放，古老文化绽放哪般光芒？

虽说内丘神码在中国古代发展得红红火火，可是后来却遭遇兜头一盆冷水。辛亥革命结束了千年帝制，民国政府破除迷信，倡导科学，使内丘神码受到严重冲击。“文革”时期，神码作为封建迷信产品被取缔，无数珍藏的古版被焚烧。直到改革开放后，国家和地方政府对传统文化进行挖掘抢救，内丘神码才重新绽放光彩。

2003 年 1 月 21 日，著名作家、书画家冯骥才看了内丘年画后感慨地说，内丘年画是无法取代的，有着独特的价值，现在抢救内丘年画，不但是给内丘，更是为中华民族留下一笔重要的文化遗产。现如今，内丘神码不仅是邢台市非物质文化遗产，也入选河北省非物质文化遗产名录。

内丘神码雕版和印制技艺的传承，主要集中在内丘镇南双流村和金店镇魏家屯村及其他村镇。那么，传承人又是谁呢？

其中一位传承人是魏家屯村的魏进军。他是个土生土长的农民，平时以种地为主，冬闲时就用传统的手工技艺印刷神码。他自己雕刻木板，自己印制，自己做批发零售，主要印大神码，年印刷18万张。

据魏进军说，魏家屯村的神码技艺主要靠家族传承，从明洪武年间的魏时隆开始就有记载。在"破四旧"时期,第十三代传人魏慎衡为了保护家传的技艺，将古刻版暗自藏在房梁上。尽管如此，还是有一部分古版被毁。幸存下来的最早的古版是清道光年间制作的。

魏进军是魏氏第十七代后人，还是内丘神码第十四代传人。1977年，17岁的魏进军初中毕业后，被魏慎衡认为义子，开始学习刻版印刷。凭着对传统民间艺术的热忱和执着，他很快掌握了这门手艺，至今共刻制了20多套木版。他制作的神码不仅在内丘被广泛请走，还被请到了石家庄和内丘附近的隆尧、临城、任县和柏乡。

另一位传承人叫耿全增，以印刷小神码为主，可惜他家的刻版技术已失传，他所有印制神码的木刻版，都是祖辈留传下来的刻板。

目前，内丘县已经成立"内丘神码"编纂委员会，对神码进行抢救性记录整理，把这项非物质文化遗产的神奇密码记录下来，传承下去。

说过了内丘神码这种最古老的年画，咱们接着行走燕赵，寻访木版年画的踪迹。木版年画至少有2000多年的历史，秦汉时期就有了年画中门神的雏形。唐代以来佛经版画和雕版技术的成熟，促进了木版年画的繁荣。到了北宋时期，河北地区很多重要城镇,都出现了专门售卖年画的"画市",当时把年画称为"画纸儿"。清代道光年间，在李光庭著的《乡言解颐》一书中，正式有了"年画"这个词。从此，年画就拥有了固定含义，就是指木版彩色套印的一年一换的装饰画。

民间俗话说："南桃北柳论画庄，农家年画数武强。"说的就是南方有苏州桃花坞，北方有天津杨柳青，农民年画就要看河北武强县。这武强的年画究竟有什么稀罕呢?

先从一个小故事说起。相传，清朝乾隆年间，河北武强年画名扬四海，逢年过节，天南地北的客商都来到武强趸年画，把南关挤得水泄不通。有一个名叫华兴的山东潍坊客商也来到这里趸年画，可人家供不应求，只能干等着。有一天黄昏，他走到城南一个池塘边散步，忽然看到对面柳树林里有八匹骏马正在嬉戏玩耍，有的奔腾跳跃，有的吃草饮水。定睛一看，这八匹马有赤兔、有乌骓、有玉麒麟……全都是宝马。华兴看得入了迷，心想：年画趸不成，买几匹好马回去也不错。他一路跟踪，看到那八匹马进了“恒兴太”画庄的大门。

华兴心里直纳闷，他跟“恒兴太”的宋掌柜打过交道，也去过院子里，可从来没有见过这些宝马，这到底是怎么回事？为了解开这个谜，华兴备了一份礼物就去拜访宋掌柜。宋掌柜也是好客之人，一看客人远道而来，赶紧迎上前去，带着他赏花观画，热情备至。不过，华兴的心思可不在这上面，他一边应承主人，一边暗中寻找养马之处，可角角落落扫了个遍，连个影儿都没看着。那八匹骏马究竟藏在什么地方呢？

眼瞅着到了中午，宋掌柜在客厅里摆下酒席，两个人把酒言欢。喝的正在兴头上，华兴突然觉得眼前一亮，只见北墙正中挂一幅“八骏图”，八匹骏马活灵活现，呼之欲出，简直跟真马一样。这不正是在城南水塘边发现的那八匹马？

华兴这才如梦方醒，心中暗道：人都说武强年画一年鼓一张（变成真的），光听说过，没见过，原来是真事啊。墙上这“八骏图”正是一幅“鼓”了的画，要是得到这幅画，那可是天大的造化。

想到这，华兴就千方百计跟宋掌柜拉家常、套近乎，哥哥长弟弟短，满口都是敬佩之词，把宋掌柜捧得晕晕乎乎。最后，华兴跟宋掌柜说，想买下这幅“八骏图”。宋掌柜豪爽地说：“今天我把这幅画送给你了，分文不取！”

华兴一听这话，真是大喜过望，连忙起身道谢，捧着这幅画回到客店，第二天一大早就离开武强回山东老家了。回去之后，他将“八骏图”挂在家里，天天盼着画上的宝马下来。到第三天早晨，画上的宝马没有了，华兴心想，那马一定是到野外戏耍去了。于是就请街坊邻居和亲朋好友帮助他寻找那八匹宝马，大家一直找了七天七夜也没找到，华兴急火攻心，一下子病倒了。

昏迷之中，华兴做了个奇怪的梦，梦见一位白胡子老头，自称“画仙”，跟他说：“你别找了，那八匹宝马早已经回武强老家去了。”老头还说：“华夏九州该有四大画乡为世人仰慕，现在武强年画已经占去一席，还应有三处画乡兴起，你愿意不愿意为此效力？”华兴点头答应。这一觉醒来病就好了，他按照梦中那位画仙的指点，带领自己的儿孙，三下河北，到武强学习年画制作技艺，终于成为潍坊年画的创始人。

千百年来，在武强一直流传着“年画一年鼓一张，不知落在哪一方”的神奇传说。说的就是在武强每年生产的几百万张年画中，有一张会从画上出来，变成活的，不过，没人知道这样的好运会落到哪一家。这样的传说，不过是武强年画营销的一种文化由头，为的就是给武强年画增加神秘色彩。

源远流长，古老工艺如何传承至今？

脱胎换骨，文化传人怎样推陈出新？

武强的木版年画起于宋元，盛于明清。在最鼎盛的清康熙、嘉庆年间，家家点染，户户丹青，年最大出版量达到一亿对开张。

武强年画，带有燕赵人民粗犷豪放的风格特征，具有浓郁的乡土气息。

它的题材丰富多彩，从天到地，从古至今，农事耕作、历史典故、山水、人物、动物、花卉，都可以入画。它还根据各地不同的风俗习惯、房间布局，分为门画、中堂、对联、条屏、扇面、绣样儿、册页、西洋镜等 30 多种，完全满足了老百姓的需求。

武强年画在人物造型上大都是五短身材，头部很夸张，重点表现眼睛。这些人物的造型都有很有讲究，武将要威风煞气，文官要舒展大气，美女要窈窕秀气，童子要活泼稚气。

动物造型更是大胆夸张，头部的刻绘，还留下了“十斤狮子九斤头”的说法。另外，武强年画选定老百姓认同的吉祥物为代表，体现老百姓祈福求祥的美好愿望。比方说，喜鹊、梅花寓意“喜上眉梢”，莲花、鲤鱼寓意“连年有余”，牡丹、花瓶寓意“平安富贵”，等等。

1992 年，武强年画博物馆开放，它是全国第一家年画专题博物馆，受到国内外各界的关注。博物馆有五个展厅和一个仿古年画作坊，藏文物 10000 多件，使古老的雕版印刷术得以很好地保护和传承。

1993 年，武强县被文化部命名为“木版年画艺术之乡”；1999 年以来，武

武强传统木版年画

强年画博物馆先后被定为国家重点博物馆、河北省爱国主义教育基地、中央美院等 17 所高等美术院校教育实习基地。该馆成功举办了三届年画艺术节，还赶赴新加坡、法国、西班牙等国家举办年画展演，折服了亿万国内外观众。中国诗词书画界的泰斗启功、贺敬之、张仃题写了馆名，丁聪、方成、冯骥才等名家专门题词盛赞武强年画。

说到武强年画的传承，不得不提第五届中国工艺美术大师郭书荣。1947 年，郭书荣出生在武强，从小挚爱故乡的传统年画，长期担任武强年画博物馆馆长，现任名誉馆长。他改进创新 20 多种年画，对武强旧城村年画秘藏古版进行了挖掘抢救工作，被冯骥才誉为“全国年画行业的干将”。

武强年画中有一种叫作“张搭”的古老工艺，类似于川剧“变脸”，不靠磁力、不靠机械，只依靠原生态的传统方法，变换画面，用六块版可以展示 22 个画面，妙趣横生，可惜这个工艺在 20 世纪 40 年代失传。

老祖宗留下来的宝贵技术不能丢！怀揣着这样的信念，郭书荣不辞辛苦，四处走访民间艺人，挖掘整理，最终找回这种古老工艺，并进行了加工改造，让它变成了一种更贴近现实的实用、新型的年画工艺品，被誉为“武强一绝”，2007 年还获得了国家专利。

郭书荣的作品充满了奇思妙想，他利用年画元素创作了对开形式的“门票”。正面有“门票”二字，下有门环，秦琼、尉迟敬德两位门神分列两边，从中间打开，迎面中间是传统年画《增福财神》，下面写着“恭喜发财”吉语，两旁门背面是启功先生的题词“武强年画博物馆”。一张小小的门票，集年画、书法、简介等多种用途于一体，新颖、别致而实用，深受欢迎，还荣获 2003 年中国首届文物仿制品暨民间工艺品展银奖。

2006 年，武强年画年入选国家非物质文化遗产名录。武强年画具有浓郁的乡土气息和地方特色，是燕赵文化的象征，民俗文化的大观园，被联合国教科文组织的官员称为“东方圣经图解”。

这正是：

内丘神码百代传，古老神像风韵展。

武强年画历千载，东方圣经留画卷。

第五十六回 壁画有神功 寺院留迹真

上一回说到红火的年画年年红，燕赵的艺术传千载。除了这一年一见的吉祥年画，河北还有不少值得骄傲的绘画艺术。要让张家口人来发言，肯定要提起宣化下八里的辽代壁画；要让石家庄人讲一讲，少不了说到毗卢寺的壁画；再有正定的隆兴寺，也有国宝级的壁画精品。历朝历代，燕赵的壁画艺术一脉相传；河北各地，都能见着这门艺术的真身。一笔一画洗练的线条，一幅一幅精美的壁画，它们在默默诉说着怎样的历史？

在举世闻名的大英博物馆有一幅古老的东方壁画，那上面三尊菩萨法相庄严，头顶佛光，堪称独一无二的顶级精品。专家给出这样的评价：在同等大小的中国古代壁画中，没有哪一幅比它古老；在同等岁数的作品里面，没有哪一幅比它个大。

这么了不起的宝贝，当然得仔细瞧瞧，这一瞧就瞧出来点儿古怪，这壁画不是完整的一幅，而是一块一块的碎片拼接而成。再看壁画下面的身份牌，写明了它的出身——正是来自于河北省石家庄市行唐县的清凉寺。

神秘的东方佛像经历了什么样的坎坷，古老的燕赵壁画见证了什么样的沧桑？河北的壁画精品如何漂洋过海，来到了千里之外的英格兰？

大英博物馆里的这一幅珍贵壁画包含着一个几百年前的老故事。根据乾隆年间《行唐县志》的记载，在金朝大定年里，行唐西边的刘磁沟村建起了一座清凉寺。这里地处太行山区和平原交界，北面是大名鼎鼎的五台山，南边是北方雄镇正定府。这南北交通要道的清凉寺见证了800年的世事沧桑，来来往往的香客和僧人都要经过这个地方，所以它就得了一个“五台山南大门”的称号。

这大山之间的清凉寺修得别致，造得精巧，各个大殿里面都绘着精美的佛教壁画，画里有青山秀水，有佛像庄严。当地的老人们回忆说，清凉寺里大雄宝殿的三菩萨壁画最妙，它用上了让人叫绝的镶嵌手法，佛像的眼睛是温润光滑的珍珠，心脏是精致的铜铃和闪闪发光的铜镜，这里面包含着佛心圣明、警人行善的寓意。那菩萨的衣裳在风中飘扬，就像是刚刚从九霄云上落到眼前；那菩萨的目光更是神奇，你凑到跟前去看，它好像是眯着眼睛，稍微离远一点儿，它的眼睛又像是睁开了，在看着你呢。

这么美的杰作为什么离开了河北的清凉寺，跑到千里之外的英国去了？原来，是县里出了大汉奸。

1926年的秋天，行唐县上碑镇的大地主张老盘正在县衙当着官，他没事就动起了歪心眼儿，对清凉寺的国宝壁画动了邪念。张老盘惦记了一阵子，就想着勾结国外的文物贩子，拿着壁画去换银子。没过多久，清凉寺里就不安生了，一拨接着一拨的洋人到了这里，跟张老盘凑在壁画跟前嘀嘀咕咕。

这事让当地的老乡觉着不对劲，他们看透了张老盘憋的那点儿坏水，说什么也不能让他勾结洋人动了这祖宗留下的宝贝。可是，这张老盘在佛像前面犯了浑，说是这寺庙里面有他家的股份，他有权处理庙里的东西。

当地的老乡抗不过有钱有势的张老盘，谁也保不住寺里的壁画。张老盘就跟洋人商量好了价钱，用这壁画换了一大笔钱。洋人拿到了壁画的所有权，不过他们的心里也犯了难，这又是为什么呢？

洋人很明白，要把壁画从墙上揭下来，可不是简单的事，这活费时、费劲，而且技术含量还挺高，可不像搬一尊佛像那么省事。他们又怕村民们闹事，坏了他们的买卖。这时候，又是那黑心的张老盘给出了主意，让这些洋人去给衙门里那些当官的送点儿钱，有钱能使鬼推磨，还不能让他们出动点儿警察来帮忙吗？

那会儿的世道太乱，当地的父母官拿了洋人的黑心钱，昧着良心发动了队伍，把拦着洋人揭壁画的老乡扣在了衙门里边，让那些洋人大摇大摆地把清凉寺各个大殿里六面墙上的壁画一片一片地揭下来，全部都给劫走了。

现如今，这些国宝级的珍品只能在大英博物馆里见到一幅，在维多利亚博物馆还有一幅更精美的作品，其他的画作像至今下落不明。

清凉寺壁画

历经千年，燕赵画师留下多少佳作？

历数百代，河北壁画留下多少传说？

历史留下了无法弥补的遗憾，也留下了很多堪称经典的杰作。历朝历代，都有精品的壁画留在河北，其中发现最早的就是东汉贵族墓葬之中的作品，其数量之多，规模之大，内容之丰富，画面之精美，都能数得上一绝。

在衡水安平县的逯家庄村，老辈儿人都说村边的坟岗子上总能听见车呀、马呀、战鼓之类的声音。1971 年，考古工作者在这儿发掘出一处东汉安平国诸侯王墓葬，这尘封千年的墓室惊艳了所有人的双眼。那里面有高耸的望楼，有古老的报警鼓，有宏大的建筑群，还有一幅又一幅的壁画。虽然历经了千百年的时光，壁画上的颜色还是那么鲜艳，流畅的线条勾勒出的场景让人好像瞬间穿越到了大汉王朝。壁画上有白粉书写的“惟熹平五年”隶书题记，这个身份标签证明这里的壁画生于公元 176 年，已经有 1800 多年的历史。

在保定望都的所药村，也在东汉墓葬之中发现了绝美的壁画，有活灵活现的动物，有栩栩如生的人物，其中“寺门卒、门亭长、辟车伍百”等人物的穿着打扮已经成了后世研究东汉服饰文化的重要依据。在《中国古代戎装》、《中国古代服饰大辞典》等权威工具书中，都有来自于这里的壁画人物做范例。还有一幅不得不提的壁画作品，就是号称世界最早的“羊酒图”，那上面画的是用羊肉酿酒的场景，说明河北在东汉时期就有了这样神奇的技艺。

这一系列东汉时期的壁画讲述了那个年代的往事，可惜都没有留下壁画作者的大名。到了曹魏时期，河北终于出了一位有名有姓的大画家，他就是当时的朝廷重臣徐邈。他不光懂得文韬武略，而且还画得一手出神入化的丹青，邺城三台的壁画就是他的手笔。

史书上说，徐邈作画可以达到以假乱真的特效。这里面还有一段故事。魏明帝曹叡在位的时候，皇帝跑到洛河边上看风景，正瞧见水里游着好几只水光溜滑的白水獭，模样实在讨人喜欢。皇帝的玩心一下子就给逗起来了，他招呼手下人说：“给我逮两只来玩玩。”你别看水獭长了一副憨头憨脑的样子，心眼儿可不少，好几个小伙子在水里围追堵截，愣是连那水獭的毛都摸不着。

魏明帝在一边干着急，那火气眼看就要顶上来了。徐邈赶紧过来进了一言，说：“水獭最爱吃鱼，一见有鱼吃，它连命都不要了。我给陛下画上几条大鱼，一定能把这小家伙引过来。”

皇帝听着这方法新鲜，说要不就试试看吧。就见徐邈大笔一挥，转眼工夫，几条活灵活现的鱼就出现在纸上。他把这画放在岸边，画上的大鱼映在波光粼粼的水中，不一会儿就引得一群水獭聚到了岸边。几个侍卫互相对了个眼神，一股脑扑了上去，抓住了好几只水獭。魏明帝看得很是高兴，直夸徐邈的大作真是神了！

这之后，燕赵之地还出了不少绘画大师。北魏时期，衡水景县的名门望族里出了个名叫高遵的丹青妙手，他凭着画画的本事和超强的智商出了大名，当朝的皇帝还专门把他请到了都城洛阳，在皇宫大殿里留下了精美的壁画。

北朝那些年，风水转得快，到了北齐时，河北的邺城又成了皇都。既然是皇帝家的地盘，少不了要有一场高规格的装饰装修。皇宫里的壁画要请谁来主笔？皇帝想到了一个人，这就是号称“牡丹圣手”的杨子华。看他笔下的牡丹，好像可以闻见香味；看他画出的车马，好像还能听见嘶嘶的鸣叫。

杨子华的大作留在了邺城的皇宫当中，他还用画笔记录下这样一番场景：那画里有十多位笔墨之臣，正忙活着点校《五经》。这正是由北齐的文宣帝高洋组织起来的一场文化盛事。虽说高洋的人品不怎么样，不过，在治国理政的事上倒是一把好手，他把当时最有名的文人聚到一堆，整理儒家经典，为了给自己这份功劳留个纪念，就请杨子华绘制了这一幅传世名画《校书图》。可惜的是，这幅画的原作已经失传，如今能见着的只有北宋画家的临摹之作，其中一幅就被收藏在美国的波士顿美术馆。

要想不出国门，亲身感受杨子华的画风，这事倒也不是不可能，在邺城的高洋墓葬之中也有大批的精美壁画，据说，这就是按着杨子华的原稿绘制的作品。

燕赵之地笔墨留香，名人名作历数风流。前人留下的宝贝在千百年的时光里经历了多少波折？这一幅幅画作的背后又藏着多少传说？

2000 年，英国克里斯蒂拍卖行发布公告，说是要在美国纽约举办一场中国艺术品拍卖会，其中标号 209 的拍品是来自河北曲阳王处直墓的彩绘石雕武士像。消息一出，中国文物局和河北文物局的专家立马警惕起来，为什么呢？因为这件拍品正是前段时间被盗的文物。我国的文物部门立即出手行动，照会美国使馆，要求必须阻止拍卖活动，立刻把文物返还中国。虽然几经波折，不过这宝贝到底是无偿交还了中国。

这件震惊中外的彩绘石雕武士像到底有着什么样的来历，它的旧主人王处直又是何许人呢？

王处直是五代时期的大人物，他把着义武节度使的职位，长期控制着易州、定州、沧州。这么一个大硬派，却死在养子的手里，葬在保定曲阳西燕川村。

王处直生前见过不少的大场面，死后也很是风光，他这处墓葬占了很大一块地方，单说这里面的壁画就有 100 多平方米，其中包括男侍、女侍、山水、花鸟、云鹤、星象，还有一套生动有趣的十二生肖。尤其是这里出土的彩绘石雕武士像，那更是精雕细琢，堪称精品。也正是因为这宝贝特别出色，才被那文物贩子盗卖出国。

丹青留香，名师妙笔描出几许艺术光华？

笔墨盖世，燕赵壁画绽放几多灿烂光芒？

在美术界里有这么一个说法——河北的墓葬壁画是中国同类画作的精华，而宋辽金时期留下的燕赵壁画正是这精华中的精华。这宝贝显示着传承千年的艺术风范，也展示着千年之前的社会风情。

在石家庄井陉的柿庄墓群，坐落着 14 座北宋墓葬，那其中的壁画总共是有两种：一种画的是墓主人生前经历的那些好日子，比方说，“宴饮图”、“伎乐图”、“供养图”;另一种画的是世外桃源一样的田园风光，比方说，“芦雁图”、“耕获图”、“捣练图”、“放牧图”等。

在张家楼宣化，一片辽代墓葬中的壁画还原了中国茶道的本来面貌，其中诞生于 1091 年的“茶道图”，是中国最古老的茶道绘画。这画里的茶道器具、

正定隆兴寺壁画

烹茶工艺和饮茶场景让人身临其境，好像能闻见一阵阵清新的茶香。这里还有一幅中西合璧的天文图，其中的科技含量更是不得了，中国传统二十八宿记星法和西方古巴比伦黄道十二宫在这幅图上融为了一体，记述着中国天文学的辉煌历史。

说到这“辉煌”二字，中国壁画最辉煌的作品有个排行榜，这就是“元明四大杰作”，上榜的有哪几个呢？有敦煌莫高窟、山西永乐宫、石家庄毗卢寺和北京法海寺。最近，考古界又有一个大发现，山西永乐宫的壁画也是河北真定画师的大作。这么说来，元明两代壁画界前四名的作品中有两大经典都出自于河北真定画师之手。

真定，作为北方壁画大师的根据地，还有一座大名鼎鼎的隆兴寺，这其中的摩尼殿里也有一处经典之作，这跟石家庄毗卢寺的壁画一样，也是中国现存最经典的宗教壁画。

正因为真定府的宗教壁画创造了好几个历史经典，所以，真定的壁画技艺也成为一种文化代表。这里的画师名声远扬，在山西应县的文殊寺留下了精美的壁画。

河北壁画刻画了千百年间的历史，燕赵画师留下了世代相传的墨香，那一笔一画包含着文化的底蕴，一人一物讲述着岁月的沧桑。

这正是：

燕赵壁画写辉煌，奇才辈出美名扬。

流光溢彩创经典，沥粉翰墨永飘香。

第五十七回 河北布画精 辛集皮画萌

上一回说到古代画家挥笔描画春秋，把一幅幅多姿多彩的壁画留在河北。在燕赵大地，除了这种特别“艺术”的画，还有一种特别“生活”的画，最神奇的是，它不用纸，不用笔，用那边边角角的破布头、碎皮子，拼拼贴贴，一幅幅生趣盎然的画就呼之欲出了——这就是布贴画和皮贴画。这门古老的手艺在哪里流传，其中有哪些门道和讲究？

河北的承德、唐山一带，流传着一种历史悠久、魅力独特的布艺画，也叫“布贴画”、“布糊画”，就是用各种质地、各种色彩的布料，在平面的画板上贴出美轮美奂的画。不管是天上飞的，还是水中游的，贴出来之后都跟活的一样，让人拍手叫绝。

这种古老的民间手工艺术最初是在南北朝时期开始的。那时的皇公贵族、士大夫追求风雅，在衣服上大做文章。皇家御用的刺绣艺人，就用丝线绣出各种漂亮的图案，做成浮雕的效果，看上去非常精致，别有一番味道。这种手工艺术叫作“丝绫堆绣”，也被叫作“布堆花”、“布摞花”、“拨花”。

到了唐代，这种手艺开始在民间流行，那些心灵手巧的姑娘们用五颜六色的布头在衣裙上、荷包上绣上各种漂亮的图案，把自己打扮得漂漂亮亮的。还有人把布头剪剪贴贴，做成一幅画，挂在墙上当摆设。到了北宋时期，这种布艺画发展得红红火火，还引领了流行时尚。

这样看来，布贴画竟然跟宫廷刺绣有很深的渊源。不过，布贴画在民间也有一个源头，那就是河北民间流行的虎头鞋、虎头枕。

在中国老百姓眼里，老虎是百兽之王，也是最招大家喜爱的吉祥物，人们经常以虎为原型给孩子做虎头鞋、虎头枕，希望孩子长得虎头虎脑，保佑孩子没病没灾。

这种民间技艺已有千年的历史，产生于黄河流域，河北是虎头鞋的发祥地之一，南宋时期才传到江浙。北方冬天冷，不会走或者刚会走的小孩儿都要穿夹棉连脚裤，这种衣服很厚实，需要宽大的鞋子配套，憨实的虎头鞋穿着正合适。正因为如此，孩子的母亲、外婆、姨母、姑母等亲人，都要给孩子做虎头鞋，保佑孩子平平安安，还要给孩子做个虎头枕，里面放上荞麦皮，孩子枕着虎头枕睡觉，一准睡得香甜。

做虎头鞋、虎头枕没有统一的规定和样式，老虎的图案就是用棉布、丝绸、条绒等布料剪出来，再缝到鞋面上和枕头上的，每一针都体现着家乡姐妹的蕙质兰心，每一线都寄托着亲人的浓浓亲情。久而久之，河北一带的妇女们几乎个个都练就了一副好手艺，穿鞋帮、纳鞋底的动作娴熟老到，甚至做虎头鞋也成了她们比试手艺的方式和途径。

从清代起，布糊画这种传统技艺在承德，尤其是在丰宁一代流行起来。大冬天，外面天寒地冻，那些满族妇女就坐在热乎乎的炕头上，把家里的各种绸缎、碎布头翻出来，剪剪贴贴，制作布贴画，这是她们最喜欢的消遣。

华夏一绝，小布头如何剪出大文章？

辛集一宝，碎皮子怎样贴出新花样？

随着生活水平的不断提高，曾经只能作为业余爱好的布贴画受到了越来越多人的喜欢，登上了大雅之堂，创作花样也越来越多。承德丰宁还出了一个民间工艺美术大师滕腾，他创作的“滕氏布糊画”更是被评为“华夏一绝”。

滕腾出生于1932年，生下来第二天就被抱着上山躲土匪，而家里房屋竟被土匪放火烧毁了。亲友们都说：“这孩子从小命不好，长大了也成不了大气候。”没想到，他天生聪明伶俐，更有绘画的艺术天分，天上的白云、地上的草木、玻璃上的冰花，在他眼里都是美丽的画。他十来岁就能用麻秆编蝈蝈笼，用高粱秸编草帽、用柳条编筐。12岁那年，学校征集工艺品，他制作了一条黄瓜，那黄瓜虽然是纸糊的，却葱绿可爱，鲜脆欲滴，还在丰宁县获了二等奖，在热河省竟获了一等奖。

虽然滕腾很喜欢绘画艺术，可是在长辈眼中，画画不能当饭吃，就不愿意让他从事绘画艺术。滕腾为生活奔波了一辈子，直到退休后，终于有了空闲时间。老先生一日闲来无事在街上溜达，忽然看到小摊上摆着一种布头做的小饰品，顿时心血来潮，决心做一番前人未做过的事业，创立一种新的布糊画。他的想法得到了全家人的响应，从此以后，滕氏家族走上了布糊艺术之路，创造了"滕氏布糊画"。

他们在中国传统画的基础上，又加上了民间剪纸、刺绣、裱糊、雕塑等创作技法，把画面制作成软浮雕。布糊画作品，用料讲究、做工细腻、不管是人物风景，还是花鸟鱼虫，全都活灵活现、惟妙惟肖。很多作品都在国内外获大奖，还被美国、新加坡、日本等国家和地区的爱好者收藏。

1995 年，大型布糊画作品《九龙壁》问世了！这幅作品，长 8.5 米，高 2.8 米，采用绸缎、海绵、木材等 96 种材料和将近 27 万块布料制作而成。它以北京北海九龙壁为原形，逼真、形象地再现了中国这件建筑史上的稀世珍宝的原貌。这九条飞腾盘旋、色彩斑斓的飞龙，再次把"滕氏布糊画"的艺术成就推上了一个新的高度，展出后立刻引起轰动。

不过，滕氏家族的艺术家并没有自满，他们不断创造新花样。2001 年，滕腾的夫人翟翔跟女儿滕天一创作了"滕氏绳艺布糊画"，将布糊画与中国结巧妙地结合。这种"结中作画，画中有结"的崭新艺术形式，为中国民间艺术的百花园又增添了一朵充满活力的花。

唐山市路北区，还有一位布糊画的女传承人赵晓君，她从小就跟着奶奶用布头做"布艺画"。2001 年她从唐山市公交总公司退休后，就将全部心思放在了布艺上，创作了许多漂亮的"布艺画"：有沉鱼落雁的西施、昭君，闭月羞花的貂蝉、玉环，还有少数民族少女，都栩栩如生。除了各色人物，还有许多山水、花草等，也都形态各异。

就是凭借着小小的布艺画，赵晓君在 2003 年、2004 年两次获得了唐山市民间手工艺品展览一等奖。2003 年，遵化市政府考察团更是将其中的 23 幅布艺画带到了美国，送给了国外友人。2004 年，赵晓君更是带着她的"布艺画"

远赴韩国参加手工艺展览。

小布头剪出大文章，一幅幅精美的布艺画，情趣各异、风格独特，深受人们喜爱，它作为室内装饰品和艺术礼品，风靡海内外。

不光那些不起眼的破布头能做成布贴画，就连边边角角的碎皮子也不例外。这些边角料经过民间艺人的一双巧手，化腐朽为神奇，成为精致华美、高端大气的皮贴画。

在哪儿才能见到皮贴画呢？只要到河北的“皮革之乡”辛集去转转，就能一饱眼福。

河北的皮革之乡辛集，闻名国内外。每到节假日，来自全国各地的旅游大巴开到辛集皮革城，上万平方米的大广场车连车、人挤人，成为河北省旅游购物的热点。

辛集市自古就是商贾云集之地。过去中国商界流行一句话：“遍地的老西，钻天的束鹿。”“老西”指的是山西的晋商，这“束鹿”指的就是辛集。明清以来，辛集人就开始在全国各地经商，他们聪明能干、为人诚信，人们提到辛集商人就会竖起大拇指。

为什么辛集会成为皮革的集散地呢？这还得从宋辽时期说起。当时这里是宋辽边界，南北交通要道，也是宋辽茶马贸易的中转站。当时皮革主要用于军事。因此，制作皮革、熟皮的技术就在这里生根发芽。北方的皮货商将皮子从关外运到这里就不再向南走了，再向南气候潮湿，皮子容易发霉。而南方的商人来到这里，也不再向北走，因为再走运输成本就太高了。这样，集散地就逐渐在辛集形成了。

那时候，辛集皮革最出名的是束鹿羊皮袄，谷子皮（马靴上专用的靴脸专用皮革），后来发展了皮革着色、染色制革工艺。伴随着皮革业的发展，勤劳智慧的辛集人就开始用灵巧的双手，将皮革应用在了生活工艺品的制作，用各种颜色的碎皮子剪成花瓣、枝叶，装饰皮衣或者鞋面。也有人在各种皮包表面装饰花瓣花叶等，后来制作成五颜六色的皮具、包裹等。民间艺人用刀子、剪子、小锤等工具，把五颜六色的皮革边角料经过巧妙拼接，精心制作成栩栩如生、题材各异的精美艺术品。这就是辛集的皮贴画。

皮贴画的材料在皮革之乡辛集可不稀罕，那些制作皮衣、皮包的下脚料，五颜六色的碎皮子，经过一双巧手、一颗慧心，那么一粘一贴，立马就有了精气神。古代仕女、花鸟鱼虫、山水风景……既有民间的质朴，又有时尚的元素，浸透着一脉相传的蕙质兰心。

这项民间艺术流传到现在，能够记起的传承人至少有七代。辛集“邢氏皮贴画”名气响当当，祖祖辈辈手把手地教，一直传到今天。

辛集“邢氏皮贴画”的传承人邢敬品，出生在皮革加工世家，从小就喜欢画画，聪慧好学，打小就勤俭节约，看见大人们把那些皮子的下脚料全都扔掉，她觉得很可惜，就把各种碎皮子收集起来，集中保存。可时间长了，碎皮子越来越多，没处放啊！

邢敬品细细一想，老辈儿人不是经常用彩色碎皮子剪成装饰图案嘛，她也有样学样，用碎皮子制作皮贴画。做着做着，她发现一个问题，皮革相对布来讲，料子厚、花色少，也不容易打出褶皱，所以做出来的皮贴画没什么立体感，人物也显得有些呆板，不太自然。邢敬品爱动脑筋、喜欢琢磨，就根据皮革的这些特点，设计出适合用皮革表现的对象。她吸收民间绘画和工笔画的长处，利用皮革本身的色彩去体现画面风格，这样一幅幅精美的皮贴画就诞生了。

精益求精，民间艺人如何遍访名师？

古今传承，传统工艺怎样走向世界？

长江后浪推前浪，一代新人胜旧人。邢敬品的儿子张杰，将“邢氏皮贴画”推上了一个新的台阶。

张杰是土生土长的辛集人，1968 年出生，从小就喜欢勾勾画画，受母亲影响，也爱上了皮贴画。他不仅把母亲的一套手艺继承下来，还琢磨着锦上添花。他四处打听，遍访名师，把民间剪纸、刺绣、雕刻的工艺全都学到手，运用在皮贴画上。他做出来的皮贴画，颜色搭配得赏心悦目，人物的一个微笑、一个眼神都活灵活现，甚至每根眉毛、细小的睫毛都是用皮革一根根贴上去的，这么讲究的皮贴画，真是令人爱不释手。

2006年，河北省民俗博物馆举办了专题展览，张杰的《金陵十二钗》、《家和万事兴》等15幅作品被民俗馆永久珍藏。2007年，在澳门举行了为期半个月的“皮贴画”民间艺术展演，引起轰动。

2009年，张杰被评为河北省工艺美术大师。张杰创办了“辛集文化馆皮贴画培训中心”，不收学费，手把手地把手艺教给父老乡亲，让不少农民和下岗职工端上了“金饭碗”。

如今，辛集皮贴画不仅走出河北，还走出国门，漂洋过海到了美国、新加坡、韩国、俄罗斯，古老的艺术焕发了新的光彩！

这正是：

魅力承德名天下，布糊画中有奇葩。

辛集皮都留技艺，美轮美奂皮贴画。

第五十八回 衡水内画奇 侯店毛笔精

上一回说到辛集皮都有一路传奇的手艺人，他们巧手做皮画，技艺成奇葩。在河北南边的衡水市，还有一派出神入化的内画艺术，方寸之间别有天地，笔墨之间别有情趣。这究竟是怎样一种神奇的民间技艺？

说起内画的历史，不得不提到古时候的鼻烟，这鼻烟和内画就像是一对好哥们、亲兄弟，你离不开我，我也离不开你。在古代，鼻烟是一种时髦的东西，这烟草混搭上香料做出来的黄色粉末，放在鼻子边上轻轻一吸，立马就有显著的提神效果。既然沾了时尚的边，这鼻烟的包装也不能不讲究，它小巧玲珑、晶莹剔透，还带着各式各样好看的花纹。这股时尚的风潮到底是由谁引领开来的呢？

在明朝万历年间，皇宫里来了一位大鼻子的传教士，他就是意大利的利玛窦。他给皇帝带了一份见面礼，礼物就是个鼻烟壶。从那以后，鼻烟壶就在中国风靡了好几百年，那些达官贵人、王公贵族，怀里不揣个精致的鼻烟壶，根本就不好意思出门。

清朝的康熙大帝对鼻烟壶也非常着迷，因为他是一朝天子，事事都得讲排场。别人喜欢鼻烟壶，只是随身带上一个，家里收藏一堆，而康熙爷，因为这个爱好，干脆开设了中国第一个玻璃工厂，专门生产制作鼻烟壶，作为皇家指定礼品，拿来给人打赏用。

康熙爷的这个爱好一直传到了乾隆那里，在乾隆时期，鼻烟壶更是成了艺术精品，被八旗子弟当成身份的象征。因为身份今非昔比，鼻烟壶的材料也就更加高端了，以前的玻璃、陶瓷那都算不上什么，这会儿流行的是珍贵的象牙、值钱的琥珀、五彩的珊瑚、闪光的玛瑙、透明的水晶、风雅的竹根。鼻烟壶的制作工艺也是与时俱进，发展出了写、画、雕、刻、镂、錾、烧、焊、凿、磨、镶、嵌、铸、错、粘、漆等几十种的门类。还有能工巧匠创造了一门手艺，用特制的变形细笔在瓶子里面描绘出细致入微的画面，那人物栩栩如生、花鸟活灵活现、山水层次分明、书法气韵盎然,方寸之地呈现出“千里之势”。这样的精品让洋人们都惊掉了眼镜，称这是“不可思议、鬼斧神工”的艺术。

这门手艺从京城传到了四面八方，形成了“京、冀、鲁、粤”四大流派。花开四朵，专说一支，这“冀派”内画就发源于衡水，这里的内画艺人继承了京派古朴雅致的风格，又引入了东方水墨的技法，融合了西方油画的色彩，创作出“形神兼备、中西合璧”的艺术风格。

老辈儿人传下来的艺术成就了衡水“中国内画艺术之乡”的大名，现如今，这传了几百年的内画行里出了位大师级的人物——王习三。

另辟蹊径，衡水王习三如何开创冀派艺术？

别出心裁，内画鼻烟壶如何引领艺坛风骚？

王习三是冀派内画的开山鼻祖、河北工艺美术大师。他原名本叫王瑞成，正是由于他跟内画的一段渊源，后来才改了名字。故事的开头要说到王习三小的时候，那会儿他就特别喜欢写字画画儿。有一回在北京的天坛看见有人低头写写画画儿，他的兴趣一下子就提起来，凑上前去仔细一瞧，原来那人手里正拿着一个装青霉素的小瓶子，用一根挺稀罕的笔在瓶子里面画画儿呢，这本事可是太神了！从这以后，每次经过这里，王习三都要过去研究半天。渐渐地，他了解到这门手艺名叫“内画”，也爱上了这项传统的工艺。

等到高中毕业，王习三考进了北京工艺美术研究所，拜在内画艺人叶菶祺和叶晓峰的门下学手艺。那时候，拜师学艺可不那么简单，徒弟要给师父磕过头，才算是入了师门，平时除了跟着师父学本事，还得手脚勤快、有眼力见儿，还要经常照顾师父的生活起居。

过去，手艺人的本事都是祖传的，有“传男不传女，不传外姓人”的讲究，王习三正好赶上了新时代，成了祖传五代的“叶派”艺术第一位外姓传人。王习三特别珍惜这来之不易的学习机会，学成了一手了不得的艺术。

1958年的秋天，王习三跟着师父叶晓峰在一场展览会上表演，正赶上朱德来视察，瞧见了王习三的作品“屈子问天图”鼻烟壶。朱德觉得真是不错，一听说这东西正是眼前这个年轻人的大作，很是高兴，鼓励王习三说：“你要戒骄戒躁，学习学习再学习！更要青出于蓝胜于蓝，不断鼓励自己永攀高峰啊！”王习三把朱德的嘱咐记在心里，抱着向师父的父亲，也就是自己的师爷叶仲三学习的决心，为自己取了“习三”这个新名字。

王习三得了“叶派”内画的真传，用工笔绘画的“撕毛法”把猫这个小生灵画进了鼻烟壶，那水灵灵的猫眼，毛茸茸的猫毛实在是逗人喜爱，就连国际著名收藏专家鲍伯·斯蒂文斯也发表了这样的好评：“王习三笔下的猫神态是那样活泼，似乎马上要从壶里跳出来。”

王习三把学到手的本事变成了自己的东西，自成一派，成了冀派内画的掌门人，他自创了冀派内画的特殊工具——金属杆勾毛笔，也就是行里著名的“习三弯勾笔”，那一支笔杆能直能弯，可以随意改变方向，让那小小的内画更添了几分精致。

王习三开创了自己的门派，往后的日子是苦是甜全都得自己担着。在这之后的十几年，他们一家人的日子遭了不少波折，只好回到衡水老家。可是，不管这生活多艰难，王习三一天也没放下手里的画笔，还收了不少徒弟，出了不少好作品。

终于等到云开月明的时候，王习三的内画艺术再逢春风，他在衡水开了一家特种工艺厂，继续开拓自己的老本行。厂子办了有几年，渐渐有了不小的名气，王习三得到了国家轻工部授予的“工艺美术家”称号，还成了国际烟壶学会第一位中国籍“荣誉会员”。他的作品拿下了中国工艺美术品百花奖中的“金杯珍品奖”。衡水的内画产业也发展成为拥有40000名从业者，年产值10亿元的文化产业。

一路走来，王习三不只是拥有了鲜花和光环，还经历了别人想也想不到的苦和难。丹青行里有个说法——内画源于外画，可是又要难于外画。在拇指大的小瓶子画画儿已经是个难题，可是，王习三却能在这不大点儿的地方画上一幅完完整整的《百子图》，那小人脑袋还没有芝麻大，可是每一个的五官都是那么清晰，神情都是那么生动。这“螺蛳壳里做道场”的事让别人看起来可是

王习三大师绘制鼻烟壶

太难了，在王习三的手中却是驾轻就熟，提笔就来。

功夫不是天生的，而是苦学苦练的结果。为了画好内画，王习三几十年如一日地花心思琢磨，下力气练习。这么精致的活儿，最要紧的是手上的技巧，更重要的还是得保护眼睛，要是眼神坏了，再好的手上功夫也无用。为了保持视力，王习三很少看电视，除了每天晚上 7 点看一会儿《新闻联播》，别的电视节目再好看，他也不瞄上一眼。

花了这么多的心血，终于是功夫不负有心人，王习三千锤百炼出了三套代表作，那一件件精美绝伦的作品成了中国内画史上的经典。

第一个套系的内画鼻烟壶，是王习三花了小两年的工夫创作的“清代帝后像”，从清太祖努尔哈赤到末代皇帝溥仪，十二位皇帝十位皇后，个个眉眼传神，气韵生动。国际中国鼻烟壶的学会主席约翰·福特见到了这套宝贝，直夸这是“不朽的杰作”。《纽约时报》也专门发表评论，说这套精品堪称“里程碑式的大作，无与伦比的瑰宝”。

经过几年的沉淀，王习三在 1984 年里又完成了一个新的套系——“美国历届总统像”。东方传统的鼻烟壶画上了西方著名的大人物，这中西合璧的创意惊艳了世界。从华盛顿到里根，30 多位美国总统画在上等的水晶壶上，拿着放大镜仔细瞧，就像是清晰生动的彩色照片。这套作品一面世，就轰动了整个

精美的习三内画鼻烟壶作品

内画行，很多专业级别的内画粉丝给出了不少的好评，说这是“美国历史的缩影”、“中国艺术的结晶”、“神工鬼斧的艺术顶峰”。

王习三的第三套代表作回归东方，这就是“中国十二朝代名君国宝图”。夏禹王、商汤王、周武王、秦始皇、汉高祖、晋武帝、隋文帝、唐太宗、宋太祖、元世祖、明太祖、清太祖……历朝历代的明君都在内画鼻烟壶上。把这小巧玲珑的艺术品翻到背面，还能看着一重惊喜，夏代的陶盂、商朝的青铜鼎、周朝的虎簋、秦代的兵马俑、汉朝的马踏飞燕、晋朝的王恂伯远帖、隋代的石佛像、唐三彩的骆驼、宋官窑的贯耳瓶、元青时期的花红釉花卉纹盖罐、明朝的景泰蓝龙耳瓶、清代金玉鼻烟壶，琳琅满目的精巧绘画浓缩了千百年间的艺术珍品。

有了一代又一代内画艺术家的用心钻研，现如今，内画艺术已经成了国家级的非物质文化遗产，王习三也凭着精妙的好手艺成为这门艺术的代表性传承人。他的内画艺术馆开到了省城石家庄，开到了首都北京城，内画这项中国传统艺术名扬万里，声传百年。

一脉相传，侯店毛笔如何传承百年？

一宝独尊，乾坤巨豪如何留名燕赵？

河北衡水不单是有精致的内画艺术，还有一种可以创造艺术的艺术品，这就是跟冀派内画鼻烟壶、宫廷金鱼并称为“衡水三宝”的侯店毛笔。因为这毛笔的老家就在衡水侯店村，所以就得了“侯店毛笔”这个朴实又好记的名字。

有句话说，“英雄不问来路”。不过，要说这毛笔，还得讲讲它的出处。早年间，侯店毛笔又叫作“蒙笔”。当地的老乡说了，侯店的毛笔来头大，那可是秦朝大将蒙恬的作品。所以，一直到了今天，侯店村里还有一座蒙恬将军祠，是专门供奉笔祖的地方，这里的百姓年年上香，岁岁祭祀，就为了请这神仙保佑生意兴隆，一方平安。

这样的传说是真是假，现在已经没处去考证了。从前人留下的史书上找一找，侯店制笔业的历史起源于明朝永乐二年（1404 年），到了清代的光绪年间，这里出了个名叫李文魁的制笔人把买卖开到了京城。因为他的手艺好，做的毛笔精，这笔庄开了没多久，名气就传进了紫禁城，就连当朝的光绪皇帝也用上了李文魁的毛笔，还为这毛笔赐了一个封号——“宫廷御笔”。有了皇家御赐的金字招牌，李文魁的笔庄可算是出了大名，四九城里的文人墨客都成了李家笔庄的铁杆粉丝，衡水的“侯店毛笔”打响了旗号。从这以后，侯店独具一格的制笔工艺就世世代代流传下来。

几百年间，侯店毛笔继承了老辈儿人精益求精的传统工艺，在锋长杆精、刚柔相济，蘸墨饱满却不滴，行笔流畅而不滞的基础上，又加入了牛角、兽骨、象牙、红木、乌木等好多种的材料精工细作，将黄狼尾、香狐尾、南山羊毛、羊须、白马毛、牛耳毛等各种动物毫毛作为笔尖，把龙凤、花草、山水等等多种图案镶嵌在细溜溜的笔杆上。那一支小小的毛笔就是一件精美的艺术品，也难怪会成为“衡水一绝”。

在这里，有一个侯店的“镇店之宝”——“乾坤巨豪”。这是一支净重 48 公斤，身高 3 米多长的巨型毛笔，那一只笔头用了 38 匹马的马尾毛，笔杆和笔口用的都是从越南进口的香红木，笔杆上还雕刻着龙凤呈祥的图案，象征着吉祥如意。

侯店的毛笔描绘世间万物，记述人生百态，它那钢筋的笔杆就是燕赵风骨，它那柔韧的笔尖含着脉脉温情。这传了一代又一代的好手艺，蕴含着河北人智慧的光华。

这正是：

冀派内画技艺精，习三烟壶举世惊。

侯店毛笔承古韵，挥毫书写燕赵风。

第五十九回 剪纸留佳话 旅游成新宠

上一回我们说到了河北衡水的内画鼻烟壶，民间艺人们妙手著文章，在小小的鼻烟壶里留下巧夺天工的艺术珍品。方寸之间有故事，这一张纸、一把刀里也有传奇，手起刀落玩转一纸乾坤，指尖飞扬剪出斑斓世界。这又是怎样的一种绝活呢？

河北剪纸天下闻名。提起河北的剪纸艺术，不能不说蔚县剪纸。蔚县人有句自豪的话："世界剪纸看中国，中国剪纸看蔚县。"这小小的剪纸早就成了蔚县乃至河北闪亮的金字招牌和文化名片。

蔚县剪纸是从窗户上发展来的民间工艺，它的根儿在民间，传承也在民间，是蔚县老百姓的心头宝。

蔚县四面群山环绕，古时候交通并不便利，小山村跟外面的世界沟通比较少，保留着不少原汁原味的老传统，其中传承最久远的一个就是过年贴窗花。

蔚县民居的窗户比较有特点，上部由许多小方格子构成，下面是几块透明的玻璃。由于冬季漫长、气候寒冷，人们在小方格子上面，糊了厚厚的麻纸。可是这麻纸颜色沉闷，看着心里不敞亮，大家就拿红红绿绿的纸剪出花花草草、飞禽走兽贴在上面做装饰。在阳光明媚的日子里，阳光透过窗户纸照进屋里，窗户纸上的窗花在光线的照射下鲜活又好看。

要是论资排辈的话，窗花还有一个前辈，那就是"天皮亮"！天皮亮是蔚县剪纸最早的窗花形式，是人们早年间在云母薄片上画的画，再运用"糖稀"做黏合剂粘贴在纸窗户上。由于云母片本身色泽通透，贴于窗户上的天皮亮就像玻璃一样透亮，上面的牡丹、龙凤等图案，鲜亮生动，给老百姓的生活增添了不少色彩。

俗话说，熟能生巧。窗花在蔚县扎了根，当地人是越

中国剪纸第一村

剪越爱，越爱剪得越好。他们一只手拿着纸，一只手握着刀，咔咔几下子，一幅漂亮的剪纸就完工了。那上面的花花草草、飞鸟鱼虫，全都跟活的一样。可是，他们觉得还不够美，不断琢磨着新花样，这门手艺也就越发地炉火纯青。那么蔚县剪纸有哪些独门秘籍，在世代传承中，又留下了哪些故事呢？

据说很早以前，蔚县城里有两个剪纸高手，一位姓王，人称王先生，还有一位姓张，是个道士，这两个人最拿手的是用剪子和刀子剪刻彩纸。他们合作经营剪纸作坊，一个刻纸，一个染色，配合得很默契，逐渐创造出手工精巧、绚丽多姿的蔚县剪纸。后来，山路打通了，交通也便利了，蔚县剪纸便流传到了各地。

这时候，武强年画也传到了蔚县，善于学习的蔚县人吸取了武强年画渲染的技艺，仿照天皮亮的透明效果，以刻代剪，形成蔚县剪纸的独特风格。它以中国画的宣纸为原料，先用刻刀刻制出图案，再用中国画染料点染色彩而成，还有一套制作流程：设计造型——薰样——雕刻——染色。与其说是剪纸，不如说是刻制的中国画。

蔚县剪纸以“阴刻”和“色彩点染”为主，所以就有了“三分工七分染”的说法，这种剪纸技艺在全国也是独一份。经过那些能工巧匠的剪刻、点染，做出来的剪纸刀工精细、造型大方、色彩绚丽、非常耐看。不管是戏剧脸谱、神仙佛陀，还是动物花卉、民间节日，都可以入画，经过艺人们的巧手，呈现在剪纸上。尤其是“年年有余”、“岁岁平安”等图案，因为寓意美好，特别受老百姓的喜欢。

巧夺天工，一双妙手怎样刻出大文章？

鬼斧神工，一门技艺如何闯出大名堂？

蔚县剪纸在漫长的历史传承过程中，涌现了很多顶级的民间艺术家，其中，蔚县南张庄的王老赏，可谓是高手中的高手。

王老赏出生在1890年，原名叫作王清，他家祖祖辈辈都是农民。因为家里穷，王老赏只上了三年私塾就回家种地了。王老赏喜欢剪纸，没事就去邻居家看他们刻染窗花，看的如痴如醉，常常忘了回家吃饭。有时候到县城赶集，也总是在窗花市场转悠，一转就是老半天。凭着对剪纸的痴迷和一股子钻磨劲儿，王老赏很快就掌握了镂空等剪纸技巧，并学会了点染、晕染等染纸方法，20多岁就成了当地有名的剪纸高手。

好琢磨的王老赏不久就发现了一个问题，那就是窗花中的人物表情呆板，千人一面，一点儿都没有灵气。他买来了《水浒传》、《三国演义》、《封神演义》等古典小说，反复观察琢磨里面每一个绣像的姿态神情，改进戏人剪纸造型。县城附近凡是有唱戏的地方，王老赏不管多远也要赶过去。别人看戏看的是故事，听得是唱腔，他呢，专看那些角色的脸谱、服饰、道具、表情、动作、色彩，不仅把他们暗暗记在脑子里，还还原在他的剪刀下，他把戏曲中的生、旦、净、末、丑等人物刻得活灵活现，怎么看都好看。

一般剪纸艺人只有十几把刻刀，可王老赏觉得这还不够，就自己动手进行加工改造，创制了100多把刻刀，什么针尖刀、螺旋刀，有大有小，有宽有窄，有薄有厚，用起来得心应手。除了在刀工上求创新，他还在颜色上细琢磨。为了让剪纸颜色更纯真、更漂亮，他总是选用上等品色，亲自调试，反复比较，以保证色彩的纯正。可以说，王老赏是他那个时期蔚县剪纸艺术最顶尖的大师，蔚县剪纸艺术在他手里形成了一个独特风格。

从那以后，蔚县剪纸艺人一代接着一代，精心雕刻，细心研磨，涌现出了

蔚县剪纸神龙腾飞

周永明、任玉德、周兆明等国家级的工艺美术大师，受到人们的赞赏。

2006年，蔚县剪纸被列入第一批国家级非物质文化遗产名录，成为蔚县响当当的文化名片。近些年来，随着旅游产业的繁荣，蔚县剪纸进入大繁荣大发展时期。戏剧脸谱、剪纸挂历、台历、金箔剪纸等多种产品，既美观又大方，还能作为收藏品保存，产品畅销美国、日本、加拿大、新加坡等100多个国家和地区。蔚县剪纸成为重要的富民产业。

河北省堪称中国民间剪纸之乡，剪纸的流派众多，百花争艳。除了蔚县，滹沱河边的无极县的剪纸也自成一派。

无极剪纸由来已久，不过它真正火起来，是在明末清初。那个时候，东候坊、南候坊、北候坊等村的家庭妇女都喜欢把剪好的花样子贴在灯花和走马灯上，《鲤鱼跳龙门》、《五子登科啦》，等等，要的就是热闹喜庆，图的就是吉祥如意。剪纸样子喜庆祥和，逢年过节或者家里办喜事，也都少不了它，就这样，无极就有了剪灯花、挂彩纸、剪年符、贴窗花的习俗。

无极剪纸有自己的一套工艺。它以彩色宣纸为原料，主要工具有剪刀和刻刀两种，多用刀刻。刻刀也有十几种，有长的、尖的、圆的、方的、三角的、月牙的,根据不同的图案,利用不同形状的刀具刻制。无极县具有地方特色的“色纸”剪纸法，就是利用这种刻刀刻制后，再用各种颜料灌点而成。

最早的时候，无极剪纸主要是纯一色的大红纸，随着时代的发展，剪纸也变得五颜六色，不仅有黑白套色的，还有刻金彩衬的，鲜艳夺目。在贴灯花的时候，剪纸艺人借鉴套色版画的创作手法，用多种颜色的彩纸叠在一起装饰图案，形成了色彩丰富的剪纸门派，这是无极剪纸的巨大进步。

无极剪纸发展得红红火火，多亏了老一辈艺术家留下来的“花样子”。花样子是无极剪纸的祖传宝贝，是这门技艺最核心的秘籍，是当地剪纸艺人千百年来留下的精髓,是历经时间考验最受欢迎最经典的图案。比方说,过年剪《鲤鱼莲子》、《富贵有余》，以表示连年有余，新春快乐之意；正月十一在过去被称为“老鼠节”，这一天剪的是《老鼠娶媳妇》、《猫抓老鼠》等，表示节粮归仓之意；正月十五闹元宵，剪的是《金猴闹春》、《舞龙图》、《花灯》；二月二龙抬头，剪的是《二龙戏珠》、《鲤鱼跳龙门》。

除了过年过节用的剪纸，婚庆的剪纸花样更多，大红的喜字最为常见，甚至洞房的房顶、炕厢、嫁妆、茶具和家具都贴上带“喜”字图案的剪纸。什么《荷花莲子》、《蛇盘兔》、《全喜图》、《五子登科》、《石榴》等，以表示花好月圆、早生贵子、辈辈富裕，这都老百姓最实在的祝福!

改革开放以来,无极县200多个村庄里,村村都有剪纸艺人,李荣姐、杨素苗、牛士民，都让人竖起大拇指。尤其是牛士民，不但能够在火红的纸上剪出《嫦娥奔月》、《红楼十二钗》，还能在树叶上刻出老虎、蝗虫、公鸡等动物，简直可以以假乱真……一枚小小的刻刀在他的手上轻轻舞动，很快一幅幅栩栩如生的画面便跃然纸上。他的作品曾经多次获奖，还有几十幅作品被国外的客人收藏。

独树一帜，丰宁剪纸怎样体现满族风情？

走街串巷，三河剪纸如何展现乡土情怀？

除了蔚县剪纸和无极剪纸，河北剪纸还有一大流派，那就是单色传统剪纸。赵国古都邯郸剪纸、承德丰宁满族剪纸、廊坊三河剪纸、赵县剪纸、正定剪纸，都属于这一类，主要用红纸、黑纸、金纸单色剪刻而成，不过，各地在剪刻刀法、画面结构和题材方面又各有不同。

承德丰宁的民间剪纸始于清代康熙年间。起初它是用来加固窗户纸的纸条，后来发展成五颜六色的窗花和以红色为主的剪纸，到乾隆年间在当地广为流传。

丰宁是满族聚居县，许多剪纸艺人都是满族人，所以，丰宁剪纸从题材到内容都具有浓郁的满族风情。比方说，人物服装上多用挽袖花、胸襟花、帽花、鞋花等满族服饰点缀，按用途分则有门帘走水花、飘带花、桌围花等，凸显了满族人的生活特点，并成为独树一帜的艺术特色。例如，在《满乡三大怪》中，把“窗户纸糊在外，生了孩子‘吊’起来，十七八岁姑娘叼个大烟袋”这些原汁原味的民风民俗表现得淋漓尽致。

1984 年，丰宁两位民间剪纸艺人应邀赴美国迪士尼乐园表演，引起巨大轰动。从那以后，丰宁剪纸每年都有大量作品远销海外，销量每年近千万件，年创外汇数百万元。凤山、大阁两镇已经成立专业作坊数百处，经营剪纸的艺人多达上千名，丰宁剪纸以其特有的魅力享誉海内外。

再来说说三河剪纸，传承人赵景安老人至今保存着祖传的一批刻纸花样，有花卉鸟兽、山水树木、亭台楼阁、戏曲典故，甚至还有五谷杂粮。而且剪纸的样式也多，有灯花、窗花、鞋靴花样，还有衣饰披肩、荷包坠带、枕头帕巾等，深受庄户人喜爱。这些地地道道的传统民俗文化遗产，曾随着卖花艺人走街串巷的脚步，传遍河北省内外的城镇和村庄。

要说河北剪纸，除了上述三大流派之外，还有一路不能不说，那就是承德剪纸，虽然技法也属于传统单色剪纸，但是它构图婉约秀美、细腻独特。除了传统花鸟、年年有“鱼”、阿福娃娃以外，最美的就是避暑山庄、外八庙等名胜剪纸。如果说其他地方的剪纸具有浓浓的乡土气息，那么，承德剪纸就是一个从画卷里面走出来的仕女，充满了浓郁的书卷气息，也是河北剪纸大花园中的最芬芳的一朵。

这正是：

河北剪纸百花园，蔚县彩绘色泽鲜。

无极窗花创新技，承德剪纸五洲传。

第六十回 缂丝定州秀 土布遍杼声

上一回说到巧手妙制的蔚县剪纸，千年百代人人称奇。在河北另有一种精巧的民间技艺，它好看不好做，比那剪纸还要费工夫，这就是燕赵绝技——定州缂丝。那一针一线又包含着多少故事？

说到缂丝，也许有很多人会觉得有点儿陌生。论起名气，这种生在河北的民间技艺确实比不上内画、剪纸那么出名；不过，要比收藏价值，缂丝绝对不输阵。2004 年，一件缂丝作品《钦定补刻端石兰亭图帖缂丝全卷》在中国嘉德的春拍中创下了 3575 万元的高价；两年之后，一幅《清康熙御用红木雕花镶嵌缂丝绢绘大屏风》更是以 8050 万元的天价成交。2008 年，一幅《乾隆缂丝梵字陀罗尼黄经衾》再次惊艳了拍卖行，最终以 7205 万的价码成交。

定州的缂丝拍出了大价钱，河北人的脸上都觉得有光。到底是什么样的宝贝，能值上这么多的钱；到底是什么样的技艺，能有这么高的含金量呢？

缂丝，是一种工艺复杂的丝织画卷，因为丝制品的图案和素底接缝的地方能摸到高低起伏，就像是镂刻而成的工艺品似的，所以就叫作“缂丝”。到了外国，这项技艺又被冠以“缀锦”、“缀织”、“织成锦”等好几种名号。

这种技艺之所以名扬海外，正是因为它的制作工艺很是特别，这种丝制品的正反两面一模一样，跟苏绣的顶尖工艺“双面绣”有着异曲同工的妙处。古时候，这产在定州的宝贝有着“织中之圣”的美名；到如今，因为它经得起时光的考验，又被称作是“千年不坏的艺术织品”。定州缂丝跟刺绣、玉雕和象牙雕、景泰蓝并称为“中国四大特种工艺品”，又与云锦合称为“中国两大珍品手工丝织物”。这么精的技艺，这么好的东西，也难怪有个说法是“一寸缂丝一寸金”。

定州的缂丝名传千古，还在著名的丝绸之路上留下了大名。在石家庄正定的南杨庄仰韶文化遗址中，不仅出土了成熟的丝织工具，还找到了世界最古老的家蚕陶俑模型。它们证明了这一点：滹沱河流域正是中国桑蚕业和是纺织业的发祥地。

到了商代，滹沱河畔的丝织业有了很大进步。藁城台西商代遗址出土的平纹皱丝织物——縠，就是全球最高龄的丝织泡泡纱，这也是3500年前中华民族丝纺织最高技艺的代表作。

在战国时期中山国都城灵寿的诸侯王墓葬中，也出土了各式各样超豪华的丝织艺术品，其中有平纹绸缎、抽丝织物，还有辫纹织物。那一丝一线的纺织技术，简直跟西汉长沙马王堆汉墓的丝纺织品不分高下。

在汉唐时期，丝绸之路热闹了起来，河北也有不少的拳头产品加入了路上的队伍。汉朝巨鹿郡的高难度丝织品成了外国客商最喜欢的主打货，也成了西汉帝王赏赐官员的御用圣品。

独步天下，巨鹿陈氏织就何种精品？

堪称一绝，定州缂丝成就何种美名？

著名的笔记小说《西京杂记》里有段故事，说的是汉朝时，巨鹿郡里出了个大款陈宝光，他媳妇有门手艺号称是天下独一份，就是制作一种名叫“散花绫”的丝织品。这东西颜色新鲜卖相好，一上市就热卖，就连当时三军统帅太尉霍光的妻子也常常专门到巨鹿来买。她花了大价钱买的东西舍不得给自己用，而是要拿去巴结一位大贵人。

这位贵人就是皇宫里的一个女官淳于衍，也是中国最早的御用专职妇产医生。霍光特意挑了女人最爱的好衣料送给她，一回就要送上蒲桃锦24匹、散花绫25匹。

霍光根据多年来混迹于名利场的经验，认为这送礼是个长期的持久战，可是，这一回一回地跑到巨鹿买礼物，实在太麻烦了。他为了省事，干脆把陈宝光的媳妇请到了自己的太尉府，让她就地纺织。

陈宝光接到了太尉府的指示，赶紧带上工具进了京。霍光迎着陈家两口子进了门，瞧瞧人家纺织的工具，可真是开了眼，纺织机上拉丝的镊子就有120个。陈宝光的媳妇拉开架势，开动机器，手里拿上好几个梭子，装上五颜六色的丝线，这情景简直就是一场好看的表演。这散花绫好看不好织，就算是陈家媳妇这样顶尖的高手，也要60天才能织出来一匹。不过，这么大的功夫也没白费，这散花绫上有百种图案，千种色彩，万种风情，真是有钱也买不到的宝贝！

从这故事里面可以看得出来，这种名叫散花绫的丝织品真能称得上高端大气，这种了不起的民间技艺也算是一绝。

盛唐时期，河北成了全国纺织业产量最多，技术最高的地区。这里的产品占据了大唐帝国官方专用丝绸制品的半壁江山。唐代的通典等文献清楚地记载，河北道供给皇家的丝织品占到全国供奉丝织品的五成还要多。定州一地供给朝廷和丝绸之路的丝织品占了全国的46%。定州的罗、细绫、瑞绫、两巢绫、独巢绫、二包绫、熟线绫，恒州的孔雀罗、瓜子罗、春罗等，都成了闻名全国的特种高级丝织品。

这时候，有个名叫张鹜的文人留下一部《朝野佥载》。其中有个故事，说的是定州有个商人何明远，他靠着纺织得来了第一桶金，又用这笔钱干起了房地产，修了好几家连锁酒店。据说，何明远家里有的是钱，纺织用的机器就有500多个，已经形成了规模化的纺织作坊。

这么多的故事说明了一个事实——河北丝纺织业是古代丝绸之路上最为辉煌的一页，是支撑古代丝绸之路千年光辉的重要基地，是中国传统丝织技艺的技术源泉。

自古就有盛极必衰的道理，就是辉煌到了极点的大唐王朝，也没逃过这一劫。一场安史之乱，消磨了王朝的元气，河北这一带的丝纺织业也受了重创。唐王朝日落西山，接下来就到了五代。五代十国时期兵荒马乱，契丹人经常来捣乱，他们来了就是一通抢，抢了金银还不算，就连当地出产的纺织品也不放过，甚至把纺织的工匠都给劫到了北方。如今的辽宁义县，在辽朝时期名叫弘政县，这里的住户全都是辽世宗从河北定州抓来的纺织工匠。

北宋时期，老百姓终于又过上了安稳的日子。百姓安居乐业，缂丝的技术也在传承中创了新高，尤其是定州地区，因为地处南北物资交流的通道，成了这一带最繁华的商业区，也成了缂丝技艺最高的地方。那时候，丝织品以“以河北定州所制最佳”，定州缂丝“以宣和时期制作最盛”，无论穿的、带的，还是用的，只要提到缂丝这一行，就要数定州的产品是第一。这里的丝织品在全国上下赢得了名气，也进入了丝绸之路上热卖产品的大名单，跟着南来北往的商队走出国门，走向世界。

一寸缂丝堪称珍宝，一脉技艺千古流传。千百年来，缂丝的老家遭了不少灾难，可是，这门手艺却从来没有断篇。那时候，北宋遭到了灭顶之灾，北方的缂丝工匠就跟鸟儿似的迁到了南边，这又是一段怎样的坎坷？

当年，北宋朝廷已经是岌岌可危，北方的缂丝工匠一看大势不好，赶紧逃。他们看中了江南那块好地方，在上海、江浙一带扎了根。所以，缂丝行里就有了“北有定州，南有松江”的说法。

南下的缂丝工匠当中最出名的是祖籍定州孟家庄的沈子蕃，他从小就学成了一手谁也比不上的缂丝技艺，他的作品也成了抢手货。可是，沈子蕃怎么也没想到，他赶上了靖康之难，这么大的一场变故，闹得国都亡了。沈子蕃虽然只是一个靠手艺吃饭的老百姓，可是，他誓死不做亡国奴，拼着一死，带上全家去了苏州。

沈子蕃这一家人到了南方，靠着自己的老本行过得很是不错。他成了南宋杰出的缂丝名匠，也成为苏州缂丝流派的鼻祖，就连几百年后的清朝皇帝也很看重他的作品，紫禁城的养心殿珍藏着他的《花鸟图》轴，他的大作《梅雀图》轴也进了京城的重华宫。

在这之后，北边的缂丝工业也没有被完全毁灭。因为这好东西人人都爱，金元时期的统治者也都拿它当宝。几百年间，真定、定州这一带的织锦院、织锦局，仍然是国家高端丝织品的生产基地。

名传千载，河北纺织工业历经几多变迁？

花开三朵，燕赵纺织技艺留下几多回忆？

明朝洪武年间，棉花种植的技术和棉纺织业还没有传到黄河流域，河北纺织业的主要产品都是丝制品。那时候，河北的丝绸跟江南齐名，在全国的排行榜上也占住了领先的位置。要从这河北的纺织业里拔个将军，数得着的两样就是缂丝技艺和丝纺织提花技艺。这两种技艺惊艳世界，名冠九州，就连帝王的龙衣蟒袍用的都是这一类华丽的衣料。

历史就是如此巧合。定州缂丝南下传到了松江，而棉花在明朝从松江传到了河北。可惜的是，等到棉花的种植开始普及，河北的丝织业就不如从前了，这里成了北方重要的棉产区，大大小小的棉纺厂渐渐兴盛起来。明清两代，河北没出多少丝织品的代表作，精细的棉布成了这一方市场的主流。

虽然过了几百年，曾经辉煌到了极点的定州缂丝依然没有走出故乡人的记忆。为了复兴这项传统文化，定州成立了缂丝文化研究会，沈子蕃的故乡孟家庄也成立了定州缂丝专业社，缂丝技艺的传承人程苗欣带着一帮徒弟恢复了缂丝传统技艺。他们把弘扬缂丝文化当作使命，决心要把“缂丝”打造成为定州文化的代名词、中山文化的新亮点，还计划筹建定州缂丝博物馆，全面展示定州缂丝的辉煌历史和复兴之路。2013 年，省会石家庄市举办了北方十省市旅游交易会，定州缂丝在这场盛会上闪亮登场，再次赢得了全世界的关注。

河北的纺织业，不单是定州缂丝这么一个佼佼者，在 600 多年的棉花种植历史之中，这片土地上也积淀了高超的棉布手工纺织技艺。

著名的纺织之乡保定高阳县就在几百年间织出了一卷华丽的诗篇，大山之间的高阳土布染织技艺位列河北省非物质文化遗产名录，这里创建的高阳纺织博物馆也是全国唯一一座县级专业纺织博物馆。这里有明清时代的扔梭织布机、抛梭织布机，还有民国时期的提花织布机，那一件件精品级的纺织机械，曾经织出了精美的纺织品，也织就了河北纺织业的辉煌历史。

再有，邢台威县的土布也很值得一提。2012 年 12 月，在安徽黄山举行的首届中国非物质文化遗产传统技艺大展上，来自于威县的“织女”陈爱国拿出来一件新鲜好看的剔画土布“脸谱”，这满含着乡土风情的作品点亮了评委的眼睛，一举拿到了展会银奖。

这门手艺正是传统缂丝的小兄弟，它融合了老辈儿人传下来的缂丝工艺，又加入了古老的剔画织造技术，活灵活现的花鸟鱼虫，色彩鲜艳的戏剧脸谱就在一方花布上呈现出来。

河北的历史上有这么多的经典纺织品，燕赵的手艺人留下了这么多让我们引以为豪的文化遗产。现如今，我们更该好好思考，如何把这些古老的技艺继续传承下去。

这正是：

丝织技艺名天下，定州缂丝耀中华。

冀南土布名四海，剔画脸谱顶呱呱。

第六十一回 曲阳石雕美 技艺誉京城

上一回我们说到了定州缂丝，它凭借那份巧夺天工的手艺、光芒四射的美丽，留下传承千年的辉煌。河北的民间技艺源远流长，除了这一针一线里的故事，还有一石一锤中的传奇，今天我们就走进“雕刻之乡”曲阳县。古往今来，这里出了哪些了不起的能工巧匠，又留下怎样惊艳后世的艺术珍品？

很多游客来到故宫博物院，登上天安门的金水桥，都会情不自禁地赞叹，那些精美绝伦的汉白玉石雕，简直能和文艺复兴时期米开朗琪罗的传世雕塑媲美。这东方的米开朗琪罗并不是一个人，而是成千上万的民间艺术家——河北曲阳的石雕艺人。

河北省曲阳县是雕刻艺术的故乡。曲阳县境内有一座黄山，横卧东西，就像一条银色巨龙。满山都是大理石，这种得天独厚的条件，加上世代相传的雕刻工艺，使曲阳成为我国有名的“雕刻之乡”。

在曲阳，有这样一则民谣：“上到九十九，下至刚会走，小锤叮当响，庭院出厂房，要说打雕刻，人人有一手。”民谣里说的并不夸张，曲阳的石匠大都来自当地，打石雕的手艺也都是祖辈相传，伴随手起锤落，眼瞅着一块块大大小小的石头有了生命——威猛的狮子、腾飞的巨龙，奔腾的骏马……一个个栩栩如生、活灵活现。

相传，春秋战国时期，有一个被遗弃在曲阳黄山的婴儿奇迹般地活了下来，长大以后成了一位奇人。他就是跟鬼谷子齐名的黄石公。黄石公上知天文下知地理，特别精通兵法，此外还有一手绝活，那就是雕刻。他隐居在黄山著书立说，留下《太公兵法》和《雕刻天书》两本奇书，其中《太公兵法》传给了张良，《雕刻天书》传给了曲阳的宋天昊、杨艺源，从此以后曲阳人学会了雕刻。

还有一个传说，说曲阳石雕和王莽赶刘秀有关。相传，当年刘秀被王莽追杀，一路逃到曲阳县王台北村南的山上，躲藏在草丛里。王莽放了一把火，想把刘秀烧死。刘秀命不该绝，关键时刻，一条狗突然现身把刘秀周围的草弄湿，制止了烈火的蔓延。刘秀得救了，那条狗却给累死了。后来，刘秀打败了王莽，找了当地的石雕艺人，为那条忠义犬建了一座塔，报答昔日的救命之恩。

当然这只是个传说，王莽赶刘秀是个伪历史，刘秀在河北灭王莽的历史，跟太行山里的曲阳县没什么关系。

不过，曲阳石雕始于西汉，并不是传说。刘备的祖先西汉中山靖王刘胜，封于中山国，定都卢奴，就是定州，那些诸侯王宫殿里的石雕，就来自曲阳。

到了魏晋时期，佛教盛行，曲阳的石匠们留下了不少庄重优美的佛教造像。1953 年，在古刹修德寺发掘出佛像、金刚像等石雕作品 200 多件。在这些雕像底座上，分别刻有北魏正光、东魏天平等年号和作者姓名。这些作者都是曲阳人。唐五代时期，曲阳成为中国北方汉白玉雕像的发源地及雕造中心。前些年在曲阳县黄山发现的唐代彩绘汉白玉佛教石造像，精美绝伦，震惊了考古界。

一代宗师，北京古都写下何种艺术人生？

一脉相传，曲阳石匠留下哪般雕刻传奇？

北京城的总设计师是河北邢台人刘秉忠，他受命忽必烈，创建元大都，从那时候起，曲阳石雕就跟北京城结下了不解之缘。元大都的汉白玉石雕，大都出自曲阳人之手。那时候，涌现出杨琼、王道、王浩等一大批杰出的雕刻匠人。今天单来说杨琼。

杨琼是曲阳县阳平村人，出身于雕刻世家，从小就喜欢跟石头打交道，他天资聪慧，一手雕刻手艺出神入化。他雕刻出来的物件，跟活的一样，别的工匠的跟他一比，难免要输几分颜色。

后来，忽必烈诏令大批曲阳雕工去营建大都。杨琼在赶赴大都途中，花了几个晚上时间，用汉白玉石头精心雕刻了一个狮子和一个鼎，进京后献给了忽必烈。忽必烈连声称赞道："此乃绝技也！"

于是，忽必烈就命杨琼管理燕南各路石匠，建造元大都的宫殿和城池，许多宫殿的石雕都出自他之手。杨琼不仅宽厚待人，还身先士卒，每天都在工地上忙碌，他奉旨从大都到曲阳县黄山选石料，三过家门而不入，敬业精神实在让人敬佩，杨琼以出色的"德能勤绩"获得朝廷的认可，他三次升迁，出任大都采石提举，正五品官职。可惜，就在忽必烈灭了南宋、建立元朝的那一年，杨琼累死在工地上，是为一件憾事。

《元史》记载，杨琼去世的第二年，忽必烈就把采石提举司改为采石局，从正五品降为从七品。从机构和官秩变化上，可以看出杨琼在忽必烈心目中的地位是极高的。

有些曲阳石匠说天安门前的金水桥，也是杨琼设计监造的。这说法类似"关公战秦琼"，实在站不住脚。天安门是明成祖朱棣时代的建筑，那时候杨琼已经去世 100 多年了。不过，金水桥跟杨琼也有着深厚的渊源。因为，金水桥的蓝本，就是杨琼为元大都建造的周桥。明朝时期，就有了"天下咸称曲阳石雕"的盛名。

曲阳石雕八仙过海

清朝末年，在巴拿马举行的世界石雕艺术赛会上，曲阳石雕艺人刘普治的“仙鹤”、“千枝梅”石雕，一举获得了第二名，让西方艺术家们赞不绝口。来自意大利的艺术家更是连连赞叹这是“东方的米开朗琪罗”。

从云冈石窟、乐山大佛到敦煌石窟、五台山佛像；从故宫、颐和园到赵州桥、天安门前的金水桥；从人民大会堂、人民英雄纪念碑到毛主席纪念堂等建筑，处处都留下了曲阳人的雕刻艺术。1995 年，曲阳县被国务院正式命名为“中国雕刻之乡”。

说到曲阳石雕艺术的传承，真是名人辈出，大师云集。当代曲阳石雕的大师要数卢进桥、甄彦苍、安荣杰三人。

已故的卢进桥大师，被奉为“当代雕神”，是享誉国内外的汉白玉雕刻大师。1927 年，卢进桥出生在曲阳县北养马村，因为家里穷，八岁那年，他被寄养在东羊平村的舅舅家，这种命运恰恰成就了这位大师。因为羊平村正是曲阳县的大理石之乡。于是，卢进桥就跟着舅舅学习雕刻。他脑子灵活、好学上进，很快就掌握了一整套雕刻技法。13 岁时，他背着雕刻工具，出了家门，易县清西陵、正定大佛寺、赵县安济桥、山西云冈石窟……到处留下了他的足迹。民族文化的博大精深，启发了他的艺术灵感。16 岁时，他就成了当地有名的石雕艺人了。

卢进桥识字不多，却明白一个道理，学无止境，艺不压身，他学习绘画、剪纸、泥塑、戏剧等多门艺术，节衣缩食，省下来的钱买了大量年画、画册和“小人书”，反复琢磨。1965 年，年近 40 岁的卢进桥还去天津牙雕厂学习牙雕，顺便还学木雕。后来，他把石雕、木雕、玉雕和牙雕的雕刻技法进行反复比较与研究，创作出了剥荒、定型、雕琢、磨光、打亮结合的镂雕技法。他的《卧兽观音》、《坐兽观音》、《木兰从军》全都是传世精品，《坐兽观音》更是被中国工艺美术馆收藏。

卢进桥雕刻的时候，一不绘图，二不塑稿。他说，这些早已装在脑子里了。最令人惊奇的是，他干活所使用的锤子，比其他石雕艺人的重五倍。这也真是艺高人胆大，要知道，如果手上没有准头，一锤子下去，一件作品就报废了。要是没有点儿真本事，还真不敢揽这活儿！

因为石材硬脆，雕刻难度较大，传统石雕中一些微型的人物，在服饰、首饰的细微之处往往显得死板、僵硬。可是卢进桥的一双妙手雕刻出来的人物，衣袂飘飘，就连身上的首饰、衣服上的纹样都显得活灵活现，透着那么一股子灵气，还带着浓浓的诗情画意。这些都是卢进桥作品的过人之处。

卢进桥的一生经历了很多坎坷，20 世纪 60 年代，他遭到迫害，被送去劳改。没有石头可雕，卢进桥就找了一截木头偷偷雕了《封神演义》中的三个神像：文殊坐青狮、普贤坐白象、观音坐独角兽。这几尊神像褶皱精细流动，衣袂随风飘逸，闪耀着智慧的人性光芒。作品完成后，被送到了广交会，被一位日本收藏家一眼相中，如获至宝，将作品带回国，在东京、大阪、神户等地展出，征服了日本观众。

后来，卢进桥的大型雕塑也走向了城市园林。北京滨河公园北园，有他雕刻的《儿童与天鹅》、《鹤鹿同春》等作品；天津海河畔，有他雕塑的汉白玉《母子情》。他的作品遍及全国 22 个省以及日本、意大利等 50 多个国家和地区；有 40 多件作品荣获国内外大奖，五件作品被定为国宝，并被人民大会堂、中南海紫光阁永久收藏。可惜，2009 年，一代大师驾鹤西去，曲阳人民决定为卢进桥塑像，永远纪念他。

大器晚成，普通农民怎样登上大学讲堂？

惊世骇俗，西洋雕刻如何开创华彩篇章？

曲阳石雕，代有才人。曲阳还出了一位传奇的石雕艺人，他就是甄彦苍。1938 年，甄彦苍出生在曲阳县城南村，因为家里穷，只念了几年小学就回家种地干活了。谁也没有想到，这个连小学都没毕业的甄彦苍，后来被联合国教科文组织授予“民间工艺美术大师”的称号。河北大学中文系、哲学系，天津城市建筑学东方美院也相继聘任他为兼职教授，小学生给大学生讲课，这不能不说是一个传奇！

甄彦苍 38 岁才开始学习雕刻，凭着极高的天赋和超人的勤奋，成为这一行里的能手。

20 世纪 80 年代，随着改革开放的深入，来曲阳的外国客人逐渐多了起来。

可是很多外国人对那些石狮子、佛像不感兴趣，他们喜欢西洋人物。看着客人们扫兴离去，甄彦苍心想，传统的雕刻艺术为什么不能走一条更宽的道路呢？

于是，他回乡创办了一个新颖雕刻厂，开始雕刻外国人物。万事开头难，为研究西方人的体貌特征，甄彦苍煞费苦心：电视上演外国电视剧时，他都会盯着看；只要有外国人照片的书籍，他一概买回；在大街上遇见外国人，他总是站着多瞅几眼……心里有了底，甄彦苍一头扎进厂房里，不久，第一件西洋雕刻作品《贵夫人》问世，几个外国客人一眼相中，张口就出价5000元，这可是传统雕刻作品价格的十倍。

买卖虽然成交了，甄彦苍却收获了一堆骂名，因为在当时的农村，西方裸体人物雕像那可是“伤风败俗”的物件。不过，甄彦苍在骂声中“挺”了过来，他开创的曲阳石雕西洋流派，为曲阳石雕拓展了新天地。现如今，全县从事西洋雕刻的有上万人。

2007年6月，甄彦苍和卢进桥两位艺术家被确定为曲阳石雕非遗项目代表性传承人。一中一西，传道授业，为曲阳石雕雕刻着更加明媚的未来！

这正是：

曲阳石雕美名扬，北京古都创辉煌。

传统雕刻留经典，西洋雕刻写华章。

第六十二回

千古留石桥　百代飞彩虹

上一回说到保定曲阳的石雕艺人双手凿出了杰作，多年的时光见证了铭刻在石头上的传奇。一首歌里有句歌词，说这精美的石头会唱歌，石头的歌唱过了千年百年，有段最经典的歌词讲的正是燕赵的石桥建造技艺。这经看又经用的精美石桥讲述着怎样的故事？

在中国，只要说到古代的石桥，人人都会想到河北的赵州桥。没错，河北赵州桥是中国石桥的代表，是世界桥梁的经典，那石头上的建筑技巧在世界上都是首屈一指的。不过，中国的石桥建筑技艺，比建造赵州桥的年份早得多。

据说，河北的先民在仰韶文化时期就已经掌握了建造桥梁的技艺。有一段故事说的是殷纣王横征暴敛，拿老百姓的钱堆起了一座巨桥。这座巨桥到底是虚无缥缈的传说，还是真真切切地存在过呢？

北朝时期，河北出了个大名人，他就是当时的“地理通”郦道元。他的大作《水经注·漳水注》里有这么一段话：“有个地方名叫巨桥邸阁，从这往西走，就能看见一座大桥。”邸阁就是古代的仓库。原来，殷纣王曾经在巨桥边上修了一座特大的仓库，所以，这地方因此而得名。

这么看来，殷纣王的巨桥不是一个传说，而是真真切切地存在过。这座见证了古老历史的巨桥到底身在何方？唐代文献《通典》记载，这巨桥的旧址就在古衡漳河的东岸，也就是如今河北邯郸的曲周县。

时间过了几百年，一阵烽烟过境，一场群雄并起，曹操父子占了河北的邺城，在这里建起了辉煌的城池，也建造了三座名垂青史的大桥。这其中第一个问世的就是邺城第一座公路桥——石窦桥。

提起这座桥，就要说到三国时期的曹洪，他是曹操的堂弟，也是曹军阵营里一员猛将。190 年，汉献帝刚刚坐上皇位，曹操就扯起大旗讨伐董卓，他的人马一路到了河南，却在这遭到敌人的伏击。曹军被打了个措手不及，曹操的战马也死在沙场之上。

眼瞅着敌人就要赶上来了，曹操没了战马，他那两条腿哪能跑得过追兵呢？就在这个节骨眼儿上，曹洪打马上前，要把自己的坐骑让给曹操。曹操坚决不答应，说："万一我跑了，你死了，这算是什么事呢？"曹洪两手抱拳，回答说："这天下没我可以，没你不行！你也别啰唆了，赶紧走吧！"曹操含着热泪，翻身上马，逃过了这一劫。曹洪凭着他的好身手，也渡过汴水，最后终于平安跟曹操会师。

后来，曹操一路凯歌攻下邺城，不是君王胜似君王。他的日子过好了，也没忘了战场上过命的兄弟曹洪，特意把他安排在邺城极好的宅子中。曹洪的宅子南边是景穆寺，西边正是石窦桥，在邺城是数一数二的大宅。

当时，这石窦桥成了邺城的标志性建筑，它不只在那个时代留下了美名，也留在后世文人的大作之中。西晋的左思就在他的经典文章《三都赋》里提到了石窦桥。这座邺城最为显赫的桥梁也在流光溢彩的文字中名垂千年。

赵州石桥，如何名传千里名垂千年？

燕赵绝技，如何传承百代名扬海外？

曹操在邺城建了三座大桥，第一个是大名鼎鼎的石窦桥，另外两座又在哪呢？ 208 年，曹操大举进攻东吴，孙权和刘备联合起来对付曹操，把曹军打得落花流水。曹操吃了败仗，回到邺城不再生事，在这里打造了一座美轮美奂的铜雀台。在他看来，好事成三，于是，又接连修起了冰井台和金虎台，还在三台之间造了两座大桥，把这三点连成了一线。

后来，这两座大桥也被写进了一部千古名篇，这就是曹植的大作《铜雀台赋》，其中两句"连二桥于东西兮，若长空之蝃蝀"。蝃蝀，就是天上的彩虹。从这篇文章里可以看得出来，早在曹魏时期，河北邺城的能工巧匠就能打造这样彩虹一样的大桥。这个了不起的建筑，比后来的赵州桥早了 300 多年。

这300多年之间，河北还出现了一座著名的大桥。那是在北朝时期，也是在河北赵县，有一条从滹沱河南下的水渠。根据郦道元的记载，这水流经过石家庄市的于底、大郭村，经过元村向东流经开发区东仰陵的乌子堰，一路到了藁城。它在元村开了小差，一条分支朝着东南到了赵县，在这里穿过了一条大梁。这大梁就是古代的大桥，名字就叫“城廊桥”，桥头上的村子也因此得名，叫作“城郎村”。现如今，这个城郎村，仍然是赵县冶河故道边的一个大村子。

当然，河北最出名的石桥当属赵州桥。赵州桥又称“安济桥”，是世界上最古老的大型敞肩式石拱桥。这座由李春设计打造的杰作，被列为世界土木工程建筑13处重要遗产之一。它沟通洨河天堑南北要道，在隋炀帝开凿大运河之前，是中原大地上的南北交通干线。

唐玄宗时，宰相张嘉贞在这座桥边留下了著名的《石桥铭序》；千年之后，著名古建筑学家梁思成为这座桥撰写了《赵州大石桥即安济桥调查报告》；新中国成立后，著名桥梁专家茅以升撰文《赵州桥》，这篇文章收录进小学课本，刻录进每一个中国孩子的记忆。1954年以来，中国人民邮政陆续发行了以赵州安济桥为题材的纪念邮票、明信片。中国联通、中国电信也多次推出以赵州桥为题材的电话卡。

赵州安济桥不单让中国人引以为豪，更是闻名全世界。纽约现代艺术博物馆出版的《桥梁的建筑艺术》给予赵州安济桥非常高的评价：“结构如此合理，造型如此优美，外观如此独具匠心，相比之下，以致使得大多数的西方桥梁显得笨重和缺乏艺术性。”英国著名科学技术史专家李约瑟在一部《中国科学技术史》中列举了26项从1世纪到18世纪之间由中国传到欧洲的科技成果，其中第18项就是以赵州安济桥为代表的弧形拱桥。

这一座历经沧桑的石桥，已经成为中国古代桥梁建筑的标志性符号，也是中国石拱桥建造技艺的标志。

赵州安济桥的名声传到了千里之外，凭的正是建筑之中包含的精巧技艺。这座大块头的赵州桥一共用了1000多块石料，平均下来，每一块的重量都在一吨左右。这么大的重量之下既没有打桩，也没有地基，就在岸边的粗砂岩层上铺设了五层石板作为桥台，一座大桥就架在桥台上面。这样看似简单的设计，包含着现代人想都想不到的精妙之处，这么浅的桥基承载着一座如此恢宏的大石桥，简直令人难以置信。

并且赵州桥是一座敞肩石拱桥，在大拱的两边设了两个小拱。这样的设计扛得住洪水的压力，还能节省材料，减轻桥身自己的重量，真可以算得上节能、低碳、实用、耐用的经典案例。

如今，赵州桥已经不只是一座古老的石桥，它还是建筑学的活教材，是赵州城的金招牌。自从它落成之后，就成了经典之作，也引来了不少人争相效仿。

邯郸永年广府镇上的弘济桥就是依照赵州桥造的。弘济桥建于明朝，已有几百年的历史。它也是单孔双敞肩石拱桥，不论是材料、结构、造型还是规格，都跟赵州桥差不太多，只是长度比赵州桥少了 1.9 米。

赵州城西的冶河故道上还有一座不朽的石拱桥，它就是赵州永通桥，如今已经成了赵县很打眼的一景。这座桥建造于唐代宗永泰初年，论起年龄，要比安济桥年轻 100 多岁。这座桥青出于蓝胜于蓝，克服了安济桥太高、太陡的缺点，它一线横跨长河，差不多就是一条平展的大马路，真正把天堑变成了坦途。

赵州桥

在赵县北面栾城县的苏丘村，曾经出了一个有名的人物，他就是武则天手下的凤阁鸾台宰相苏味道，也就是苏东坡的十一代先祖。当年，他在老家修建祖坟，还参照赵州安济桥的结构打造了远近闻名的清明桥。苏味道做人太招摇，结果被罢了官，贬到了四川眉山，就有了后来的眉山三苏。

在井陉县天长镇，有一座建造于北宋时期的天威军桥，也叫“七里桥”，是参照赵州桥创建的一座袖珍版的石拱桥。

同在井陉的苍岩山福庆寺留下了金朝创建的桥楼殿，这座令人叫绝的大桥吸取了赵州桥的建桥经验，还进行了创新，在石桥上建造了大型的佛教殿宇，成就了中国最霸气的悬空寺。

出了河北，游走四方，也能看到不少眼熟的桥梁，比方说，创建于金世宗大定年间的北京卢沟桥，就借鉴了赵州安济桥平行拱建造技术，用坚固的花岗石建造了这一座堪称北京最长、最古老的联拱石桥。

千百年间，大运河上也留下了数不清的石拱桥，从最南头的杭州拱宸桥，到北京通州的八里桥，到处都能看到赵州安济桥的微缩版或者是克隆版。这些似曾相识的模样正是赵州古桥在中国桥梁建筑史上留下的深远印记。

脱颖而出，石桥艺人如何名震都城？

漂洋过海，石桥技艺如何铭刻东洋？

元朝忽必烈时期，以邢台学派的领袖人物刘秉忠为总负责人，开始兴建元大都，河北的石拱桥技艺也就着这阵东风走进了北京城。

1276 年，元大都的皇城大门崇天门前要建造一座周桥，消息一出，有好多人送上了设计方案，这一张张的蓝图都到了总设计师刘秉忠的手里，但他一直没看着合适的，建筑项目的大东家忽必烈也是一个劲儿地摇头。忽然，有一个方案到了眼前，刘秉忠和忽必烈不约而同地一眼相中，这篇设计稿里用上了圆雕、涂雕、高浮雕等好多种工艺，瞧着高端大气，寓意吉祥如意。再看这稿子边上的设计师大名，正是上一回说过的曲阳石雕艺术家杨琼。

正因为有千万个杨琼这样的杰出传承人，元大都、明朝北京城、明十三陵、清王朝的东陵、西陵，还有很多历史文化名城都留下了不朽的石拱桥建筑。

明朝以后，这门了不起的技艺又传到了朝鲜，传到了日本。明代的中国和尚在日本长崎创建了日本最古老的石拱桥——眼镜桥，这座带着中国气质的石拱桥成了日本重要的文化遗产。之后的长崎城市中心的河道上陆续创建了十几座石拱桥。1603 年，东京建起了著名的日本桥，之后，日本鹿儿岛市甲突川上修建于 18 世纪的石桥建筑群，包括玉江桥、新上桥、西田桥、高丽桥、武之桥，都带有中国古代石拱桥的气韵。

辉煌的历史让每一个燕赵儿女都感到自豪，可是，如今再说起这段往事，却难免有一点儿遗憾。在曾经诞生了赵州桥的燕赵故土，石拱桥建造技艺却不在非物质文化遗产之列。把这惊艳世界的河北技艺传承开来，推向世界，这其中的意义比建造几百座赵州桥还要伟大。

这正是：

燕赵绝技石拱桥，传承千年留瑰宝。

建造技艺惊世界，不朽经典赵州桥。

第六十三回

燕赵酿酒发 千古赞刘伶

上一回我们说到燕赵大地上古老的石桥和那些流传后世的美丽传说，行过许多地方的桥，我们再去喝许多种类的酒。酒从诞生那一天起，芳香、醇厚的味道就征服了无数人的舌尖。那么，世界上最早的酒是谁酿造的？河北又留下哪些让人沉吟至今的美酒佳酿呢？

河北的酒文化究竟何等辉煌？我们先来看看河北先民给世界留下的酿酒技艺，这些足以令世界陶醉。

世界上保存最完整的、年代最早的酿酒作坊遗址在河北；目前世界上发现的最早的酒曲实物在河北；世界上发现的保存年代最久的酒实物在河北；世界上发现的最早的蒸馏酒锅实物也在河北；河北有许多古老的酒窖遗址至今仍然在为酿酒所用，成为生产性的非物质文化遗产。

这是河北古代造酒文明史上值得骄傲的辉煌篇章，也是中国酒文化的灿烂瑰宝，更是河北人民的一笔重要的历史文化资产。

中国造酒的历史源远流长，最早的酒究竟源于何时何地？这是一个自古以来争论不休的话题。很多人都把夏朝的杜康尊称为造酒的祖师爷，传说河南汝阳还留有杜康酿酒的作坊遗址。不过，杜康不是最早的，古典文献《世本》记载，早在杜康的六世祖宗大禹时期，仪狄早已酿制出了美酒。大禹喝了以后，意识到美酒会导致腐败甚至亡国，就疏远了仪狄。

再往前推，古典文献《素问》中还记载了黄帝跟岐伯讨论用五谷造酒的一段对话，人们推测，造酒技术早在黄帝时代就很成熟了。炎黄文化起涿鹿，所以，5000 多年前河北必定有酿酒的技艺。

果不其然，石家庄正定南杨庄新石器早期遗址的发掘，不仅发现了造酒原料——粟，还将5500多年的红陶漏斗和细颈瓶呈现在世人面前。这些灌酒和盛酒的器皿，证明河北是中国酿酒技术的发祥地之一。这也是河北酒文化史上第一个重要的里程碑。

华夏民族的祖先非常聪明，他们不但发明了造纸术、指南车、火药、印刷术，更培植出了一个绝妙的好东西，那就是酒曲！有了酒曲，酿出来的酒更加绵甜香醇，回味悠长。

《尚书·说命篇》记载，商王武丁对大臣说："若作酒醴，尔唯曲蘖。"意思是说，如果要造酒，必须用酒曲。可见，3200多年前，就已经广泛使用酒曲。不过，考古证明，酒曲的使用历史比这个还要早。证据就在河北。

20世纪70年代，藁城台西商代遗址中发掘出完整的商代酿酒作坊遗址，出土了46件酿酒用的陶器。更让人震惊的是，出土的陶器中还储存着8.5公斤灰白色水垢状沉淀物。考古人员琢磨不透这是什么东西，就请中国科学院微生物研究所专家来鉴定，结果发现，这是人工培植的酒曲酵母，距今已经有3400多年。它比《尚书》记载的武丁时代还要早200多年，更是目前世界上发现的最早的酒曲实物。可以说，藁城台西商代酿酒作坊遗址是河北造酒史的又一个里程碑。

大宴宾客，一壶美酒如何引来灭国之灾？

玄石品酒，一杯佳酿如何导致大醉三年？

河北大地的酿酒历史悠久，在战国时期，赵国和中山国就因为美酒闻名天下，也因为美酒招来了灭国之灾。

赵国的都城邯郸不但出美女、出美酒，而且还出了不少人们张口就来的成语，比如，"邯郸学步"、"完璧归赵"、"黄粱一梦"，等等。还有一条成语跟酒有关，邯郸人都知道，那就是"鲁酒薄而邯郸围"。这说的是什么故事呢？

《淮南子》中记载，战国初，楚国很强大，鲁国、赵国争相向楚王献酒。不过，鲁国的酒味道很淡，而赵国的酒味道香醇，出了名的好喝，楚国主酒吏早已经垂涎三尺，就私下索贿，想讨来几坛美酒尝尝鲜，没想到被赵王的使者拒绝了。这个主酒吏怀恨在心，就把赵国的美酒跟鲁国的薄酒调了包，还在楚王耳朵边上进谗言，说："赵国进薄酒，分明对大王不敬，亵渎我楚国神威。"楚王一气之下，发兵围攻邯郸。

这个故事让人不禁感慨，邯郸真冤，酒事真大。不过，这也说明，赵国的美酒在战国时期就已经闻名天下，能喝上一杯就是天大的荣幸。

除了赵国，位于河北境内的中山国的美酒也名满天下，更是河北酒文化的经典文化符号。不过，中山国也因为一杯美酒引来了灭国之灾。

《战国策·中山策》中记载了这么一件事。中山国君大摆盛宴，宴请都城的社会名流，来了一大批食客。其中有位叫司马子期的士人也闻讯赶来赴宴，但是来晚了一步，没能吃上国君赐给的羊羹，自然也没有喝上中山好酒，他一怒之下跑到楚国，怂恿楚国国君出兵攻打中山国。在楚国强大的攻击之下，中山国不久就灭亡了。这位摆宴赐酒的中山国君作了楚国的俘虏以后，被赶出他原来的国土，只有两个人跟随其后。他仰天长叹说："吾以一杯羊羹亡国，以一壶酒得士二人。"原来，跟随他的那两个人，正是喝过中山君好酒的士大夫。这真是"一杯酒引来的灾难"。

有关中山国美酒的故事可不止这一个，晋代干宝的《搜神记》中还记载了一个中山人酿造烈性酒的传奇故事。中山国有个叫狄希的酒师，酿出一种叫作"千日醉"的烈酒，饮一杯可醉千日。有位名叫玄石的中山人爱喝酒，找到狄希，非要尝一尝"千日醉"。狄希说："我的酒还没有发好，不敢让您喝。"玄石却说："没事，我就喝一杯！"狄希经不住纠缠，只好给了他一杯。喝完之后，玄石赞不绝口，还要再来一杯。狄希可不敢让他再喝，连忙劝说："兄弟，这酒喝一杯就会醉千日，你先回家，改日再来。"结果，玄石回到家就醉死过去。家人以为他死了，哭哭啼啼的发丧下葬了。三年后，到了玄石醒酒的时候，狄希登门造访，问："玄石在家吗？"玄石的家人哭着说："他已经入土三年。"狄希大吃一惊，说："他没死，只不过是喝醉了，睡了三年。今天也该醒了！"一听这话，玄石的家人连忙扛着锄头铁锹跑到墓地，把棺材挖出来打开。玄石正好醒过来，张开嘴第一句话就是："好酒！"说完之后，玄石打了一个哈欠，喷出的酒气使周围的人都醉倒了，统统昏睡了三月。

这故事虽然带有演义色彩，却反映出当时中山国的酿酒技术已达到了相当高的水平。后世文人在诗词歌赋中借用“玄石饮酒”为典故，抒发豪饮情怀，甚至到唐宋时代，“中山酒”仍是文人们赞咏的美味佳酿。

中山国的美酒誉满天下，更穿越了千年时空，把它香醇的味道带到世人面前。1974 年，河北平山县三汲村战国中山王墓出土了大批精美的青铜酒器，其中一件铜圆壶和一件铜扁壶中分别盛有两种古酒，经专家鉴定，属于类似黄酒的酿造酒。这酒在地下尘封了 2300 多年，仍散发着一股醇香。这一重大考古发现轰动了世界。

在此之前，欧洲人都把德国维尔茨堡 1540 年前的“宝石酒”奉为世界上“最老的陈酒”。当中山王酒实实在在地向世界展出时，在中国的战国古酒面前，“宝石酒”实在不值一提了。因为，中山王酒从下葬之年（前 308 年）算起，至今有 2300 多年的历史了，比“宝石酒”至少要早 760 年，是当之无愧的“世界之最”。

不仅如此，在战国中山王墓出土的精美的酒器，包括盛酒器、饮酒器、分酒器，还有行酒作乐的投壶等行酒器，质地包括磨光黑陶、青铜器、金银器。其中的夔龙饰铜方壶等酒器，精美绝伦，反映了中山国高超的酒器制造技艺。两汉时期，中山国的酿酒业继续发展。到了魏晋时期，中山酒仍然名冠全国。

魏晋以前，中国所有的酒都是米酒和黄酒之类的发酵酒，后来又增加一道新工序，把发酵酒放在火上蒸馏，让出来的酒味道更浓郁、口感更烈。因为在加工的时候，蒸气聚集成水滴，就像流汗一样，所以又被称为“汗酒”，老百姓俗称“烧酒”、“白干酒”。

中国是酒蒸馏技术最早的发明国，也是拥有蒸馏酒品种最多的国家。不过，关于蒸馏技术的发明时间，却众说纷纭。有人说是在元代，明代医学家李时珍在《本草纲目》中写道：“烧酒非古法也，自元时始创。”他还详细介绍了制作烧酒的过程。还有人说，蒸馏酒在宋代就有了，敦煌石窟榆林窟有一幅西夏壁画《蒸馏图》，为宋代已有蒸馏酒提供了有利的佐证。

1975 年，河北承德青龙县出土了一套金代铜烧酒锅。这套烧酒锅，高 41.6 厘米，经实际烧酒实验，平均 40 分钟出酒 500 毫升。可别小看这个烧酒锅，它是目前世界上最古老的蒸馏酒器。通过这套烧酒锅可以看出宋金时期蒸馏器已经非常精湛，也进一步说明李时珍的记载是错误的。我国的白酒制造在此以前已经经历了相当长的时期。

北宋时期河北酿酒业的发展居于全国的前列。据记载，当时河北的名酒有北京（大名）香桂法酒、真定府银光、河间府金波、定州中心堂九酝、定州瓜曲等，全都彰显了河北的酒文化。在北宋历史上，大文豪苏轼出任定州刺史时，还留下了一笔伟大的酿酒技艺的财富。

诗酒一家，东坡居士如何自创传世佳酿？

南下创业，束鹿酒业怎样红透半条长江？

苏轼不但喜欢吟诗作赋，还懂得养生之道。他在定州出任刺史的时候，亲自用松叶、松脂酿造了一种保健养生酒，还取了一个非常雅致的名字“中山松醪”。这还不算，美酒酿成以后，他诗兴大发，挥毫泼墨亲笔撰写了传世的《中山松醪赋》。

松醪含有“长寿”、“康健”之意。从医药学的角度看，用松叶和松节酿酒，具有预防风寒、强身健体的功效。中山松醪酒由大名鼎鼎的苏东坡亲自酿造、亲自起名，还题诗作赋，可谓是一笔伟大的文化财富啊！

到清代康乾时期，河北酿酒业发展很快。乾隆十六年（1751 年），直隶总督方观承上奏朝廷说：“宣府属十余州县，有缸户共 521 座。”规模相当可观。

光绪年间，束鹿县（今辛集市）有三名酒师南下汉口，分别在汉口的老宫庙、关圣祠创办了“老天成”、“李大有”、“老大成”酒坊。到 1912 年，在束鹿老字号酒坊带动下，武汉有了四五十家“北直隶”酒坊、酒店，有 10000 多河北人在武汉从事白酒、黄酒的酿造和经营活动，生意做得红红火火，还向长江下游发展，扩展到湖南、江苏、江西及湖北各地，甚至对南昌、九江、芜湖、上海等大中城市的酒业产生了很大的影响，书写了“束鹿酒业半条江”的历史传奇。

这正是：

燕赵酿酒写辉煌，世界之最当不让。

中山松醪传千古，束鹿酒业半条江。

第六十四回 北方小江南 花灯美胜芳

上一回说到酒乡燕赵香飘万里，河北名酒千古留名。这一回要去的地方是古镇胜芳，要讲的事呢就是有着2500年历史的胜芳灯会。这热热闹闹的盛会上有着什么样的看点，这看点之中又包含着什么样的讲究？

胜芳古镇位于华北平原的东部，是廊坊霸州的辖区。这里的水路陆路交通发达，是燕赵之地的鱼米之乡，南来北往的商人在这里聚集，还留下一句老话："胜芳码头要不开，你就休想发大财。"

乾隆年里，这里就开辟了重量级的泊船码头；晚清时期，胜芳又开设了直隶第一家邮电局。有什么新鲜东西洋玩意儿，都争先恐后地到这里来抢滩，比方说，公共浴池、照相馆、石油、烟卷、化妆品，还有大鼻子的西方传教士，都留在老胜芳人的记忆之中。

胜芳有八方客商频频到，四季财源滚滚来。这片水乡不单是燕赵之地的聚宝盆，也留下了让人叫绝的传统文化。这其中，胜芳灯会就是人气最旺的一枝奇葩。上到真龙天子达官贵人，下至小商小贩平民百姓，只要是看过这场盛会，都会对它发表好评。

早年间，胜芳灯会中有三场重头戏，一是琉璃佛冰灯大会，二是元宵灯会，三是盂兰盆会。

琉璃佛冰灯大会也被称为"神灯大会"。它的来历很有讲究。过去，喂马的农夫和运河沿岸捕鱼的渔民在数九寒天的晚上也得忙活，为了取个光亮，他们就做出了一种别致的冰灯。

冰灯怎么做呢？就是把清水倒在桶里冻着，在它还没冻成冰坨的时候就把空心的冰块取出来，中间那个位置就是给蜡烛留下的小房子，外面的透明冰层就跟玻璃似的能透光。后来，这好看又好用的冰灯在民间成了气候，就有了一年一度的琉璃佛冰灯大会。

冰灯好看却不能年年看，必须等到天够冷、冰够硬，才能成。赶到能看冰灯的年份里，差不多是在农历的腊月十五到正月十五，那正是天寒地冻的时节，也是做冰灯、看冰灯的最佳时间。这时候，胜芳的老乡们把大冰块运到大苇棚里，当地的能工巧匠一起开工。几天工夫，南海观音、天尊如来、始祖女娲全都在这里亮了相。最绝的是，冰灯大会上的佛像可不是用刀子、凿子这些冷兵器刻出来的，而是用热乎乎的毛巾敷出来的。佛像大功告成之后，要把蜡烛摆进它们的肚子里，一座座神佛塑像晶莹剔透，闪闪发光，真就像琉璃一样，特别漂亮。老百姓在佛前摆上香炉，在这里进香拜佛，请神佛保佑一年的风调雨顺，一方的太平安宁。

灯花万朵，争奇斗艳包含何种寓意？
名传百年，胜芳古镇留存何种盛事？

琉璃佛冰灯大会收场后胜芳最出名的元宵灯会就到来了。胜芳的元宵灯会一共有三天。正月十四天一亮，胜芳的妇女们就忙活起来了，她们蒸出来五花

胜芳高跷

八门的面点，最先出锅的就要献给神仙。在这一天，胜芳大大小小的事情都跟敬神有关，在老辈儿人看来，不管是上供、出会、逛灯，天上的神仙都能看得到，所以，这一天的灯会也被称为“神灯”大会。

等到华灯初上，街边的大小商铺都亮起门头灯，一时间，整个古镇都被照得亮亮堂堂。这天晚上，家家户户的灯火都不会熄灭，要亮上整整一个通宵，每个人家都盼着这灯光能引来天神光临，在自家降下福气。

到了正月十五，白天赏花会，晚上观花灯，从早到晚都是红红火火，热热闹闹。白天这一场大戏里，最精彩的莫过于高跷和跨鼓会了。高跷在哪都有，但胜芳的红旗公义老高跷在别处可见不到。《小上坟》、《铁弓缘》等大伙喜闻乐见的舞台戏目在高跷上轮番上演，而且，在过去，红旗公义老高跷的行头全部都是地道的苏绣，每一样都值不少钱。这乡间的高跷表演为什么能用上这么高端大气上档次的苏绣呢？这其中还有个典故。

据说早年间，天津卫有个挺出名的大款海张五，他家里有位姨太太是高跷的铁杆粉丝。海张五为了哄姨太太高兴，专门请艺人来家里表演。可是，这银子花出去了，却没能换来美人一笑，姨太太说了：“就这玩意儿还能拿得出手？比我在娘家看的高跷差远了！”原来，这位姨太太正是廊坊霸州胜芳人，她说的高跷就是胜芳的红旗公义老高跷。

于是，海张五派人把胜芳的高跷艺人请到了天津。等这一队人到了他的府上，海张五打眼一瞧，这几位师傅朴朴素素，老实巴交，看上去就跟一般的庄稼汉没什么两样。这一下，他就把人家看低了，又把天津的高跷队请上了家门，让这两个队伍一较高下。胜芳高跷的师傅一看，嘿！这海张五的宅子里有个池塘，池塘里面还有一座细条条的独木桥，正好让咱老少爷们亮亮身上的功夫。他们排成一溜，单腿上了独木桥，每个人都在桥上都使出了各自的绝活，谁跟谁的节目也不一样。这一场精彩的演出让海张五和天津的高跷队看得眼花缭乱。这一回，海张五算是服了，他自愿出钱资助胜芳的红旗高跷队，还为他们置办了苏绣的行头。

从这儿以后，胜芳的高跷在方圆百里叫响了名声。元宵节到胜芳赏花会、看高跷，也成了不能错过的经典好戏。这一天，胜芳还有一场古老的盛会，就是“鼓声隆隆震乾坤，钹光闪闪明日月”的胜芳跨鼓会。

相传，这跨鼓会的开山人是一个女子，早在明朝初年，这姑娘就拉起队伍敲起了跨鼓。前些年，有位胜芳师傅收拾家当的时候在一面旧鼓上发现了“道光四年制”的字样，这足以证明胜芳跨鼓至少有 170 多年的历史。提起跨鼓会，最为胜芳人津津乐道的就是乾隆皇帝那段故事。据说，乾隆爷有一回南下到了胜芳，正瞧见到这鼓声震天的跨鼓会，他一高兴，还赐了一个“雷音会”的名号，那意思就是说胜芳的鼓声就像雷声一样震撼天地。

正月十五这一天，刚刚擦了黑，胜芳的花灯就亮成了一片。早在明朝，胜芳灯会就兴了起来，每到了元宵节的晚上，街心的老爷庙前就搭起一座两米来高的大灯台，这就是当地人所说的“鳌山”。灯台上满满当当地吊着几百种精选的花灯，结着红绸缎做成的条幅，条幅上面还写着各式各样的吉祥话，有“鲤鱼满仓，富贵有余”，有“古乐笙歌，天下太平”，都是老百姓心里的美好愿望。

胜芳古镇上保留着不少有年头的民俗。比方说，新媳妇结婚第一年，赶到正月十五元宵节前，娘家人得送上一盏鸭子模样的花灯，放在婆家小两口的床下面压扁了，取得是个“压子”的谐音，那意思就是盼着新的一年添丁进口呢！等到闺女家的外孙落了地，还有个说法是“头年鸭子、二年鱼、三年小车往家拉”。第一年，做外婆的要给外孙送上一盏鸭子驮楼灯，在鸭脖子上还要写上“长命百岁”四个字；第二年，要送给外孙一盏鱼灯；第三年，这礼物就换成了一盏小羊拉车灯。

直到今天，这些有趣的民俗依然保留在胜芳。所以，胜芳的花灯技艺也延续了几百年。民国初年，镇上就有几十户远近闻名的花灯艺人，其中最了不起的“灯笼王”的名气简直跟天津的“泥人张”、“风筝魏”不相上下。

多年时光轮转，朝代更迭，胜芳镇上的好多事经历了变迁，只有这元宵灯会一脉相传，一片火红的灯光照亮了岁岁年年。

圆月当空，青石古桥见证几多往事？

灯光流淌，胜芳古镇历经几多沧桑？

胜芳元宵灯会的收官大戏是正月十六的“人灯”会。这一天的晚上有一个特别重要的节目——走百病。

几百年前，胜芳这一带闹了水灾。洪水刚过，又发生了一场大瘟疫。那时候缺医少药，眼看着病死的乡亲越来越多。这时胜芳镇的东桥头上来了两个人，岁数大的是个慈眉善目的老太太，年纪小的是个天真伶俐的小娃娃，他们到这悬壶济世、治病救人，而且还分文不取，老乡们都求来了治病的药。这药还真灵，一副下去立马见效。

乡亲们想着报答恩人，就凑了一笔钱赶到东桥头。可是，大伙刚刚到，就看见那一老一小化成了一缕青烟飘到天上。大家还没回过神来呢，又见一场大雨从天而降，神的是这雨水不偏不倚全都落到了桥下的河水之中。有人闻了闻，这雨里还带着一股清香的草药味。就从这天起，胜芳的河水再怎么作怪，这里也没有闹过瘟疫。

胜芳的乡亲们这才明白，原来，那老少两位正是救世的神仙。有个见多识广的老人说了，瞧那小娃娃捣药的架势，倒像是月宫里的玉兔，没准这就是月亮里的嫦娥带着月兔下凡救人呢!

十五的月亮十六圆。胜芳的百姓每到了正月十六，总要念起月宫里嫦娥的好处，在那圆圆的月亮底下走出家门，往东桥头上站一站，摸一摸桥头的柱子。据说，这样就可以消除百病，在新的一年里身体安康。这就是胜芳镇上“走百病”的传奇。

过了上元说中元，七月十五中元节，胜芳又有一场热闹好看的大会，这就是大名鼎鼎的盂兰盆会。这一天，当地的老人总会讲起那个很有年头的传说。

相传，在古时候，胜芳有个好姑娘名叫玉兰，她的男朋友是个文质彬彬的书生。俩人约好了在七月十五的晚上到桥头见面，玉兰姑娘早早地到了地方，等了好长时间，也没见到书生。这时候，姑娘就开始瞎想了，她看那水面上好像有人影晃晃悠悠，还以为书生掉到了水里。她越想越难过，于是就跳河殉了情。玉兰前脚跳了河，书生后脚就到了桥上，他看着姑娘死在了桥下，也跟着投河自尽。

后来，这座桥下就开出了两枝并蒂莲，默默讲述着这一出中国古代版的“罗密欧与朱丽叶”。胜芳的老乡们为了纪念这一双痴情的男女，就在每一年的七月十五在河边放上无数洁白的莲花灯。

千百年间，这样的活动发展成了一场盛大的民俗文化活动。每到七月十五的夜晚，99只小船在河面上一字排开，每只船上三个人，一人划船，两人放灯。船队飘过15里的路程，亮闪闪的灯光连成一条长龙。河水两岸还有好多男女老少把自家做的小花灯粘在乌龟、螃蟹的背上，把这些小家伙送到河里放生。这一路上，天上的星星映在水里，水里的灯光就像是星星，灯光、水光、星光交相辉映，实在壮观！

千百年来，胜芳灯会随着时代发展而演变，它不仅仅是一种历史文化的记忆，更是对当今盛世的文化记载。

这正是：

古来水旱码头地，今日盛世富贵乡。

年年岁岁花相似，岁岁年年灯不同。

第六十五回

范庄龙牌会　敬龙子孙强

上一回我们到廊坊霸州的古镇胜芳，观花灯、赏花会，在红红的灯火里体味那千古的浪漫。要想感受地道的河北民间风情，除了到胜芳赏灯会，还可以到赵县范庄村看龙牌会，这龙牌会流传了千百年，不但是乡亲们一年当中最期待的节目，还吸引了金发碧眼的老外漂洋过海来看。那么，范庄龙牌会究竟有多么热闹、多么好看呢？

“二月二，龙抬头；大仓满，小仓流。”农历二月二，在中国被称为“龙抬头”，全国各地都要举行热热闹闹的庙会。

如果二月二你到河北省赵县的范村来，就会发现这里彩旗招展、锣鼓喧天，比过年还热闹。不但本村村民全部集结在这里，周边十里八乡的乡亲们也纷纷赶来寻根祭祖。在这热热闹闹的人群里，除了黑头发黄皮肤的龙的传人，还有一些金发碧眼的老外，他们来干什么呢？

有位来自安徒生童话《美人鱼》故乡丹麦的博格教授，他是丹麦哥本哈根大学教授、北大博士、访问学者，是一位著名的民俗专家。博格是范庄村的常客，2006 年到 2007 年，他每年有半年时间都住在范庄村，在村子里兜兜转转，这位洋教授说着一口流利的普通话，跟乡亲们聊天的时候句句离不开龙牌会。博格说：“这么有特色的民俗，我一定要把它介绍到国外去。”他口中的民俗就是范庄一年一度隆重的祭龙活动——龙牌会。

过大年，逛庙会，这庙会中国各地都有，可一些海外学者却把目光锁定到了赵县范庄，走进来就拔不出脚，问起来就住不了嘴，这范庄的龙牌会到底有怎样的魔力呢？

范庄隶属于河北省石家庄市东部的赵县。范庄就位于县城东边十六七里的地方，是仅次于县城的第一大镇，这儿的集贸市场也名列河北省十大乡村集贸市场，范庄也因此成为赵县东部的政治、经济和文化中心。范庄是多姓村，有武、刘、王、罗等30个姓氏，其中武姓是大户，刘姓和王姓的人口也不少。

每年农历二月初二，范庄都会举行热热闹闹的龙牌庙会，它不仅仅是当地老百姓的节日，也吸引了不少专家学者的目光。1991年，河北民俗学会的刘其印先生到范庄考察民俗，乡亲们热情地给他介绍了二月二的龙牌会。当刘其印看到龙排上的那一行字时，不由得大吃一惊，原来那上面写的是“天地三界十方真宰龙之神位”。这是一项重大的发现。中国人自称龙的传人，在华夏民族的神话传说和民间信仰中，龙是掌管兴云布雨的天神，但把龙当作主宰天地十方万物的大神来供奉的仪式，除了在赵县范庄村之外，恐怕并不多见。要知道，范庄的龙牌会祭拜的不是呼风唤雨的龙王，而是炎黄子孙所称的龙祖!

范庄龙牌会让刘其印先生激动不已，他还邀请了民俗学界的知名学者一起来研究范庄龙牌会，从此揭开了范庄龙牌会学术研究史的序幕。“龙牌会”被称为华夏龙文化和图腾崇拜的“活化石”、“活标本”，列入河北省非物质文化遗产名录。

龙牌会，顾名思义一定要有龙牌，龙牌是什么?

在范庄村西南有一个“龙祖殿”，殿前分立两块3米来高的巨大石碑，一块碑上刻着“范庄龙祖殿记”碑文，一块碑说明“龙牌会”为河北省“省级非物质文化遗产”。推门走进大殿，迎面出现的是一个2米见方的高大木牌，牌位四周雕龙，中间蓝底金字，上面写着一行字“天地三界十方真宰龙之神位”。这个巨大的木牌就是龙牌，是龙神的化身和象征。会长史振珠说，范庄有龙牌会以来，一直是以这12个字来表示对龙的崇敬。

白蛾翩飞，勾龙传说怎样诠释龙牌起源?

仪式庄严，范庄村民如何承袭祭祖盛典?

在我国传统文化当中，尽管龙有着相当高的地位，可是据了解，像范庄这样把龙作为十方主宰的却不多。范庄人祖祖辈辈都在过龙牌会，但对于龙牌会的起源，连村中年岁最长的老人都说不清楚。龙牌会属于民间信仰和传统节日，在赵县旧县志、州志等文献资料中没有任何记载，谁也不知道龙牌会到底是从什么时候开始的。

为什么当地人要把龙当成供奉的对象呢？这就不得不说说勾龙化白蛾的故事。据当地老一辈人说，龙牌是纪念勾龙的，勾龙是二月二生日，所以，老百姓在二月二举行龙牌会来纪念勾龙。

勾龙是共工的儿子。相传，远古时期有个部落首领叫共工，传说他是个人面蛇身、能耐很大的人物，带领部落以打猎为生。后来，颛顼和共工争夺地盘，两人展开了一场恶战，打得天昏地暗，飞沙走石，以致把天打了个窟窿。从此大雨下个不止，水灾泛滥，万物难以生存，害得女娲花了很大工夫炼石才把天补好。

后来，共工被颛顼打败了，共工的儿子勾龙只能带着部落的人到别处另辟天地。他们就来到了赵县范庄。那时候遍地都是洪水无法打猎，勾龙有排山倒海的本领，便带领部落治水造田，培栽谷物，人们过着和和美美的小日子。

颛顼听说了这个消息，害怕勾龙的势力壮大起来对自己不利，要追杀勾龙，把勾龙部落包围起来，逼着勾龙让出首领地位，如果不让，就杀光所有的百姓。勾龙宅心仁厚，他打不过强大的颛顼，又不忍心连累部落的老百姓，就变成一只白蛾，飘然而去。

从那起，范庄有了“勾龙化白蛾”的传说。每年正月一过，范庄一带便常有白蛾翩翩飞来，人们便认为是勾龙显圣。为了祭祖缅怀先人，范庄人开始把勾龙尊为天地十方的主宰，世代供奉，祭拜龙神的仪式也逐渐演变成现在的龙牌会。

这样的传说一直传了千百年，从来没有断过。一个龙牌会，竟然囊括了盘古开天辟地、共工颛顼之战、女娲补天等远古神话，这个解释今天在范庄很盛行，也是对龙牌会起源规范、权威的解释。

说过了龙牌，讲过了传说，我们再仔细地讲讲龙牌会。龙牌会能够按照严格的程序流传下来，要归功于会头们和村里一些热心人的卖力张罗。

按照传统，范庄龙牌会有 19 位会头，由范庄村的男子世袭担任，现任会头都是从祖辈、父辈那里接任而来的，自己也说不清到底传了多少代。19 家会头轮流当值，顺序由抽签排定，每家轮值一年，19 年一个轮回后再重新抽签排序。19 位会头中还有一位总负责人，被称为“当家人”，在一届轮回内，这个当家人负责到底。

龙牌会的祭龙仪式分为迎龙牌、祭龙牌和送龙牌。从农历二月初一迎龙牌，到二月初四送龙牌，共计四天。这四天，也是范庄最为热闹的四天。

二月初一迎龙牌是龙牌会的序幕，简单来说就是把龙牌请到神棚中接受祭拜。因为以前龙牌都是轮流供奉在会头家里，所以这个序幕是必要的，而现在龙牌已经被供奉在龙祖殿中，这个序幕和后面的送龙牌只剩下隆重的形式了。仪式当天，从早上 6 点起，村民们开始戒五荤（即葱、蒜、酒、肉、韭菜）。8 点左右，人们聚拢到龙祖殿前等待迎龙牌仪式的开始。9 点以后，随着仪式进行，巨大的龙牌被十几名青壮年抬出龙祖殿，绕着范庄村的主要街道接受拜祭后，再被送回大殿。二月初二祭龙牌，是整个龙牌会祭祀仪式的高潮。这一天，范庄村家家户户的男女老少全都赶到龙牌前祭拜，而周边地区的善男信女也会赶到这里，加入到祭拜人群中。届时，大殿前面的广场成为一个大的舞台，来自周边各地的花会，都会拿出压箱底的绝活卖力表演。秧歌、跑驴、腰鼓、战鼓、大鼓等农村地区能够见到的文艺表演，在这里都可以看到。到了初四下午，要举行送龙牌的仪式，当龙牌被重新请出送回后，这一年的龙牌会也宣告结束。

龙牌会是个祭拜先祖、祈福禳灾的盛会，更是个欣赏传统文化的好机会。每年赶到范庄看龙牌会的人熙熙攘攘，除了范庄周边的乡亲们来参加龙牌会，附近藁城、高邑、元氏、赞皇、晋州、辛集、宁晋等地的百姓也赶来参会。

凡是赶来参会的人都会享受到范庄人的热情款待，吃上“八大连锅灶”的“会饭”，就是八个大锅连在一起，村民在盘好的锅头灶台中熬粉条豆腐炖白菜，蒸上热气腾腾的大馒头，保管每个人都能吃饱吃撑。

一般来说，每年的正月初六，“当家人”就要召集会头们开会商量本年度龙牌会具体事宜。除了 19 位会头外，还成立一支由醮棚、戏剧、伙房、广播、后勤、内务等相关人员组成的队伍，全都是村里有相关经验的热心人。虽然一分钱的报酬都没有，但是乡亲们毫不在乎，忙得热火朝天，所有的一切都组织的有条有理，让远方的客人感到温馨惬意。

不言之化，龙牌会如何引人向善？

顶礼膜拜，老百姓怎样倾诉心愿？

有人说，龙牌会是中国龙文化的活化石，更有人对老百姓虔诚崇龙、敬龙的活动感到惊讶。英国一位学者写了一篇论文《从龙牌会看中国民间的民主自治》，还到中央民族学院做了两个小时的专题报告，说龙真是中国凝聚人心的神物。

龙牌会具有强大的道德感召力，有着强有力的道德教化功能。赶会的人沐浴在“行好”的氛围里，心灵得到净化。

在范庄龙牌会上，数万人聚在一起，社会秩序空前良好。多年来，从没有动用过一名公安警察及其他保安人员，从来没有发生过一次偷劫抢夺、打架斗殴、调戏妇女等案件，就连乱挤乱拥、横冲直撞的现象也没有发生过。数以千万计的自行车、摩托、小拖拉机等各种车辆存放在街道两旁，无人看管，却自动摆放得整整齐齐，从未发生过丢失和损坏现象。

龙牌会上的老规矩对人们有着极强的约束力。比方说，在过会期间要忌“五荤”、“五腥”，吃素食，据说这是为了纪念勾龙带领部落改牧从农、改肉食为素食。人们都自觉遵守、不敢违反，即使外乡人来这儿，也要入乡随俗，谁要是违反了，就是对“龙牌爷”不恭，就要受到惩罚。

在老百姓的心中，不会言说的龙牌是不同于人的赏罚分明的神，它生活在范庄这块土地上，与人们的生活融为一体，能够解救人们的生老病死、邻里纠纷、家庭失和，保佑人们升学求子、升官发财。正因为如此，当地老百姓都向龙牌倾诉自己的美好愿望，龙牌也成了人们的情感寄托。

现如今，范庄的龙牌会已经被河北省政府列入省级非物质文化遗产，目前他们正在向着申报国家非物质文化遗产努力。龙牌盛会作为中华民族龙文化的传承，吸引着越来越多的关注。

这正是：

东方中华一条龙，天南地北同根生。

范庄盛大龙牌会，敬龙祭祖世代情。

第六十六回

井陉母亲节　龙母文化扬

上一回说到敬龙拜祖的活化石——赵县范庄的龙牌会。中国人自称是龙的传人，在燕赵之地，这一脉相传的龙文化也是源远流长，老百姓不只敬着龙王爷，还为龙王的母亲奉上了香火。这一回，就到石家庄井陉的长岗村感受一下“龙母文化节”的盛况。

河北石家庄的井陉县有个名号是“太行古陉”，它的历史到底有多古老？早在30万年前，这里就已经有古人类生存活动；到了秦始皇时代，这里建立了县治；在新时期，井陉凭着老资历成为联合国地名组织中国分部首批命名的“千年古县”。

井陉县有处人杰地灵的古村落，村子边上绕着古绵蔓河，村西头还有条蜿蜒曲折的十里长岗，所以得名“长岗村”。这个太行深处的小山村到底有什么样的来历呢？石头上的碑刻记着它的身世：唐代以前，这里就成了村落。千百年间，小山村还得了一个“龙母故里”的称号。

长岗村虽不大，但看头多，从南到北走一圈，有龙母故居、龙母故井、五龙古槐，一处一处的古迹里面包含着一长串的老故事。这里还有好些个关于龙的节日，赶上这样的大日子，“接龙母”、“送龙母”、看“金灯”，一出一出的盛事让人们大饱眼福。因为有这么多的龙的传奇，长岗村也被称为“华夏龙母文化第一村”。长岗人心里这位尊贵龙母究竟是谁呢？

相传，在先秦时期，长岗村有个勤快的姑娘名叫仇英。有一天，她正在村头的古绵蔓河边洗衣服，忽然，这身边多了一个人，姑娘抬头一瞧，是个过路的道士。道士客客气气地给姑娘行了个礼，说是想请她帮个小忙，洗一件道袍。仇英心眼儿好、人实在，当下就点头答应了。仇英把这道袍拿在手里，看见上面有五条线头，就用嘴巴去摘，可她一个不小心就把这线头咽下了肚子。

当时，这姑娘也没多想，可是过了一段日子，仇英就觉得自己的身体有点儿不对劲儿了。她跟老母亲一说，母亲心里咯噔一下，知道这事不好了。看样子，闺女像是怀了孩子，年纪轻轻的大姑娘不明不白地闹了这么一出，算怎么回事呢？仇家的父母憋在屋里愁了一宿，终于做出一个艰难的决定——把闺女送到30里开外的青云山。

第二天，仇英就含着眼泪上了山。后边那些日子里，仇家的两位老人一直惦记着闺女，过了几个月，仇英的父母实在忍不住了，俩人一块上山去看闺女。这真是不看不知道，一看吓一跳，老两口到了山上，就看着闺女身边没有孩子，倒盘着青、白、黄、赤、黑五条小龙驹。

那小龙见风就长，还学会了说话，一个劲儿地缠着人问："爸爸去哪儿了？"仇英这心里琢磨，你们问我，我又该问谁去呢？她架不住几条小龙轮番发问，就冲着大山随便指了个地方，说："你家爹爹就在那呢！"说时迟，那时快，就见这几条小龙闪电似的飞进了大山，在那石头缝里生生拱出一个山洞来，这就是青云山间"龙拱洞"的仙迹。后来，这处山洞就成了当地人求雨的地方。

仇家的父母疼孩子，后来还是把女儿接回了长岗村。乡亲们听说了这个传奇，对仇英很是敬重，把她尊为龙母，还在青云山和长岗村建了两处五龙圣母庙。

青云山高，神龙布雨如何化解天灾国难？

源远流长，五龙圣母如何尊享百世风光？

可怜天下父母心，所有当父母的心情都一样，都是日日夜夜记挂着自己的孩子。仇英回了娘家，但心里还是放不下山上的五条小龙，每年都要到青云山上去住半年，陪一陪自己的孩子，教育他们要以慈悲为怀，护佑一方百姓。

每年的农历九月廿九，就是龙母仇英上山的日子；到了下一年的三月廿九，她又要下山回娘家。龙母上山下山都有当地老乡们敲锣打鼓地送和接，这两个日子也就渐渐发展成了长岗村的节日。后来，两节之间的七月十五也成了热热闹闹的“金灯节”。

日子流水似的过，转眼就到了唐朝。那一年，皇帝唐太宗实在有点儿烦，他的军队在战场上吃了败仗，老百姓又遇上了大旱灾。就在这个难熬的时候，青云山的龙拱洞里涌出来一大片的云彩，云彩化成一场大雨，化解了普天下的旱灾。长岗村的老乡们都说，这一定是龙母显圣，派出五龙爷行云布雨救了百姓。这事传到了唐太宗那，皇帝很是高兴，特意给青云山的龙母封了一个“五龙圣母”的称号。当地的老乡们更是感激龙母的恩情，在方圆百里建了好多处五龙圣母的庙宇。

在这段故事里，我们读得到中华民族传统的感恩、孝道、和谐，这样的精神也被这里的百姓传承开来。每年农历三月廿九早上7点，村上接龙母的活动就热热闹闹地开了张，这也标志着长岗龙母文化节正式开始。

十里八村的乡亲们组队出门，拉开3里多长的一支队伍，直奔青云山上的龙拱洞。领头的汉子把一根1.5米长的红木棍子当指挥棒，领着大家一路向前，到了山上的龙母庙，就扎起一座象征性的红色小轿子，大伙一场祭祀，请龙母起驾回村。仪式结束之后，四个抬轿子的老少爷们把住轿子，慢慢地试着抬起来。这事挺要功夫，几个人得表现出肩膀上的重量，从晃晃悠悠到稳稳当当，这才算是把龙母请上了轿。

接下来，大家都瞧着领头的汉子，只见那指挥棒一转一点，小轿子又回到庙里，再转到庙外，反反复复兜了三圈，那意思是表示龙母她老人家对庙堂恋恋不舍。后面这20多里路上，轿夫一直要跟着指挥棒走走停停，兜兜转转。

从青云山到长岗村，要经过南高家庄、大沟、马峪、袁峪、翟家庄、南横口、北横口、石圪垯、南河头一共九个村。沿途经过哪个村，都要抬着小轿走街串门，那意思就是龙母跟乡亲们致意呢。各村的乡亲也不短理，都给备上了热乎乎的饭菜，凉丝丝的白开水。因为沿途加上了这么多的节目，接龙母的队伍要花上整整一天的时间才能回到长岗村。这一路上的运动量实在不小，所以，轿夫也要换上好几班。接龙母的人群回到村里，这队伍比去的时候还要长，好多邻村的乡亲加入了人流，老老少少一共得有上万人。

龙母的红轿子到了长岗村里的“五龙圣母庙”，也要进进出出重复上三遍，表示龙母向娘家的乡亲们打招呼。最后终于到了大殿之内，在龙母塑像前的方桌上稳稳当当落了轿。这会儿，有德高望重的人物掀起了塑像上面的红盖头，这就象征着塑像开了光，龙母的灵魂跟塑像融为一体。龙母在大殿里坐稳了，红轿子也就安放在这里，等到半年之后再次启用。到此为止，“接龙母”的仪式算是大功告成了。

龙母到了长岗村，乡亲们自然要好好招待，从农历三月廿九到四月初六，村里是一场红红火火的大庙会，每天都有专业的剧团登台唱大戏，还能看到各式各样的杂耍绝活。

这段日子里最热闹的就要数四月初四的龙墓祭奠大会。四月初三这一天，乡亲们已经忙了起来，大伙抬着龙母串亲戚，到井陉县的涧沟、中乐、南正和井陉矿区的横西、北西、天护、青泉这一带的村子去串门。龙母走到哪都会受到老乡们热情的接待，这样的活动也让周边几个村子之间热络起来。

在四月初四这红红火火的大日子里，长岗村人山人海，乡间地头好不热闹，就听着鞭炮齐响，锣鼓齐鸣，五条神龙腾空而起，全体村民三叩九拜，这就是公祭龙母的盛典。

公祭龙母的大典落幕之后，一场接一场的民间文艺节目走马灯似的上场了。井陉拉花、马峪会鼓、太极拳法……个顶个地精彩。

一般来说，农历的三四月间正是干旱少雨的季节，不过，在龙母庙会的前前后后，总有一场好雨降临。要是这年真没下雨，乡亲们就带上柳条编的帽子，抬上龙母的圣驾走街串巷。有了这一场热闹的盛事，龙母也总要喜笑颜开，送一场喜雨。

过了草长莺飞的四月，过了满地金黄的麦收，到了七月十五中元日，就是长岗村里的“金灯节”。这个日子又被称为“跑金灯”、“转金灯”、“点金灯”、“参金灯”。这么多的名字说的都是一件事，这件事的来历又有什么说法呢?

一种说法是要在这一天用金灯跟天上的诸位神仙表示敬意，尤其是要表彰“五龙圣母”的恩德。另一种说法里面有个典故，说当年龙母仇英在青云山龙拱洞里得道成仙，娘家人到那看闺女，可是这山洞里面黑漆漆的连手指头都瞧不着，只好点燃金灯照个亮。

金灯节上点金灯，金灯到底是个啥模样呢？

太行山间，金灯闪闪照亮几多历史沧桑？
燕赵之地，古村悠悠留存几多文化内涵？

“金灯佳节灯火明，男女老幼转金灯，扭扭腰踢踢腿，金灯玉碗吃个得。”这段歌谣说的就是金灯节的盛况。开场之前，长岗村的老乡们已经忙活起来了。他们把米面捏成小碗，上屉蒸熟，这就是金灯的灯盏。这样精致的小玩意儿一共要摆上四桌，一桌在龙母庙前面的玉皇殿前，另外三桌就在龙母庙后院宽宽敞敞的大觉寺院内。这一桌上要摆成整整齐齐的12行，每行10盏灯，一桌120盏，三桌就是360盏，其中包含的寓意就是祈祷一年360天，天天都能保平安。

金灯摆好了，下一个节目就是转灯。一个个的小灯碗全都添上油，点上火，善男信女绕成一圈敲打着太平鼓，一边转一边唱，一招一式有板有眼。

这天晚上，灯油烧得差不多了，乡亲们都聚到桌子边上等待“金灯节”的高潮项目——抢金灯。据说，谁把灯碗抢到手，塞到嘴里吃下去，来年就能结结实实不生病，对于胆小的人来说，还有壮胆子的功效。

这场热闹过去之后，等到九月天转凉，又到了龙母归山的日子。九月廿九的前一天，就有附近的乡亲们来到长岗龙母庙，陪着龙母过一夜。等到早上7点，天光大亮，方圆百里的男男女女都聚到了龙母庙前。领头的一发话，大伙打着龙旗神幡，抬着金瓜钺斧、龙銮御辇、玉棍甘瓶、金山玉帛、面塑供鲜，浩浩荡荡到龙拱洞所属的高家庄转上一圈就奔了青云山。送行的队伍把龙母送到山上安顿好，这一年的龙母文化节才算是落下了大幕。

最近几年，井陉长岗的龙母文化节吸引了周边好几个地方的村民，甚至有平山、鹿泉、正定的善男信女也纷纷前来参加。这引起了民俗学术界的关注，也引来了中国民间文艺家协会、河北省民间文艺家协会、省非遗办、省民俗学会和省民俗文化协会、市文化局、市非遗办等单位的领导和专家前来寻访，更引得大批的媒体记者一探究竟。龙母被奉为智慧与善良的化身在人们心中深深扎根。“五龙圣母”的传说，奇特的接送仪式和公祭大典仪式历史悠久，规模宏大，特色独具，在全国也是数得着的独一份。

长岗村的龙母文化节远近闻名，被人们称之为当地的“母亲节”。2007 年，长岗“龙母”文化被列为石家庄市第二批市级非物质文化遗产保护项目；2009 年，被列为河北省第三批省级非物质文化遗产保护项目。太行深处一脉相传的龙文化凭着深远的内涵传播着中华民族的精神。

这正是：

千年古村是长岗，五龙圣母留故乡。

燕赵大地母亲节，孝道和谐传四方。

第六十七回 魂归信子节 千童渡扶桑

上一回我们到井陉长岗村观看了热热闹闹的五龙圣母庙会，接下来我们再到千童镇赶一场庙会。不知您有没有听过这么一句话？“去过京，串过卫，不如到千童赶庙会。”这里说的千童在哪呢，就在河北沧州的盐山县。千童的庙会到底有什么好看，能让去过大地方、见过大世面的人都稀罕？

千百年来，每逢甲子年的农历三月廿八日，河北盐山县千童镇都是人山人海、锣鼓喧天，好不热闹，不光是十里八乡的乡亲，十省八市的外地人也紧着往这儿赶，他们来干啥呢？赶庙会。

庙会全国各地哪儿都有，为什么都扎堆来千童呢？千童庙会跟一般的庙会可大不一样，这庙会有个延续了千百年的保留节目，当地人叫“信子节”。信子节从汉代开始，每60年举行一次，一个人一辈子兴许也赶不上一回。要是您有幸赶上了，那可值得饱饱眼福。

到底什么是信子节呢？为什么非要选在农历三月廿八这一天，还非得是60年一回的甲子年？这个事情，还要从秦始皇时代的一个老故事说起。

想当年，秦始皇为了寻求长生不老药，派徐福入海求仙。徐福打着秦始皇的旗号，在河北盐山一代连拐带抢凑足了三千童男童女，在农历三月廿八这天，从盐山千童这个地方东渡入海，害得千百个家庭骨肉分离、家破人亡。

哪个孩子不是父母的心头肉？孩子们这一走，是死是活没了音讯，那还不跟剜了爹娘的心一样。可这事该找谁呢，官老爷们只为皇帝高兴，哪管老百姓的死活！失去了儿女的家庭只能拜天地求神灵，盼望着神灵能招回自己的儿女。冬去春又来，一年又一年，秦始皇没等到仙药，奔了黄泉路，可这几千个孩子的爹妈又能盼回日思夜想的亲骨肉吗？

中国不少地方有这样的习俗：离去不归的人，离开的那一天就是他的忌日。所以，每到农历三月廿八这一天，千童城周边的老百姓，老老少少相互搀扶着，来到海边，呼唤东去不归的孩子。

日复一日，年复一年，秦始皇归了西，刘邦改朝换代做了皇帝，孩子们还是没有音信，老百姓心里这个气，眼看着就要烧成一把拦不住的熊熊大火。

当朝皇帝刘邦见这阵势着了慌，俗话说官逼民反，到了这一步，自己辛苦打下的天下可就没了准。这事情虽然不是自己造的孽，可也得想办法找补买个太平。

汉高祖五年（前 202 年），也就是三千童男童女东渡之后的第七年，就在徐福出海的地方，汉朝官府设置了千童县，千童两个字，意思很明显，就是为了纪念那不知去向的三千童男童女。到了后来，历代不少皇帝都效仿刘邦，心甘情愿替秦始皇还这笔良心债。北魏孝明帝在这里建造开化寺，寺内还设置了千童碑、千童殿。

出走的孩子们没有回来，千童老百姓农历三月廿八的祭祀活动却成了一个传统，为了让声音传的更远，人们就用木棒、铁棍搭起高高的架子，站在上面呼唤亲人，这个架子就叫“信子”，这种仪式沿袭下来就成了信子节。

神圣庄严，祭祀活动如何精心安排？

精彩绝伦，童男童女怎样游街祭天？

没有赶过千童镇庙会的朋友可能想不出来，那个信子究竟有多高，是什么样子？

信子，也叫“抬阁”，能有十四五米高，用木杆、铁棍绑制而成，竖杆的顶端用铁棍、木板搭起一个平斗形的空中舞台，下端固定在铁木制作的架子上，看上去就像一个“古”字。架子上放着许多磨盘、石块，用来稳定架子和高杆上的空中舞台，有好几吨重。表演的时候，36 名粗壮大汉抬着信子，踏着锣鼓点走街串巷，童男童女在空中舞台上进行祭天祷告。

信子表演是一项神圣庄严的祭祀活动，礼数很多，表演之前的前五六个月就得开始准备，各家各户有钱出钱，有物出物，有力出力。

信子节由德高望重的老人主持，参加表演的童男童女要从全城上千名15岁以下的孩子中选拔，这些孩子不光要模样俊俏，还要父母双全、家世清白。被选中的，提前一两个月就开始排练，期间层层淘汰，到了正式表演，就只剩下十来个，最后上去几个倒也没有严格要求，但必须是双数，男女各半。信子节上对制作信子的工匠要求也很高，不但要心灵手巧，还必须品行端正，父母双全，动工之前要焚香祭祀，沐浴斋戒。此外，抬信子的壮汉那也得精挑细选，同样要父母双全、儿女双全，每36人为一班，轮流替抬。

到了农历三月廿八这天，准备了半年的信子节正式拉开了帷幕。这一天，全城用清水泼街、黄土垫路，家家户户都洗手净脸早早等候在街旁。参加的全体人员由主事带领，聚集到开化寺院内，举行开祭仪式。僧人击鼓鸣钟诵读经文，众人焚香行祭拜礼，列队出发。那些手持法器、器乐、口诵经文的僧人们把信子围在中间，会耍武术的人耍着三节鞭在前面开道，后边跟着吹吹打打的鼓乐班。

在空中祭台上的童男童女，有的手持焚香，有的手持灯笼，有的手持道家拂尘或招魂幡，有的双手托祭品，祭天祭神，呼喊“回来吧”、“爹娘想你啊”，召唤灵魂回乡。

站在街道两侧观看的乡亲和外地来客，手里拿着香，举着祭品，等祭祀的队伍经过的时候，不断加入进来，队伍越来越大，大家一起走到千童城东门外无棣河边。这时，鼓乐齐鸣，人们焚香燃纸，呼喊流落异乡的亲人姓名，祭祀达到高潮。最后，主要祭祀人员还要回到开化寺，在千童殿前举行收祭礼，整套祭典才算结束。当地人把这种仪式称为“引魂归祖”。

从三千童男童女出走他乡到现在，虽2000多年过去了，但千童镇怀念亲人的情感没有变。据当地老人回忆，不管天灾人祸多么大，衣食住行多么艰难，信子节这个老辈子传下的规矩一代传一代，每逢甲子年一次，从来都没有间断过，但是它承载的内容在漫长的岁月中，随着社会的发展悄然变迁。

在封建社会里，受尽压迫的人们用信子节祭祀来寄托哀思，表达愤懑，随着那些苦日子一去不复返，信子节少了一份凄凉，多了一份热闹。

在传统的表演中，除了饶安招募、击浪东渡、扶桑授艺、魂兮归来等规定内容，童男童女还要在十几米高的空中舞台上做出各种高难度的惊险动作。他们腾跃挪移，衣袂翩飞，在蓝天白云之中迎风起舞，让人叹为观止，暗暗为他们捏把汗。据史料记载，每次信子节，祭者和观者加起来人数都超过几十万。

如今的信子节基本保留着古代的形式，同时又不断揉进新内容。空中表演增添了"天仙配"、"西游记"、"八仙过海"、"红楼梦"、"水浒传"等老百姓喜闻乐见的故事，龙灯、高跷、旱船、竹马、落子、花狸虎、秧歌、武术等民间花会表演也是一路相随。

20 世纪 50 年代，高台上的表演逐渐成为信子节的亮点，有老人回忆说，有一回童男手里端着茶壶，童女竟然站在壶嘴上！精彩的表演让人叫绝！每到信子节，天津、济南、德州等地的观众提前几天抵达千童镇，数万人挤满了大街小巷。据说 1950 年信子节，观众把当地井里的水都喝干了！

千童镇信子节，被中外专家学者称为研究徐福千童东渡的"活化石"。

为了使这个"活化石"继续流传下去，也为了让后人了解这段历史，最近 20 年，人们对它进行了抢救性挖掘。1996 年盐山县将农历三月廿八日作为徐福东渡纪念日，还将原本 60 年举行一次的信子节改为五年一次。

经历了历史的风风雨雨，信子节在千童镇世代传承下来，让人意想不到的是，隔海相望的日本佐贺金立山一带，竟然也有一个相似的节庆活动，叫作"氏子节"，每隔 50 年举行一次。氏子节和信子节为什么会惊人的相似，这两个节日之间有什么关联呢?

东渡日本，徐福出海留下何种遗迹?

修建神社，阿辰殉情是为哪般美谈?

这个氏子节，跟当年东渡出海、寻找长生不老药的徐福有着密切的关系。当年徐福带着三千童男童女、各种能工巧匠驾船出海，到底去了哪里，2000 多年来，一直争论不休。有的说他们去了日本，也有的说到了韩国，还有的说是下了南洋，甚至有传说他们抢在哥伦布前面，到了美洲大陆，这些地方或多或少都留下了关于徐福的传说。尤其在日本，徐福更是被神化，不但有各种各样的故事，还有众多真假难辨的遗迹。

在日本，三重县熊野市的矢贺海岸被认为是徐福的登陆地，附近有徐福的墓地，还有徐福宫。和歌山县新宫市原本有一个徐福祠，现在有徐福墓碑，附近还有七个人的墓葬，排列成北斗七星的形状，传说那是徐福的亲信，死后都葬在了徐福的旁边。

在富士山地区流传着更为离奇的故事，传说徐福一行最后在日本的“蓬莱山”，也就是富士山找到了长生不老药。这时候，秦始皇已经死了，徐福和那些人就定居在这里，向当地居民传播中国文化和生产技术，还让日本有了从汉字脱胎的片假名文字。徐福死后变成了一只仙鹤，盘旋在富士山原野的上空。

那日本佐贺金立山一带的氏子节跟徐福究竟有什么关系呢？氏子又是什么呢？所谓“氏子”，是指在同一地区信奉同一氏神的人们。在金立山的山顶上，有一座已有2000多年历史的金立神社，里面供奉的神就是徐福。离这儿不远的地方还有一座庙，供奉的是阿辰观音。

传说，徐福的船队到了日本，在佐贺县的海港登陆，后来住在金立山一带，和当地人生活在一起，一位土著酋长的女儿阿辰爱上了徐福，为他殉情而死，被当地人尊为阿辰观音。当地人给徐福建了一座神庙，也给阿辰建了一座庙。每隔50年，就会在公历4月27日举行一次隆重的“徐福大典”。

4月27日当天，氏子们将徐福的神像从金立山的上宫抬到下宫，第二天早晨，氏子们先到阿辰观音殿前举行仪式，然后童男们抬着徐福的神舆走在前面，童女们抬着少女扮演的阿辰观音走在后面，一直走到当年徐福登陆的海边，然后一同遥望大海，举行祭奠仪式。

一个盼儿归，一个思故乡，日本的氏子节和中国盐山千童镇信子节，几乎以同样的方式，在同样的时间，隔海相望。在那些美丽的传说里，徐福东渡出海开创了中日两国友好交往之先河，作为千童城故里的沧州盐山县也成为中国历史第一侨乡。

这正是：

徐福乘槎竟不回，三千弟子老蓬莱。

至今两岸留佳话，花萼城村次第开。

第六十八回 土山诚会日 武安喜乐狂

上一回说到河北沧州千童镇信子节，那绵延2000多年的思念让人动容，那轰轰烈烈的场面震撼人心。在河北，让人惊叹的节俗可不止这一个，在邯郸武安，有一个被誉为东方狂欢节的万人盛典——土山诚会。土山诚会是从什么时候开始的？在这万人狂欢的盛会上，又有哪些稀罕事呢？

一提到狂欢节，估计大家都会想到西方的彩车游行、假面舞会。其实，中国也有自己的狂欢节，那就是河北武安的土山诚会。它起源于明代，已经有500多年的历史了。

土山诚会的名字是怎么来的呢？“土山”取自武安的两个村庄——东土山村、西土山村，“诚会”指的就是诚心诚意。东西土山两村位于河北省武安市城北4公里处，在宋代以前叫东孝乡、西孝乡。过去的年月里，连年的战乱、屯兵让这里的老百姓没了活路，因为当时有个说法叫“兵家逢土必败”，于是就把村名改为“土山”，也就是后来的东西土山村。

每逢农历的丑、辰、未、戌之年的三月十七到三月二十，东土山村、西土山村都要举办声势浩大的聚会，那真是锣鼓喧天、鞭炮齐鸣、人山人海，好不热闹！

土山诚会供奉的就是天仙圣母碧霞元君，也就是当地老百姓口中的“老奶奶”。每到土山诚会的时候，人们都会来到东土山村的“天仙碧霞元君庙”，恭请碧霞元君出架、巡游，进行各种各样的民间表演，祈福驱邪，保佑风调雨顺、百姓安康。

东土山村的碧霞元君庙是明代隆庆元年（1567年）修建的，乾隆二十九年（1764年）进行了重建。在当地百姓心中，碧霞元君有求必应、无所不能，是至高无上的守护神。逢年过节，老百姓都必须得来上炷香，拜一拜，说说日子

武安市土山诚会

里的难和来年的愿。

土山诚会究竟起源于何年何月何日，历史上并没有明确的文字记载。不过，民间却流传着很多传说。

一种说法是，明朝弘治年间，朝中大乱，太后娘娘身体不舒服，朝中太医束手无策。弘治皇帝为了给母亲治病，遍访天下名医。有一天，他来到东土山村，看到这里敲锣打鼓、热闹非凡，连忙上前打听，才知道这是给碧霞元君的庙会。弘治皇帝问道："她有多大本事，怎么惊动了这么多百姓？"老百姓纷纷说道："你可别不服气，老奶奶神通广大，有求必应，她不但能保佑我们这儿的百姓健康平安，还能保佑风调雨顺呢！"

正犯愁的弘治皇帝听了这话，当然是宁信其有，他立刻上前焚香叩拜，求老奶奶治好他母后的病，还许愿说："如果我母后的病痊愈了，我就封你整朝銮驾一副，另外，每逢农历的丑、辰、未、戌之年，还给你举办诚会。"结果，太后的病真好了，弘治皇帝也果真兑现了自己的承诺。

还有一个传说，说的是康熙初年，武安西土山村有几个大户人家，每年都要到沙河的北顶奶奶庙朝拜。到了乾隆二十一年（1756年），他们去拜请北顶元君为神，想要在本村为他建立行宫，岁岁奉祀，这样一来，就不用大老远的赶路了。没想到，请元君回来那天大雾弥漫，伴请元君的乡亲迷失了方向，走着走着就到了东土山村。于是西土山村民就跟东土山村管事的人一起，修建碧霞殿宇，重塑元君金身，西土山村民就到东土山村拜奉元君。后来，两个村就一起成立了“两村一社”，每逢农历的丑、辰、未、戌之年为碧霞元君举办盛大隆重的诚会，三年会一次，四年两头会，一直延续到今天。

习文练武，古老文化如何传承百年？

绘画刺绣，精湛手艺如何世代相传？

自古以来，土山村民就有着习文练武、绘画刺绣的传统。中国的书法在这两个村子至少有几百年的历史，村中百分之六七十的人都能写一手漂亮的中国书法，还出过不少文人雅士。1931 年毕业于上海新华艺术大学的著名书画家杨通山就是西土山村人。

东西土山村的女人们心灵手巧，她们擅长织布和刺绣，经过她们一针一线织出来的彩布和门帘，针脚细密、做工精美，十里八乡出了名，也成了当地最有名的文化特产。

当地最有名的文化传承，当属土山诚会。每到举办诚会的年头，两村一社的成员从农历的二月初二就开始做准备，制作面具、置办道具、购买服饰、排练节目。当各家门前的各种彩布高高挂起之时，就到了土山诚会举办的日子。

从农历三月十七到三月二十，整整四天的时间，两个村子的商铺停业、工厂关门、学校放假，就连在外打工的人也要赶回家乡。每个土山人的心情都特别激动，就和外国的狂欢节一样。

男人们无一例外，都要参加到表演中来。这在他们看来是一件非常光彩、非常幸运的事，所以，无论演什么角色，他们都不计报酬、不讲条件，都会使出浑身解数、拿出压箱底的绝活来表演。

不过，按照土山诚会的老规矩，女人们不准参加诚会表演。虽说有些遗憾，不过女人们都没有闲着，她们纷纷挂起彩布，展示自己的刺绣、纺织技术，表达对碧霞元君的崇拜和敬仰之情。这当中最早的彩布已经有几百年的历史。村里的女孩子们十几岁就开始学习织彩布技艺，这样的巧手艺也传到了现在。

举办土山诚会的资金都是乡亲们自愿捐助的。这些钱都是取之于民，用之于民。一场隆重的土山诚会结束之后，剩下的钱用来给老百姓们办实事，比方说，硬化街道，帮助学校，支援贫困户、五保户，这样一来，诚会在不知不觉中用善心洗礼着每一位村民。

土山诚会为期四天，农历三月十七下午一切准备工作就绪，各班各社的人员到碧霞宫上香，百姓称之为“稳驾”。稳驾就是指全都准备好了，请老奶奶来这儿“阅兵”，各个班都来这儿上香。到了晚上，有一出被称作“点贵宾”的赛戏，八千岁邀请十八路神仙，前来为土山诚会助威。

都有哪些神仙呢？山神、河神、福神、财神、火神、钟馗、土地、灶君、门神、马王爷、药王爷等，这真是从天上到地下，各路神仙都来齐了。整个诚会过程中，每位神仙负责一班故事，也就是十八班故事，有五班少林、四路鼓社、丝弦社、皮影社、落子社、抬阁社等，由此拉开土山诚会的大幕。

农历三月十八上午 8 点，随着几名开路炮手的大声呐喊，开路炮响，土山诚会就开始了。碧霞元君乘坐銮驾从东土山的碧霞宫出驾，巡游到西土山村的塔尖庙，百姓称之为“迎驾”。銮驾所经之处，街道两旁的百姓都会虔诚地蹲下恭请銮驾经过。

文武执事、铜锣铜鼓、标枪马队以及十八班故事等 5000 多人，组成 64 列队伍，摆出长约 5 公里的“道子”，浩浩荡荡地穿行在东西土山的大街小巷，人称“摆道子”。沿途每条街道路口，都摆有香案，用来给行进的队伍指引方向，同时也表达了村民们的热情和对碧霞元君的敬仰。

三月十九，人们把碧霞元君从西土山村的塔尖庙请到九龙庙，当地百姓称之为“请驾”。这天下午在九龙庙前，有大型的文艺表演，舞龙舞狮、踩高跷，欢庆碧霞元君的到来。

三月二十是土山诚会的最后一天，碧霞元君要从西土山村的九龙庙返回东土山村的碧霞宫，称之为“回寝”。整个诚会活动在这一天达到高潮，十八班故事依次登场。

最引人注目的是五班少林，表演者使出浑身解数，在刀光剑影中展示土山人深厚的武术功底。武安土山的少林武术班与少林功夫有着很大的渊源。至于少林功夫传入武安土山的确切年代，现在很难考证。不过有土山人说，奶奶庙前原来有一块唐开元年间的重修庙宇石碑，照这样算来，少林功夫极有可能在唐开元年间或更早些时候就已经传到武安土山。

这种推测也是有道理的。因为在唐朝初年，河南嵩山少林寺已经拥有一支勇猛善战的僧侣队伍。后来，少林寺 13 名僧人在李世民讨伐王世充的征战中立下了汗马功劳。李世民即位以后，封昙宗和尚为大将军，并特别允许少林寺和尚练僧兵，这期间少林功夫在民间流传也就顺理成章。

另外，标枪马队的飒爽英姿也吸引了大家的眼球。据专家考证，凡是北宋名将马遂驻扎过的地方，都有标枪马队的影子，比方说，山西运城有六个县都保持着这种艺术形式。由此可见，马遂也曾经在武安驻扎过。

激情四射，土山诚会带来何种狂欢盛宴？

英姿勃发，热血男儿展现哪般燕赵雄风？

在土山诚会的表演中，最有意思的就是抬阁中的小演员们。那些四五岁的小演员们被大人放在高高的架子上，打扮成皇帝、县太爷或者是捕快的样子，他们的父辈或爷爷辈的人在下面扭着秧歌步。头顶上艳阳高照，下面是小碎步的频率，就这样晃晃悠悠、颠颠簸簸。有的孩子累了，就在上面打瞌睡，可下面的大人浑然不觉，还在尽情地扭着腰往前走。还有的时候，上面表演的孩子看见下面扮演公主的孩子有说有笑、吃着好吃头，想想自己在上面孤孤单单，顿时委屈不已，哭着喊着："爸爸，放我下来，放我下来。"于是大人们连忙将孩子从上面放下来。武安的能工巧匠很是厉害，他们做的铁架子巧用力学原理，只需要几十秒，就能卸下，轻轻松松把孩子放下来。

土山诚会中表演秧歌的人员，都是男性村民。他们扮成历史故事或神话传说中的人物，一边走一边跳舞，最小的演员不到两岁，最大的演员将近 80 岁，那可真是老少爷们齐上阵。

虽说土山诚会的习俗是表演者必须全部是男演员，可偏偏有许多的女性角色，比如花木兰、穆桂英等。怎么办呢？这些憨厚淳朴的庄稼汉子只能打扮成一个个美若天仙的美娇娘，还要连续好几天在乡亲们的面前露面，在几万双眼睛的关注之下，他们还多少有些不好意思呢。因此，土山诚会可以说是一场“男人为女人表演”的大型民间社火。

下午5点半，碧霞元君乘坐銮驾回到东土山的碧霞宫前，这个时候，碧霞宫前人山人海、水泄不通，万余名群众在这一时刻，情绪高涨到极点，震天的锣鼓，欢呼的人群，好一个东方的狂欢节。下午6点整，碧霞元君入庙，整个诚会结束，妇女们也把心爱的彩布收起来，期待两年后的再一次诚会。

武安土山诚会已经流传了近500年的历史，20世纪中叶曾经中断，现如今已经恢复，祭祀仪式也完好地保存下来。2009年，武安举办了有史以来规模最大、场面最为壮观的一次诚会，吸引了30多名国内外专家学者前来观摩。2011年，土山诚会被列为河北省非物质文化遗产，东方的狂欢节还将继续徜徉在古老和现代交替的历史长河中。

这正是：

土山诚会在武安，千家万户共狂欢。

虽说为把碧霞尊，燕赵雄风天地传。

第六十九回 牛郎织女会 邢台爱情乡

上一回说到雄风震天的燕赵盛典——人气爆棚的土山诚会。河北这块黄土地蕴含着万年历史，展示着万种风情，每到了农历七月七，卧牛城邢台都要重现一场温柔旧梦，上演一回七夕典礼。这其中又有多少缠绵的故事？

冀南古城邢台市是河北现存最为古老的城市，这里做过商朝、邢国、赵国、常山国、后赵五个朝代和国家的国都，素有“五朝古都、十朝雄郡”的称号。它是中华丝绸文化和瓷器文化的重要源泉之一，是中国工笔画之乡，是中国梅花拳之乡，还是中国七夕爱情文化之乡。

有人说了，爱情看不见摸不着，“中国七夕爱情文化之乡”这个称号又是怎么来的呢？这可绝不是徒有虚名。走进邢台，山间水边都能感受到爱情的气息，街头巷尾都洋溢着爱情的味道。这里坐落着中国爱情山——天河山，这里出土了七夕节吉祥物“摩诃罗”，这里发现了木版面活化石内丘神码，这里是《牛郎织女》电影拍摄外景地，这里是喜神“和合二仙”的故里。特别值得一提的是——这里有全国规模最大的祭拜天棚地棚七夕庙会。有了这么多的理由，也难怪邢台当选了中国民间文艺家协会授予的“中国七夕爱情文化之乡”。

七月七，祭天地，有天地为证，证一颗真心。这样古老而神秘的仪式在邢台内丘一脉相传，如今已经有几百年的历史。

七月初七这一天，最热闹的就是邢台内丘的玉皇殿，男女老少聚在这里上香拜神，为的都是一件事——请玉皇大帝开开恩，多给一点儿时间让牛郎织女见面。

十里八乡的老百姓凑到了一块，这么多人要往哪站呢？原来，那玉皇殿前，早就搭好了五彩的天棚和地棚。

老远就看这棚子花花绿绿很惹眼，走近一看，这东西还很精致！简直就是超大号的民间艺术品。

一丈长的天棚里面是五色的剪纸拼成的画面，底色是蓝蓝的一片天，天上有星星组成的银河，长长的银河上面还有一座喜鹊搭起的桥，桥这边是憨厚朴实的牛郎哥，桥那边是清秀可人的织女。这不正是《牛郎织女》的故事吗？

地棚猛地一瞧跟天棚差不多，仔细一看就看出点儿不一样了，这上面有莲花地母，有大鳌鱼，有五彩鱼，有蟾蜍、蝌蚪、小蜗牛，还有金船和银船载着一群男男女女，正当间是一幅“鱼戏莲”的图案。水里的鱼儿象征着世间的男子，莲花就代表世间的女子，水下有鱼戏莲花，水上有男男女女，其中暗含着民间对生命的崇拜，对子孙的期盼。这栩栩如生的画面描述的正是生生不息的主题。

两两相望，牛郎织女一片痴心留下几多传奇？

代代相传，民间艺人一把剪刀裁出几许美丽？

邢台内丘的七夕庙会是历史上传下来的文化，这天棚地棚也是老辈儿人传下来的艺术。早在明朝的隆庆年间，制作天棚地棚就成了专门的手艺，它不传儿女，不传男丁，只传授给诚心诚意的女信徒。这样的传法很古怪，正好跟“传男不传女，传内不传外”的说法相反。

每到了七夕的前几天，老师傅都要在手下的弟子里挑出来几位心灵手巧的，来一场公平竞争，最后的两位赢家就担起了制作天棚地棚的神圣使命。这里为什么要用上“神圣”二字？这两位动手之前，先要来上一整套的仪式——净身、净手、净脸、漱口，把自己这一身穿戴收拾利索了，才能开工剪纸作画。这工作的现场很神秘，不许外人来帮忙，甚至连参观都不让。两个女子一番祷告，之后就闭起眼睛，只凭着双手的感觉剪出各式各样精巧的图案。

天棚地棚的制作工艺很是讲究，据说，这稀罕的艺术品里还包含着道家阴阳学的理论和佛教的学说。如今，这样的剪纸作品就出自内丘金店镇上一位年过花甲的老妈妈之手，像她这样的民间艺术家，在内丘还有好几位。她们生在农家，长在乡下，一辈子也没出过几回村，可是，她们的剪刀之下却诞生了出神入化的艺术，呈现出神秘深奥的图形。牛郎织女，爱情婚姻，人世繁衍，人生命运，阴晴圆缺，悲欢离合，往昔未来，就在一把剪刀下阴阳相生，生生互动。纸上有世界，纸上是天地，天地之间是玄而又玄的大道理。这些淳朴的老妈妈不明白这些，也不理会这个，她们只是在天棚地棚的制作之中盼着遇到个好男人，嫁到个好人家，过上一辈子安安稳稳的好日子。她们想着、盼着，一剪子一剪子地忙活着，剪出了民间最朴拙的追求，人间最浪漫的理想，剪出了一个风轻云淡的七月七。

巧手制成的五彩棚摆进了七夕庙会，从农历七月初一起，这天棚地棚下面就热闹起来，有人唱着："牛郎织女好夫妻，年年见面七月七，两个小孩儿中间站，王母娘娘金钗令，金钗划河隔两岸，牛郎东来织女西……"一段唱完又是一段，这段说的是天棚里的故事："一道天河九道弯，弯弯里面有桃园，桃园里面有神仙，脚踏祥云去赴会……"唱完了天棚说地棚，地棚的故事也不错："地母娘娘造花船，金船银船载人烟，问问法船有多大，载尽世上女和男……"

棚里唱得热闹，棚外也不冷清，有专业的剧团在戏台上轮番上演爱情大戏。到了七月初七正日子，必须要唱上那一出经典的《天河配》。这一天的大戏收了场，乡亲们就要上供点香，把天棚地棚一起烧化，熊熊火光过后，这一年的七夕庙会就算是落了幕。

邢台之所以被称为"中国爱情文化之乡"，不只是因为那一场全国最盛大的七夕庙会，还因为这里把这源远流长的婚嫁文化传统完整地保存到了今天。

古时候，好多地方都有这样的婚俗：新娘子出嫁的时候，怀里要揣上一面照妖镜；媳妇进门的时候鞋不沾土，要请婆家的弟兄抬进门……这些有趣的仪式又有着什么样的来历呢？

这件事的开头也是在很久很久之前。那时候，邢台的七里河边出了一位高人，不但能掐会算，还会治病救人，他就是大名鼎鼎的周公。

有一回，七里河对岸梁员外的闺女得了怪病，周公一路过河去看病人，半道上就见着路边有一只石狮子点头跟他打招呼。周公觉得这事挺稀罕，赶紧停下来跟石狮子回了个礼。没想到，这石头做的狮子竟然开口说话了："我知道你这趟出门是为了什么，也知道那病人得的是什么病，要治这病，我倒有个药方。”周公回答说：“你有何高见，说来听听吧！”石狮子告诉他：“员外门前有个大水坑，坑里有个千年大乌龟，他家姑娘的毛病就是这乌龟闹的。只要叫人让水坑里填上生石灰，梁姑娘的身体肯定能好！”

周公谢过了石狮子，抬脚刚要走，又听着石狮子说话了：“我给你出了好主意，你也得还我个人情，回来的时候记得给我带上一只白公鸡，我得打打牙祭。”周公一听就乐了，立马答应了这个要求。

周公往前走了没多久，只觉得上下眼皮直打架，就靠着大树打了个盹。他迷迷糊糊地听见这么个声音，说：“周公一来，我难逃一劫，不过我也有一句话要对你讲——那石狮子已经成了精，你回去的时候千万要带上一把椴木铁锤，趁着这妖精吃鸡的时候把它的脑袋敲碎。”

这时候，忽然吹来一阵清风，周公的脑子清楚了，那说话的声音好像也消失在风里。周公到了员外家，按着石狮子的办法解了祸患，又带上了一只白公鸡和一把椴木铁锤。回去的路上，他又遇到了石狮子，这一回，他就趁着狮子吃鸡的时候朝着它的脑袋来了一锤子。就听着哐啷一声，狮子的石头脑袋碎成了两半，有两本书掉了出来，一本天书被周公拿在手里，一本地书化成大鸟扑棱扑棱飞走了。

这鸟一路飞到了七里河边，它看周公追得紧，一头钻到了河边洗衣姑娘的裙子底下。这姑娘正是村里尹家的桃花女。周公追到了河边，东张西望瞧不见大鸟，非说桃花女藏了他的东西。这姑娘也不是软柿子，压根就没给周公好脸。从这以后，这一男一女算是结下了梁子。

在这之后，又发生了许多曲曲折折，周公和桃花女彻底成了一对冤家。

男婚女嫁，一对冤家如何结为夫妻？

你争我斗，两位奇人如何执手白头？

花开两朵，各表一枝。先说周公这边，他对桃花女是又爱又恨，爱的是她貌美如花本事大，恨的是她总是跟自己抬杠找茬过不去。他琢磨着要在这婚礼这样的人生大事上给桃花女点儿颜色瞧瞧，才算是彻底降住了她。桃花女自然明白周公的心思，她想着浪子回头金不换，要是能用自己的行动感动周公，跟他好好过日子，倒也不是坏事。

就这样，一场婚礼热热闹闹地操办起来。这一天，周公准备了一出恶作剧，他施展法术在自家门口藏了一个白马精，预备着在桃花女进门的时候吓唬她。不过，桃花女可不是普通的姑娘，她早预备着应对这一招，等那大红的花轿到了周公门前，新娘子拿出来一个马鞍子放在花轿前面，脚不沾地踩着马鞍进了门。这个法子破了周公的小把戏，把那白马精压在马鞍下面根本动弹不了。接下来，桃花女又从怀里掏出一个小镜子，亮光一闪收了那个白马精。

大婚当天，这小两口就来了一场对台戏；结婚以后，他俩还是谁也不服谁的气，三天两头地拌嘴吵架，就跟咱们身边的小夫妻一个样。都说一日夫妻百日恩，百日恩情似海深。日子过了一天又一天，这一对冤家也度过了最初的那段磨合期，终于成了恩恩爱爱的好夫妻。

周公和桃花女的故事传了一代又一代，虽说这故事里的故事不能当真，不过，故事里的情节却成了千百年里不曾改变的婚嫁习俗。历史上的周公是周文王的四儿子，文武双全，一生功德盖世。周公是西周礼制的创始人，也是他第一个定下规矩：男女在结婚之前不能结合，只有到了大婚的日子才能圆房，这就是后人所说的“周公之礼”。这样的历史在千百年里演变成各式各样的传说，加上了不少看似荒诞的噱头，其实，这也正是反映了民间对周公制定婚俗礼法的理解。

在牛郎和织女的传说中，有两情相悦的快乐，也有共同患难的承担，更有不离不弃的守望；在周公和桃花女的故事里，那一对不是冤家不聚头的夫妻更像实实在在的生活，你争我斗也是一种情趣，打打闹闹也能相守一生。不论是“盈盈一水间，脉脉不得语”的牛郎织女，还是针尖对麦芒、你我不相让的周公桃花女，都表达着中国传统文化中对婚姻、爱情的理解，寄托着持子之手、与子偕老的期盼。

这正是：

牛郎织女七夕会，天棚地棚五色美。

周公桃花两聚头，美满和谐长相对。

第七十回 昔日帝王女 今日驻苍岩

上一回我们穿梭在卧牛城的大街小巷，流连在青山碧水间，倾听了缠绵悱恻的爱情传说。这一回我们要去石家庄的苍岩山赶一场热热闹闹的庙会。人们都说，“五岳奇秀揽一山，太行群峰唯苍岩”，苍岩山不但景色秀美，还有着闻名华北的千年庙会。苍岩山的庙会为什么能够千古流传，又留下了哪些传奇往事呢？

说到河北苍岩山，不得不提一部电影，那就是李安导演的《卧虎藏龙》。在电影的最后，章子怡扮演的玉娇龙纵身一跃的场景，就是在苍岩山拍摄完成的。从这儿起，清秀绝美的苍岩山也跃入了大众的视线。

提起苍岩山，人们都称赞它的秀美景色，不过，苍岩山在石家庄一带真正著称的是苍岩山庙会。每逢庙会，不仅周围村庄的男女老少都赶过来，方圆百八十里的善男信女也纷纷来赶庙会，场面红火热闹，因此，苍岩山庙会也被称为华北地区第二大庙会。

苍岩山庙会供奉的主神就是三皇姑。

苍岩山福庆寺三皇姑民间信仰在当地传承到今天，已经有 1300 多年的历史了。现如今，三皇姑信仰已经成为华北地区的信仰之一。在石家庄及周边地区也有许多三皇姑庙，比方说，石家庄市区的湾里庙、鹿泉市封龙山皇姑庙、天桂山皇姑庙等，从正定到苍岩山途中一些山上，尤其是井陉境内沿途很多山上都有皇姑庙。据说，当初皇姑到苍岩山途中都曾在这些地方歇过脚，皇姑得道升仙以后，当地人修建庙宇，以此表示对皇姑的纪念和尊敬。那么，人们尊奉的三皇姑到底是什么人呢？

关于她的身份问题，长期以来一直有着不同的认识。宋朝碑文记载：“昔有公主于此出家，罔知帝代。”金代碑文记载："公主乃隋文帝女。"明万历年间的碑文记载："隋文帝女妙阳公主。"

直到清朝光绪年间，井陉知县言家驹对公主的身份提出了质疑，并考证出：隋文帝并没有公主出家，也没有叫妙阳的女儿。不过，隋炀帝有个女儿，叫南阳公主，她最终削发为尼。如此说来，妙阳公主是误传，实际上三皇姑是隋炀帝的女儿。

这个考据究竟靠不靠谱，姑且不谈，先说说这个南阳公主。这个生在帝王之家、锦衣玉食的天之骄女，为什么就斩断青丝、削发出家了呢？

关于南阳公主，《资治通鉴》第189卷有详细的记述。南阳公主是隋炀帝的女儿，又是隋代两朝重臣宇文述的儿媳。她14岁嫁给了宇文士及，后来生了一个儿子唤名宇文禅师。虽然她是个身份高贵的公主，可一点儿也不刁蛮任性，非常识大体。有一次，宇文述陪着隋炀帝出游江都，结果途中染上重病，最终不治身亡。在宇文述生病期间，南阳公主精心侍奉，饭菜都是亲自奉上。这样孝敬长辈的好媳妇，还是一位堂堂公主，真是打着灯笼也难找！

可没想到，历史的车轮滚滚向前，碾碎了南阳公主的幸福生活。隋炀帝的暴政，使各地农民纷纷起义，隋炀帝身边的文臣武将也有了谋反之心。宇文士及的哥哥宇文化及杀死了隋炀帝，自称大丞相。也就是说，南阳公主的大伯子杀死了自己的父亲！南阳公主悲痛不已！原本指望着丈夫能够安慰自己，可是丈夫宇文士及却抛弃了她，归降于李唐。

南阳公主一个弱女子，失去了自己的父亲，失去了身后的靠山，在这风雨飘摇的乱世之中，面对这样惨烈的一幕，她又该何去何从呢？

国破家亡，南阳公主怎样出家为尼？

重情重义，妙善公主如何舍身救父？

宇文化及带着众位朝臣北还的途中，被李密打败，逃到了聊城，又被窦建德的大军打得落花流水。窦建德打着"忠于隋朝"的旗号，对南阳公主恭恭敬敬。宇文家的人弑君篡位、大逆不道，按理要诛灭九族，南阳公主十岁的儿子最终也被杀死。

国家灭了，家也没了，丈夫走了，就连儿子也被杀死。面对如此重大的人生变故，南阳公主生无可恋，决定出家为尼。后来，她辗转来到苍岩山，在这里广行善事，静心修度，用宫中所学医术治病救人。由于她心地善良、慈悲为怀，给老百姓治病从不要报酬，因此被老百姓顶礼膜拜。南阳公主在苍岩山度过了62年，终老于此，当地百姓感念她的恩德，为她建庙修塔，并尊奉她为“苍山圣母”。公主在山里住久了，人们尊称她“山奶奶”，不过叫着叫着，根据当地口音，就成了“三奶奶”，也就成了三皇姑了。

历史上的三皇姑真的就是南阳公主吗？当然不是。1997年，著名人文学者梁勇先生在《石家庄史志论稿》中，就已经说过言家驹的考证纯属臆断。苍岩山的三皇姑传说，也就仅仅是传说而已。全中国的三皇姑都是一个人，那就是妙善公主。妙善公主原本来自佛教中国化的观世音菩萨传说，出自北宋时期著名的《香山宝卷》，其中就有妙庄王之女三皇姑妙善公主舍身救父的感人故事。

只不过，很多人没有读过《香山宝卷》，也不知道三皇姑究竟是谁，于是，民间附会很多。清代井陉县令言家驹自以为读了几本历史书，就考究一番，硬说苍岩山的三皇姑就是隋炀帝的女儿南阳公主，纯属乡学究自以为是的臆断。

相传古时候有个妙庄王。他有三个女儿，小女儿叫妙善，她从小就喜欢修行，曾经在白雀庵出家为尼，人称“三皇姑”。妙庄王为了逼女儿还俗，就放火烧了白雀庵，三皇姑乘着白虎远走苍岩山修行。

后来，妙庄王得了怪病——人面疮。八仙中的铁拐李装扮成郎中，给妙庄王诊病后说：“圣王的病必须用亲骨肉的一只手、一只眼做药引，方能治愈，否则即使神医，也无可奈何。”

妙庄王的大女儿和二女儿谁都不肯救父亲。眼瞅着就病入膏肓了，下人通报：“三皇姑回来了，请求献出一只手、一只眼为父治病。”庄王的病好了，想把三皇姑封为“全手全眼”菩萨，为她建造庙宇，更塑金身，一激动，竟说成“千手千眼”。于是工匠们建造庙宇时就给三皇姑的金身多出许多手眼，手里又长眼，也就是如今的“千手千眼”观世音菩萨。

三皇姑舍身救父，重情重义、勇于担当，真是女子中的大丈夫，因此她受到了人们世世代代的敬奉！

说完了三皇姑的传说，再来说说苍岩山庙会。俗话说："苍岩山的奶奶——照远不照近。"苍岩圣母的这种舍己为人、恩泽四方的精神普照了太行山。相传，三皇姑诞生于三月，涅槃于十月。于是，老百姓三月为皇姑送单衣，十月为皇姑送棉衣，意为换季，慢慢地就演变成庙会。一是对皇姑进行祭祀，二是求皇姑保佑平安，降福人间。

苍岩山庙会以福庆寺为主要活动场地，在每年农历三月和十月举行，就这样传承了1300多年。现如今，苍岩山庙会主要在农历三月进行。

三月初一是开庙门的日子，各种仪式非常隆重。从古至今，在每年三月初一的头天晚上也就是二月最后一天的晚上，都要举行上香仪式。古时候由山上的和尚上头炷香，以求保佑整年平安，周边信众也赶在初一这天上山供奉。

为了方便大伙休息，井陉及周边县的信众自发搭建茶棚，免费给外地信众提供食宿，同时茶棚处也设有公主牌位，供信众敬拜。信众给不给茶棚付钱都是自愿。在井陉县外设的茶棚，大约每隔四五十里一处。到达井陉后，一里一个茶棚，大伙走累了就可以在这儿歇歇脚。现如今，交通越来越便利，大家都能开着自己的车去参加庙会了。

古时候，井陉境内分四个区轮流值班负责庙会活动。每年庙会结束时，由

苍岩山福庆寺

第二年轮值区的香客将圣母接回，第二年由他们负责组织朝山敬香活动。

三月初一这天，值班区将圣母用銮驾送至景庄，进行上供焚香祭拜，再从景庄起驾前往公主祠。起驾前放三声铁炮，由于炮是铁铸的火药炮，声音无比响亮，震得地动山摇。三声铁炮过后，马子在前面开道。马子由当地有一定威望和武功的人担任，他右手持九斤麻神鞭，左手操三尖两刃刀，左一甩，右一鞭，在前头开道。驾前全副执事，鸣道锣、龙虎旗、肃静、回避牌排列在两侧，轻重乐曲吹吹打打，众人抬着供品，四大金刚护卫銮驾和童男童女，后面依次是颠皇杠、耍龙、舞狮子、拉花，最后是社火。整个队伍阵容庞大，浩浩荡荡的一路直奔苍岩山。途中，所经村庄夹道相迎，銮驾所到之处，路人就地跪拜，恭送三皇姑出村。

三皇姑的銮驾来到胡家滩村口停下，放三声炮，再前往苍岩山山门。为什么要放三声炮呢？意思是通知山上的和尚准备接驾。听到炮声，福庆寺内众信徒赶忙到山门口恭候。接驾仪式后，马子飞檐走壁，在苍岩山一尺多宽的悬崖边的围墙上跑三个来回，才算完成使命，最后再把銮驾护送到公主祠。

这时，各表演队在苍岩山的山门前拉开场，进行表演。庙会期间，广大善男信女集聚于苍岩山，上至白发苍苍的老人，下至牙牙学语的孩童。苍岩山的山坡上、寺庙旁人山人海，车水马龙。

岁月沧桑，苍岩山庙会经历怎样变迁？

故事悠扬，三皇姑朝圣如何代代相传？

銮驾分为本地和外地。三月初二至三月廿八是外地銮驾上山朝奉时间。本地銮驾是规定好的，每年必须进行，外地銮驾每年可以来可以不来。从初二至廿八，外地銮驾随时可以进来，各表演队就在山门拉开场，进行表演。

三月廿九这天是本庄銮驾敬山时间。由于苍岩山庙宇为山下各村修建，本庄是指苍岩山下周边村庄。这一天，凡是本庄村的男女老幼都要去敬山。本庄銮驾从杨庄村抬到孤台村，由于路程较远，抬銮驾者需要中途休息。等銮驾到达胡家滩，放炮三声，在胡家滩敬香后，马子清道，众人抬銮驾上山。直到晚上，一切程序完成，人们便燃放鞭炮，下山回家。

三月三十这天关庙门，为期一个月的庙会结束。

现在的庙会除了朝圣三皇姑外，还增加了许多当地的民俗艺术表演，有井陉拉花、皇杠、扇鼓等。庙会期间当地的小吃也前来助兴：抿须、咸食、缸炉烧饼等小吃营养又美味。当地的土特产，核桃、大枣、柿饼、黑枣，都是无污染的天然绿色农产品，也很受八方来客的喜爱。岁月流转，苍岩山庙会也在悄然变迁，但是那个乐善好施、重情重义的三皇姑在人们心里始终没有变，说着她的故事，讲着她的传说，一千年的时光仿佛也没有那么长。

这正是：

佛教名刹福庆寺，苍岩圣母留庙祠。

民间庙会传千古，《香山宝卷》问史实。

第七十一回 腊八互助节 粥热心扉暖

上一回说到中国农历三月初三，民间庙会看苍岩。接下来说的这个日子是寒冬腊月第一个节，这一天里，每个人的手里都捧上了一碗热粥，到处飘起了馋人的香味，新春的年味就在香味里热乎起来。这就是中国传统的腊八节。在燕赵之地，都有什么样的腊八民俗，又有多少腊八美食？

腊八，也就是农历的腊月初八，这一天里家家户户都要煮上一锅又香又稠的腊八粥，腌上一罐酸酸辣辣的腊八蒜。这个日子不单意味着各种的节俗美食，还包含着深远的文化内涵。

相传，腊八日是佛教创始人释迦牟尼成道的日子，所以，这天又被称为“佛成道节”。不过，要从根儿上追溯腊八的来历，可比佛教传入中国的历史还要久远。在中国古代的夏历当中就有腊日的说法，这是中国人原创的节日，是祭祀祖先和神灵，祈求丰收和吉祥的大日子。先秦时期，腊日并没有固定在初八这天，而是每年冬至之后的第三个戌日。也许是因为这个算法有点儿麻烦，就被老百姓约定俗成地改在了好听又好记的腊月初八。

传统的腊日过了成百上千年，提起这个日子来，老辈儿里传下来的讲究可真不少，单说这一个“腊”字包含的意义就有好几层。

“腊”字的含义有两方面：按《礼记》的解释，“腊”是狩猎的意思。到了这个日子，就要到田野里打点儿野物来祭祀祖先。直到如今，河北北部的坝上草原还保留着腊八狩猎祭祖的习俗；按东汉学者应劭《风俗通》中的说法，“腊”是迎接的意思，表示新旧交替。因为这些古老的传统，腊八就成了腊月里第一个重要的祭祀节日。

东汉以后，佛教传到了中国，腊八节也染上了神佛的色彩。到了明清时期,佛教的影响力越来越大,敬神拜佛也成了腊八的主打项目,各地的寺院都要来一场盛大的庙会，还要搭建粥棚，施舍粥饭，劝人为善。

笔者曾经到香港寻访著名高僧法舫法师的遗踪，正好在腊八这天到当地最著名的佛教寺院志莲净苑采访 90 多岁高龄的慧莹法师，赶巧遇上一场盛大的佛事活动，很多善男信女在寺院里喝粥拜佛，香火鼎盛，人气兴旺，很是热闹。

寺庙如此，民间更是这样。在河北，腊八一到，喝粥一定是少不了的保留节目，喝上一碗热气腾腾的腊八粥，就算是拉开了春节的序幕。

一碗腊八粥里包含着上千年的历史。这古老的传统最早开始于宋代，每逢腊八这一天，不论是朝廷、官府、寺院，还是黎民百姓家，都要用杂粮野果做上一锅浓浓稠稠的粥，叫作“七宝五味粥”。

杂粮生香，引出怎样一段民间传奇？

热粥暖心，留存怎样一种传统节俗？

传说，古印度的北部有个地方名叫迦毗罗卫国，大概就在如今的尼泊尔一带。这里有个年轻人名叫释迦牟尼，他本是净饭王的儿子，生来就有着让别人羡慕嫉妒恨的高贵血统，按着规矩应该继承父亲的王位。可是，这个善良的年轻人从小就看遍了生老病死的人间悲剧，一心想着出家修行，普度众生，便放弃了那个人人眼红的国王宝座。出家修行可不是个轻松的事，释迦牟尼花了六年的时间，吃了不少的苦头，他每天只吃一麻一米，经历过一无所获的愁，挨过了孤单寂寞的烦，终于在菩提树下悟道成佛，这天正是腊八。

后人为了纪念佛祖释迦牟尼，为了记住他所经历的苦难，每到腊八这天，一定要用杂粮陈米熬上一锅粥来吃。正因为这段故事，“腊八”就成了“佛祖成道纪念日”，腊八粥也成了纪念佛祖的食品。

另有一个说法跟明太祖朱元璋有关，说是在朱元璋小的时候，他家里的日子不好过，为了挣点儿钱补贴家用，朱元璋天天要去给地主老财放牛。有一天，他赶着老牛上了一座独木桥，谁知道牛蹄子一打滑，老牛就摔倒了桥底下。朱元璋赶紧上前去瞧，哎呀！这可坏了，牛腿都给摔折了，把老牛疼得哞哞直叫。

这事让地主知道了，他哪能善罢甘休？地主把朱元璋关了禁闭，让他在小黑屋里待着不给饭吃。这半大的小子哪禁得住饿呢？半天的工夫就把朱元璋饿得前胸贴后背。他就在这小屋里东翻西找，想要寻摸一口吃的，忽然之间，就发现了一个老鼠洞。这孩子饿急了，就把老鼠洞掏了个干净，翻出来一大把米和豆子，还有两个大红枣。朱元璋也顾不上干净不干净，把这些东西扔进锅里一煮，就成了一锅杂粮粥，总算是填饱了肚子。

后来，朱元璋当了皇帝，天天有绫罗绸缎穿着，有山珍海味吃着。可是，这样的日子过久了，他也觉得没滋味，又想起了当年那一锅杂粮粥。朱元璋把这心思告诉御厨，让他们熬了一锅香喷喷的粥，痛痛快快地喝了一大碗。因为这一天正好是腊月初八，所以，这粥的名字也就叫作了腊八粥。

在燕赵之地还流传着一段关于腊八粥的传奇——这事发生在两汉之际，正是天寒地冻的时节，刘秀被人追得没处躲没处藏，没得吃没得穿，就在滹沱河边上一座破庙忍饥挨饿。就在腊月初八，刘秀手下的大将冯异抱来了柴火，王霸献上了米粥，刘秀才把这段难熬的日子熬过去。后来，刘秀坐了王位，也没忘记当初的不容易，为了忆苦思甜，就定下了腊月喝粥的惯例。

一般来说，腊八粥的原料就是家里可以搜罗到的各种杂粮，不过，在沧州任丘，腊八粥的原材料还有点儿特别的讲究，别的东西可以没有，但是一定不能缺了红小豆。赤红赤红的红小豆是一种吉祥的象征，所以，沧州任丘等地，在年根岁尾的腊八节，必须要喝上一碗加了红豆的腊八粥才能讨一个吉祥如意的好彩头。

现如今，腊八粥依然是老百姓心里最温暖的一碗粥，因为这粥里的传统文化和宗教内涵，腊八也就成了各家寺院腊月里最热闹的日子。在正定的临济寺、赵县的柏林寺、承德的大佛寺和普宁寺等传统寺院里，每到腊八这一天，僧侣们都会把腊八粥分给各地赶来的信众，这粥还有个特别吉利的好名字——“福寿粥”。热热乎乎的杂粮粥捧在手里，多福多寿的祝福回荡在耳边，这一派祈福迎祥的气氛最能温暖人心。

一碗千年飘香的腊八粥，在历朝历代的大厨手里花样翻新，这道传统美食融入了越来越多的新味。红枣、莲子、核桃、栗子、杏仁、松仁、桂圆、榛子、葡萄、白果、菱角、青丝、玫瑰、红豆、花生……各式各样的干鲜果品、五谷杂粮都加入了这碗腊八粥。

关于这腊八粥还有个千年不变的传统：粥熬好之后先敬神祭祖，再赠送亲友，而且这些事情都要在中午之间进行完毕。最后，才是全家围在桌前分享美味。再有，这好喝的腊八粥千万不能喝完，要留下一些讨个口彩，象征着年年有余。

小小一碗腊八粥，竟然熬出来这么多的讲究，看来，这一碗粥里满满当当都是文化。在腊八这天，应景的饮食真不少，除了打头阵的腊八粥，还有哪些不能错过的经典美味呢？

如果说中国人吃腊八粥是在吃文化，那么，北方传统的腊八蒜腌制手艺，就是利用时令气候的伟大发明。顾名思义，腊八蒜就是农历腊月初八腌的蒜。

腊八蒜用的材料简单，做法也不难，就是把新鲜的蒜瓣泡在醋罐里密封腌制。等着日子一天一天地过去，再打开罐子的时候，白亮亮的蒜瓣已经变成了绿莹莹的颜色，就跟翡翠似的那么晶莹好看。

这其中的科学道理后来弄明白了，原来，在温度低于 4 摄氏度的条件下，才能腌制成腊八蒜，才能出现这种特殊的口味和翡翠般的绿色。于是，如今很多食品企业利用这个道理，一年四季用冷柜腌制腊八蒜，这腊八蒜也就成为一种腌制商品了。

在廊坊的三河市，还有一种比腊八蒜更爽口的民俗饮食，这就是当地人讲究的“腊八吃冰”。到了腊八这一天，当地人起个大早，背上箩筐，从河里敲几块碎冰装回家。这事还有个好口彩，叫作“背银子”。据说，腊八吃冰的传统不单是为了图个吉利，而且还有助于身体健康，只有在这天把冰块吃下肚，这后一年就都不会闹什么肚子疼。这样的说法也在现代养生专家那里得到了证实：冬天适量吃点儿凉东西，可以培养胃肠的耐寒功能，让胃口更好，身体更棒。

美食美味，唇齿留香包含几多滋味？

佳节佳话，世代相传包含几段传说？

腊八前后，河北好多农户热火朝天地推起了石磨，兴高采烈地磨起了豆腐。

白嫩嫩、颤巍巍的豆腐放在冰天雪地里冻上几天，就成了蜂窝似的冻豆腐，等到炖鱼、熬菜的时候，捡上几块扔进锅里，用不了多大一会儿，就能吃上汤汁十足、美味可口的“腊八豆腐”。

在张家口、承德这一带，还有腊八吃鲜豆腐的习俗，新磨的白豆腐直接上屉蒸熟，蘸上酱油、醋、芝麻酱、韭菜花、酱豆腐配成的小料，再来点儿香菜、葱花、姜丝一起拌着吃，真是寒冬腊月里难得的新鲜美味。

河北另有一种好吃又好做的时令美食——腊八面。有说法讲的是吃了这面能长寿，所以家家户户都要做上一锅，求个吉利，尤其有老人的家庭更少不了这道吃食。在北方，面条不是什么稀罕物，不过，这腊八面还真是不同凡响。这面是小麦、豆面和成的面，卤是各式的蔬菜拌到了一块，那滋味，真是不尝不知道，一尝才知道这味道到底有多妙。

到了腊八，妙的不只是饭桌上的美食，更有历朝历代留下的绝妙好词。腊八节是腊月里第一个大节日，也是历代文人争相题咏的文化节。北齐时期，石家庄晋州的一代奇才魏收就写过这样一首《腊节》:“凝寒迫清祀，有酒宴嘉平。宿心何所道，借此慰中情。”除了文人墨客，就连皇城里的天子也曾经为腊八题词作诗，清朝的道光皇帝就有一首应景的《腊八粥》。

腊八在千秋百代的岁月里留下了说不完的传统、尝不尽的美食，在燕赵大地上留下了说不完的故事。

这正是：

岁岁腊八看炊烟，古刹梵音粥香远。

翡翠腌蒜拌豆腐，诗词歌赋忆流年。

第七十二回

小年灶王节　扫尘正忙年

上一回我们说到了热热闹闹的腊八节，人们常说“过了腊八就是年”,过了腊八,这年味是一天比一天重。说话间，就到了腊月廿三，在很多地方，人们把这一天叫作“小年”。小年在河北也叫“灶王日”，这一天和灶王爷有怎样密不可分的关联，在河北各地又有哪些不同的风俗？

这一回要讲的是小年节，就是腊月廿三，灶王爷上天的节日。

小年是我国汉族传统节日，也被称为“谢灶”、“祭灶节”、“灶王节”。不过，在不同的地方这个节日的日期有所不同。有的民俗专家说，在古代，过小年有“官三民四船五”的传统，官家的小年是腊月廿三,百姓家的是腊月廿四，而水上人家则是腊月廿五。

据说，雍正年间开始，清朝的皇帝每年腊月廿三都在坤宁宫祀神，为了节省开支，皇帝顺便把灶王爷也拜了。后来王族、贝勒纷纷效仿，在腊月廿三祭灶。

不过河北各地也有不同，比方说，邢台的南宫一带，除夕才叫小年，也就是大年的前一天，而腊月廿三就是灶王日。

多数地方，腊月廿三为小年，是民间祭灶的日子。古代有一个传说，说的是，玉皇大帝在每家派驻一位监督员来考察这一家的所作所为，这个监督员就是灶王爷。到了腊月廿三这一天，灶王爷就要升天，向上天汇报这一家人的善行或恶行，让玉皇大帝决定下一年对这家是奖励还是处罚。第二年新年灶神再回来继续监督这家的作为。所以，祭灶时，人们还要把糖用火融化，涂在灶王爷的嘴上，这样他就不能在玉帝面前说坏话。

腊月廿三，灶王爷上天言事，这在民间可是个很重要的大日子，家家户户都备足好吃好喝的恭送这位重量级的神仙，希望他能在玉帝面前添些好话。腊月廿三民间祭灶这个风俗，自古就有，那么它到底是从哪朝哪代开始的呢?

灶神，也称灶王、灶君、灶王爷、灶公灶母、东厨司命等，是中国古代神话传说中掌管饮食的神祇。最早的灶君据说就是炎帝、祝融。

人类发明火以后，灶就逐渐与人类生活密切相关。崇拜灶神也就成为诸多拜神活动中的一项重要内容了。祭灶的风俗由来已久。早在夏朝时期，灶君就已经成了民间尊崇的一位大神。周秦时期，祭灶位列“五祀”之一。祭灶时要设立神主，用丰盛的酒食作为祭品，带有很明显的原始拜物教的痕迹。魏晋以后，灶神列为督察人间善恶的司命之神。

南北朝以后，人们还给灶神取了名字。隋朝杜台卿在《玉烛宝典》中说:“灶神，姓苏，名吉利，妇名搏颊。”也就是说，灶神叫苏吉利，他还有媳妇叫搏颊，就是打脸颊的意思。

唐代李贤注引《杂五行书》又称 :“灶神名禅，字子郭，衣黄衣，披发，从灶中出。”也就是说，灶神是位女神。

兜兜转转到了清代，《敬灶全书》中又说 :“灶君姓张，名单，字子郭，当属男神。”从这起，灶王爷的性别就定下来，是个男人。现在民间供奉的东厨司命定福灶君，是一对老夫妇并坐，或是一男两女并坐，就是灶君和灶君夫人的画像。

玉盘珍馐，黎民百姓如何恭送灶王升天?

辞旧迎新，民风民俗怎样呈现河北年味?

祭灶节这天，各家各户举行热热闹闹的欢送仪式，恭送灶王爷上天。不过，十里不同风，百里不同俗，同样是祭灶节，河北各个地区都有不同的讲究。

河北北部地区有“男不拜月，女不祭灶”的习俗，就是说，祭拜灶王爷，只限于男子。每家灶台附近贴着灶王爷的画像，有时还有灶王奶奶画像陪伴。灶王爷画像两侧，都配着对联，上面写着“上天言好事，下界保平安”，或者是“上

灶神画像

天言好事，回宫降吉祥”，神像旁边往往画两匹马作为坐骑。

“廿三、糖瓜粘”，祭灶时要陈设供品，供品中最突出的是糖瓜，有的地方叫麻糖，特粘。为了让灶王爷为自己家多多美言几句，人们还把糖瓜用火融化，涂在灶王爷的嘴上，一边涂一边说：“好话多说，不好的话不说。”意思就是，灶君顾了吃，顾不了说话，上天后嘴被粘住，免生是非。供品中还要摆上几颗鸡蛋，是给狐狸、黄鼠狼之类的食物。据说它们都是灶君的部下，不能不打点一下。为了方便灶王爷上天，人们还用稻草或者竹篾为灶王爷扎一匹马，祭灶时除了上香、送酒，特别要为灶王爷坐骑撒马料，要从灶台前一直撒到厨房门外。这些仪式完了以后，就要将灶王爷神像拿下来，和草马一起烧掉，这个过程被称为“辞灶”。

旧的灶王爷像拿下来了，有的人家当时就把新灶王爷像贴上，有的人家等到除夕再贴，所以对联又有“廿三日上天去，正月初一下界来”的词句。

有的地方则是晚上在院子里堆上芝麻秸和松树枝，再将供了一年的灶君像请出神龛，连同纸马和草料，点火焚烧。院子被火照得通明，此时一家人围着火叩头，边烧边祷告：“今年又到廿三，敬送灶君上西天。有壮马，有草料，一路顺风平安到。供的糖瓜甜又甜，请对玉皇进好言。”

而在河北东部的临西县，祭灶是家庭主妇的事情，她们要在腊月廿三的夜里举行送灶王爷升天的仪式，把陈旧的灶王爷神像和预先扎好的草马、纸人一起烧掉。她们一边焚香烧纸，一边祷告：“年年腊月廿三，灶王爷爷上西天。多说好，少说歹，五谷丰登多带来。”另外，那些家里没有儿子的主妇还要说上一句“马尾巴拴个胖小来”，祈祷灶王爷赐给一个儿子。

河北中部地区，在祭灶节，民间讲究吃饺子，取意“送行饺子迎风面”。邯郸一带，老百姓喜欢将炒玉米用麦芽糖黏结起来，冻成大块，吃起来酥脆香甜。

灶神受到人们的特殊招待，“吃了人家的嘴短”，当然就不好讲坏话了。祭灶节实际上是中国古代世俗社会秩序的一种反映，是民间一种伦理道德的自律。平日里大家都要谨言慎行，在腊月廿三这一天更是加倍小心，尤其要告诫小孩子，不得口出秽言，以免招致不祥。“辞灶”的活动过去了，各路神仙都上天了，人间也就百无禁忌了。

腊月廿三的小年，也是过年的开始，这时候，离春节只剩下六七天了，过年的准备工作显得更加热烈了。小年这一天，老百姓除了做糖瓜、祭灶，更要换饭。什么是换饭呢？

在古代，老百姓的日子都不太好过，面朝黄土背朝天，汗珠子掉在地上摔成八瓣，过的都是半年糠菜半年粮的日子。到了腊月廿三，就开始筹划过年的食物。从这一天开始，这一年中最好吃的东西，就要陆陆续续摆上餐桌开吃了。平时人们吃的都是窝头咸菜，在这天要换成大米白面和鱼肉，换饭其实标志着过年的各项美食准备已经进入倒计时阶段。

过年之前，一家老小都在准备杀鸡、宰畜、酿酒、磨豆腐，主妇们给老人、孩子做衣服，还要蒸干粮、炖肉，把过年期间走亲戚、串门子、拜年的礼物全都准备好。尤其是小孩子过年添置新衣、新帽，这是河北地区传承百代的风俗。人们忙忙碌碌，就盼着春节的到来。

春节最初的起源地是神农氏和轩辕氏后代活动的中原地区，这些地区的冬季漫长，天寒地冻。因此，节日的风俗，最显著的特点就是“猫冬”，人们在这时候要好好放松一下，好吃好喝的全都摆上桌，让全家人在漫长的冬季里充分享受一年的丰收成果，享受猫冬过节的快乐。

“廿三糖瓜粘，廿四扫房子，廿五磨豆腐，廿六炖大肉，廿七宰公鸡，廿八把面儿发，廿九蒸馒头，三十晚上熬一宿，大年初一扭一扭。”要说过年之前的讲究还真不少，除了准备年货，家家户户还要洒扫庭除，进行一次彻底的大扫除。

过了小年，家家户户都要打扫房子，无一例外。中国人创造的过年节俗，是一个非常完整的体系，前前后后的节俗都是相互关联的。春节之后猫冬不许动针线、不许理发剃头、不许打扫房舍等一系列节俗禁忌，在腊月廿三到除夕期间，都有相互呼应。过了小年，人们要打扫房子，俗称“扫尘”，为的是除旧迎新，拔除不祥，把一切穷运、晦气统统扫出门。这个习俗寄托着人们破旧立新的愿望和辞旧迎新的祈求。

主妇们先将房里的床铺家具遮罩起来，用头巾将头包好，然后用扫帚将墙壁上上下下扫干净。扫完了屋子之后，接着擦洗桌椅、擦洗玻璃、冲洗地面。之后，就开始全面清洗家里的被褥、床单、枕巾和服饰，把家里面打扫的亮亮堂堂，一尘不染。

面目一新，小年剃头洗澡为何故？
张灯结彩，年前娶妻嫁女为哪般？

在河北大部分地区的节俗中，腊月廿三也是打扫个人卫生的洗浴日、理发日。每年到了腊月廿三，全家的老老少少，大人小孩儿都要洗澡、理发，把自己捯饬得干干净净、漂漂亮亮，用崭新的形象迎接新年的到来。所以，腊月廿三就成了洗浴日。

另外，民间还有个传统说法，“有钱没钱，剃头过年”。传统民俗有个“正月剃头死舅舅”的说法，听起来瘆得慌，其实是人为制造的一种节日忌讳。为的是什么？大伙都猫冬过年去了，这理发师也要过年啊！为了公平起见，理发师傅也要在正月里打烊，不许工作。所以，在腊月廿三之后，人们必须理发，避免在正月里找不到理发师傅而犯愁。

还有，正月是过年的时候，节俗的禁忌很多。而过了腊月廿三，灶王爷还有其他神仙都上了天，到玉皇大帝那里过年了，他们一休假，民间就百无禁忌。于是，这个季节，老百姓家里娶媳妇、聘闺女就不用挑选日子，民间称为“赶乱婚”。从腊月廿三直到年底，举行结婚典礼的特别多。所以民间还留下了这样的说法：“岁晏乡村嫁娶忙，宜春帖子逗春光。灯前姊妹私相语，守岁今年是洞房。”

其实，趁着年前这段时间娶媳妇、聘闺女是非常科学的。一来，全社会进入休闲的准备阶段，亲朋好友出席婚礼非常方便；二来，过年准备的食品、礼品充裕，趁着机会娶媳妇、嫁闺女，节省资源；三来，腊月迎新年，家家户户张灯结彩，非常热闹，谁家娶媳妇都是图个人气、图个热闹，这时候结婚人气旺。

这正是：

小年腊月廿三，祭祀灶王送上天。

扫尘理发都洗浴，干干净净迎大年。

第七十三回 清明大节气 寒食祭祖先

上一回说到小年腊月廿三，灶王嘴上糖瓜粘。接下来要说的这个日子是在草长莺飞的四月天，正是赏春踏青的好时节，这就是一年一度的清明节。这一天里都有哪些丰富多彩的民俗活动？这一样一样的民俗里又有什么样的讲究？

说清明，道清明，要问“清明”二字的来历，还得从古时候的《历书》说起。那上面记着一段话，说是春分之后15天，气清景明，万物皆显。因为这么一番好风景，清明也就得了这个名。

清明本不是祭拜故人的节日，而是二十四节气中的节令。每到了公历的四月初，天也暖了，风也柔了，正是春耕春种的大好时节，乡间地头都是忙忙活活的庄稼汉。所以，民间就有了这么几句农谚：“清明前后，种瓜点豆。”“植树造林，莫过清明。”

大概是从汉代开始，祭拜祖先的活动作为一项重头戏加入了清明的节俗。实际上，清明不是祭拜扫墓的正日子，寒食节才是祭奠故人的节日。这寒食节又是从何而起呢？走过石太高速公路和京珠高速的朋友们肯定见过这么一个大牌子，上面写着“中国寒食节的发祥地——绵山”。这样的说法是唬人的噱头，还是历史的真相呢？

古时候确实有这么一个传说，讲的是在春秋时代，有个狠心的女人名叫骊姬，她作为晋献公的妃子，为了让自己的儿子奚齐继承名位，就出了个毒计陷害太子申生。申生不明不白地就被逼着走上了绝路。这时候，骊姬又惦记上了下一个目标，这就是申生的弟弟重耳。重耳看过了哥哥的惨剧，生怕把命断送在骊姬手里，就赶紧带上几个大臣逃到了中山国。

逃亡的日子最是难过，这一队人马吃不上、喝不上，还到处受别人白眼，被别人欺负。没过多久，当初一路出逃的臣子跑了一多半，只剩下几个忠心耿耿的依然跟在重耳身边，其中有一个名叫介子推的最是贴心，他为了不让重耳忍饥挨饿，甚至把自己的大腿肉割了下来给主子吃。

十几年后，重耳回到晋国，成为一国之君，即春秋五霸之一的晋文公。这时候，他想起当初鞍前马后的老部下，对他们几位大加封赏，还专门给介子推备了一个好职位。可是介子推的性格古怪，他情愿在重耳遭罪的时候为他做牛做马，却不想在国君身边做大臣。于是，他就带上老母亲躲进了山西介休东南边的那座绵山。

晋文公重耳也是个犟脾气，他听说介子推辞官上了山，就派人上山搜捕，非要把介子推找到不可。那时候，没有雷达之类的高科技设备，要在茫茫一座青山上找到一个人，这事谈何容易呢？晋文公派出去的人马忙了好几天，连介子推的人影也没见着。就在这个当口上，有人给晋文公出了个主意——放火烧山，让介子推自己出山。

谁知道这一把大火烧了三天三夜，愣是没见着介子推出山。等着大火熄灭之后，有人在绵山上一棵大柳树边上看见了介子推母子俩人的尸首。有个眼尖心细的人发现这大柳树上有个树洞，洞里好像藏着什么东西，这人把东西掏出来一看，原来是一首鲜血写成的诗，大致的意思就是表达了介子推的忠心，也诉说了不愿做官的苦衷，还劝谏晋文公以后一定要为政清明。

事情传到晋文公耳中，他后悔不已，冲着绵山大哭一场，派人安葬了两具遗体。为了纪念介子推这位忠心不二的臣子，晋文公下令把绵山改名叫作“介山”，还在山上建立祠堂，又把放火烧山的这一天定为寒食节。他颁布了一道文件通告全国的老百姓：这一天里不能动烟火，只能吃寒食。

气清景明，清明之日包含何种传说？

草长莺飞，清新四月展现哪番盛景？

介子推过世满一年时，晋文公带着文武百官到山上拜祭，就在介子推的坟前瞧见那棵老柳树在春风里摇摇摆摆，冒出来好多新枝条。晋文公看着这树，眼前又像是出现了介子推的身影。他恭恭敬敬地到了大柳树前，给老树鞠了一躬，又从树上剪下了一段枝条编了个圈戴在头上。晋文公看着眼前这一番气清景明的好风光，又想起了介子推临终前劝他那一句“为政清明”，他心里是感慨万分，就为这棵枯木逢春的柳树赐名为“清明柳”，又把这天定为清明节。

介子推的传说在民间传了千百年，可是，寒食节是按照阴历的日子规定的纪念日，原本跟这清明节是没有一点儿关系；而清明节呢，则是阳历的节气，跟晋文公也扯不上什么联系。只不过因为清明节和寒食节的日期比较接近，所以，后人过着过着就把这两个本不相干的日子混到了一起。

汉武帝时期，河北出了个特别有才的董仲舒，他跟皇帝三场对策打响了名声。董仲舒出了本书叫作《春秋繁露》，书里提出了“罢黜百家，独尊儒术”的重要思想。汉武帝一看这个提法挺对心思，就把董仲舒汇集的新儒学思想定为封建国家的统一的思想。从这以后，董仲舒就成了后人眼里中国封建社会正统思想的总设计师。

当时的精神领袖董仲舒也有个偶像，那就是爱国忠君的介子推。介子推既然成了神坛上的人物，寒食节也就成了全国性的大日子。每年的这一天，举国上下都不点火做饭，只用冷食冷饭来填饱肚子。到了清明节，年轻人还要出门踏青，而且每个人的头上都要戴上一顶柳条帽，还要把青青的柳条插遍房前屋后。

古时候，这些做法为的就是纪念介子推；现如今，这样的活动已经成了清明赏春的乐事。有些地方的人们把柳枝插在屋檐下，说是这柳条还能当天气预报员。为什么这么讲呢？因为古代有条谚语说了——“柳条青，雨蒙蒙；柳条干，晴了天”。柳条又细又软，可是它的生命力特别强大，俗话说：“有心栽花花不发，无心插柳柳成荫。”讲的就是这个意思。柳条插土就活，插到哪里，活到哪里，年年插柳，处处成荫。

千年百年的日子流水似的过，清明的节俗也形成了古老的传统。在河北，清明节里还有一样很有意思的传统活动，这就是大人小孩儿都喜欢的荡秋千。

秋千最早被叫作“千秋”，不过，因为皇帝的生日也叫作“千秋节”，为了不跟它犯忌讳，就有了秋千这个名字。古时候，大多数的秋千很简单，就是大树一棵，彩带一条，最多再加上一块踏板。这秋千做起来简单，玩起来有趣，所以就成了清明节里最流行的体育活动。

俗话说："一年之计在于春。"春天是锻炼身体的好时机，清明前后不冷不热，正是活动筋骨的黄金时段。这时候，河北还有哪些民间体育活动呢？

古时候，清明节里另有一项民俗体育活动，这就是蹴鞠。看过《水浒传》的朋友都知道，蹴鞠就是足球的老祖宗，在北宋时期就成了时髦的体育项目，在河南、河北这一带都有不少的蹴鞠迷。大反派高俅就是因为踢蹴鞠的本事，才被宋徽宗重用，封了太尉。

古时候，河北还有一个历史悠久的项目就是打马球。顾名思义，马球就是骑在马上打的球。这项运动也有不少爱好者。当年，邺都才子曹植就是马球的忠实粉丝，他的《名都篇》中还留下了"连翩击鞠壤"的诗句。唐代安史之乱的时候，真定城里的爱国将领们还利用打马球的机会，用马蹄踏死了乱臣贼子，为国除害。

清明时节，要问历史最老、人气最高的体育运动当然就是赏春踏青的活动。人们趁着阳光明媚，出门到郊外旅游，这古时候叫踏青，现如今就叫春游。赶上这难得的良辰美景，民间还有什么样的赏心乐事呢？

清明前后阳光好，雨水足，正是植树造林的好时候。自古以来，中国就有清明植树的传统，还有个说法干脆把清明节叫"植树节"。虽然，在这几十年间，国家把 3 月 12 日定为法定的植树节，不过，在河北中南部很多地方还保留着清明植树的习俗。在老百姓看来，清明种下的树木最好活，所以，在这一天，植树也带上万事如意的好彩头。

清明节时好玩又吉利的活动还有一项，这就是男女老少都喜欢的放风筝。这一天里，不但白天有人放风筝，晚上也有各式的风筝飘在空中，那风筝线上还有一串一串五颜六色的小灯笼，远远地瞧着就像是闪闪发光的星星。清明放风筝还有个特别的讲究，等风筝飞上了高高的蓝天，就要一剪子剪断这条风筝线，让清风把风筝带到天涯海角。据说，这样可以祛病消灾，让那些不如意的事情都随着风筝飞得远远地。如今，每到清明前后，从河北最南边的古都邯郸到省会石家庄，从卧牛城邢台到长城要塞张家口宣化，不管是城市广场上，还是农村的田野里，处处都是风筝的乐园。

青石古桥，几经沧桑见证几番过往？

清明旧事，几经辗转留下几多回忆？

清明一到，就迎来了人间的四月天。这段日子里，还有一项好玩好看的民俗活动，就是民间盛行的斗鸡。在春秋时期留下的《左传》之中，就能见到关于斗鸡的记载。在盛唐时期，斗鸡成了风气，不单有好多老百姓喜欢斗鸡，就连皇宫里的天子也爱上了这事，唐玄宗李隆基就是斗鸡的高端玩家。那时候，斗鸡的活动从清明开始，到夏至结束。清明当天的斗鸡活动作为开幕大戏，最是红火热闹。

清明时节雨纷纷，这段日子里还有一项最重要的活动——扫墓祭祖。这样的传统正是源于开头说的那段故事，因为有晋文公纪念介子推的传说，这就在后代演化成了祭拜祖先的“思时之敬”。在汉代以后，这项传统就形成了全国性的节俗。再到了唐代，清明祭祖的做法更为普遍，大诗人杜牧的《清明》就是描写清明祭扫的最佳诗句：“清明时节雨纷纷，路上行人欲断魂。借问酒家何处有，牧童遥指杏花村。”

说起清明的典故，河北栾城的苏丘一带还流传着这么一段故事。根据历史记载，苏丘是武则天时期的丞相苏味道父母的墓地，苏味道是“三苏”（苏洵、苏轼、苏辙）的祖宗。苏味道给他父母迁坟地时，讲排场、好面子，白事上大操大办，修了一座很是阔气的坟冢，还专门造了一座上坟要走的桥，这桥就是当地古河道上的清明桥。

苏味道修桥不单是为了清明节里上坟烧纸的方便，也是造福百姓，起这个名字是提醒自己为官清明。可是，他这一回的事情让人拿住了把柄。朝廷终于跟苏味道算了一次总账，弄得他的官也丢了、权也没了，被贬到四川眉州去了。

苏味道的故事已经过去了上千年，不过，在河北地区，上坟烧纸的讲究却一直保留到现在。在清明节前大约一个礼拜的时间，扫墓烧纸的活动就已经开始了，在河北南边的地区，很多人还沿用着老辈儿里留下的规矩，选在清明前一天的寒食节去扫墓。传了多少年的老传统，依然在现代焕发着生机，这就是中华文化的魅力。

这正是：

清明时节雨纷纷，草清景明万木春。

寒食祭祖明感恩，传统民俗寓意深。

第七十四回 端午龙舟渡 粽子情思连

上一回说到了清明节，人们除了祭拜先人，还要出门踏青。清明时节春光潋滟，桃红柳绿。都说“清明插柳、端午插艾”，清明节前脚刚走，端午节后脚就跟来了。这粽叶飘香的端午节究竟有什么来头？端午节的风俗又知道多少呢？

端午节是中国传统的节日。端午节的名称中，“端”字有“初始”的意思，“端五”就是“初五”。而按照历法，五月正是“午”月，因此“端五”也就渐渐变成了“端午”。

五月初五为什么能成为节日呢？有的朋友说是为了纪念战国时代楚国诗人屈原。其实，不是这么简单，关于端午节的起源和来历，有好多种说法。

影响最大的是说为了纪念屈原。屈原本名屈平，字原，战国末期楚国丹阳（今湖北秭归）人，是楚武王儿子屈瑕的后代。屈原忠心耿耿，但是楚怀王听信谗言，把屈原流放。屈原眼看着自己的祖国奸臣当道，被秦国灭掉，自己虽然有心报国，却无力回天，只能以死明志，在五月初五这天投汨罗江自尽殉国。

噩耗传来，当地百姓纷纷划船捞救，可惜于事无补，连他的尸体也没有捞到。老百姓怕江河里的鱼吃掉他的身体，纷纷用苇叶包了糯米团投入江中，后来就有了吃粽子的习俗。为了寄托哀思，人们荡舟江河之上，此后逐渐发展成为龙舟竞赛。

这个凄婉而悲壮的故事，最早出自南朝梁代吴均的《续齐谐记》。同时代萧梁时期宗懔所著的《荆楚岁时记》也曾记载。可见，端午节吃粽子、赛龙舟与纪念屈原相关。唐代诗人文秀还写了一首《端午》诗为证：“节分端午自谁言，万古传闻为屈原。堪笑楚江空渺渺，不能洗得直臣冤。”

端午节纪念屈原已经成为约定俗成的事，不过，三国时期河北诞生了一个响当当的人物，他非说端午节不是为了纪念屈原，而是为了纪念春秋时期吴国大夫伍子胥。

这位河北名人就是幽默大师邯郸淳。这个人非常有才，不但写得一手好字，更在闲暇之余写下了中国历史上最早的笑话《笑林》。曹操早就听说了邯郸淳这个人，就把他招到邺城。当时，曹丕、曹植兄弟俩争宠，都想招揽邯郸淳做自己的幕僚。曹操那时候比较宠爱曹植，就让邯郸淳去见曹植。曹植大喜过望，不但好吃好喝招待着，两个人还促膝长谈直到天亮。等到曹操病逝，曹丕即位，最终把邯郸淳拉到自己身边。

邯郸淳发表的关于端午节的言论？就在著名的碑刻《孝女曹娥碑》上，上面记载：“五月五日，时迎伍君……斯又东吴之俗，事在子胥，不关屈平也。”

这段记载令人玩味。邯郸淳认为，东吴地区端午划龙舟是为了迎接吴国忠臣伍子胥的英灵，不关屈原什么事。恰恰是因为“不关屈平也”这一句，反倒进一步说明，早在三国时期，端午节民俗就与纪念屈原有关了。

邯郸淳的这番话只能说明，吴国故地的人们借着端午节，追思他们的民族英雄伍子胥，并不能说明在此之前，端午节不是为了纪念屈原。看来，民族英雄的悲壮之死，都能引起当地人民的深情怀念。吴国人纪念伍子胥，也是端午节纪念活动的重要一支。由此可见，端午节纪念性的文化内涵，在各地有了不同的意义。

感天动地，孝女曹娥怎样舍身跳江救父？

日久天长，图腾崇拜如何成就地方风俗？

关于端午节的由来，还有一个动人的传说，根据邯郸淳的《孝女曹娥碑》记载，端午节吃粽子和龙舟竞渡，也是为了纪念孝女曹娥。

曹娥是东汉上虞人，她跟父亲相依为命，靠打渔为生。一年春夏之间，大雨倾盆，洪水暴涨。江上浊浪滚滚，卷起一个个巨大的漩涡，曹娥的父亲驾驶的小船被巨浪卷入了滔滔江水中。14岁的曹娥不眠不休地沿着江边哭喊，想要寻回父亲。嗓子哭哑了，眼睛流血了，父亲也没有回来。曹娥纵身一跃跳到了滚滚波涛之中，想要将父亲的尸体找回来。乡亲们不忍心让曹娥父女葬身水底，就往水中投粽子保护她，还划着龙舟接应她。人们都以为曹娥不可能活着出来，没想到，她的大孝精神感动了天地，最终，曹娥背着父亲的尸体重返岸边。因为曹娥投江的那一天正是五月初五，因此，很多人将端午节当作怀念孝女曹娥的日子。

这三个传说代代相传，到后来，却都被著名学者闻一多给否定了。他在《端午考》和《端午的历史教育》中说，端午节最重要的两项活动——赛龙舟和吃粽子，都和龙有关，可能是祭图腾的习俗。因为，古代中国南方吴越人（今江浙一带）认为自己是龙的传人，每年五月初五都举行祭图腾仪式，以求来年风调雨顺、大丰收。他们把食物裹在树叶里或装在竹子里，投到江里面去，还在这天划着独木舟拜访亲朋好友，高兴时就即兴举行独木舟赛，慢慢演变成今天过端午节的习俗。

其实，闻一多是从历史考据的角度来分析，不过，这种图腾崇拜的信仰跟纪念屈原、伍子胥、曹娥的纪念活动并不矛盾。这几个传说，都凝聚了我们民族对英雄和孝女大爱的崇敬之情，它们共同构成了端午节最感人、最具有进步意义的文化内涵，都是一种人文精神的寄托。爱国忠诚的伍子胥、屈原，大孝挚爱的少女曹娥，都永远值得中国人民纪念。正是一代又一代人在传承中丰富节日的内涵，所以端午节逐渐成了一个盛大的节日。

各地过端午节的习俗大同小异，而端午节吃粽子，古往今来，中国各地都一样。不过，粽子里面放的材料也是各有各的特色。

河北流行着一首端午节的民谣，说的是："粽子香，香厨房。艾叶香，香满堂。桃枝插在大门上，出门一望麦儿黄。这儿端阳，那儿端阳，处处都端阳。"这首民谣带有河北小麦种植区的典型特征。

河北地区的粽子，原本用的主料不是白糯米，而是金黄色的黍子黏米，有"金粽子"之称。辅料的花色则根据各地特产和风俗而定，有素有肉，种类各异，食材丰富。

素有华北明珠之称的白洋淀一带，水产品丰富，粽子里面少不了香藕、莲蓉。那菱角果肉包的粽子，别有一番风味。而承德、唐山地区，盛产山货干果，所以当地老百姓往粽子里包板栗、杏仁、芝麻。

沧州海边生产海鲜，那里的人们包粽子，少不了海味粽子，还有火腿粽、咸蛋粽等。而靠近承德热河北部地区，还有酸菜粽子、辣味粽子。河北沧州的回族自治县，回族同胞还有专门的清真粽子。

大概从曹魏时期开始，河北邺城附近也开始种植水稻，北宋时期苏轼做定州刺史，在定州一带推广水稻种植，慢慢地，河北人包粽子就也用白糯米了。老百姓给那些不同颜色的米包的粽子起了很好的名字，金粽子、银粽子，为的就是讨个好彩头。

端午节的餐桌上，除了粽子，还有样东西总是必不可少的，那就是酒。依照旧时民间风俗，端午节这天饮酒，可以辟邪、驱虫。于是，关于端午饮酒的佳话从古至今，一直绵延不绝。那么端午节喝什么酒呢？

每逢端午节，人们都要喝雄黄酒。《白蛇传》中，就有法海让许仙在端午节给白娘子喝雄黄酒的情节。为什么要喝雄黄酒呢？

老话说："饮了雄黄酒，病魔都远走。"雄黄是一种矿物质，俗称"鸡冠石"，主要成分是硫化砷，并含有汞，有毒。一般饮用的雄黄酒，只是在酒里加入微量雄黄而成，有杀菌驱虫解五毒的功效，中医还用来治皮肤病。在古代，没有碘酒之类的消毒剂，用雄黄泡酒，可以祛毒解痒。有些小孩子没到喝酒的年龄，大人就在他们的额头、耳鼻、手心、脚心涂抹上雄黄酒，意在消毒防病，防止蚊虫叮咬。这是中国古代的科学。

在河北邯郸一带还流传着端午节饮雄黄酒的习俗，而任丘等其他地区多是把菖蒲浸入白酒，喝菖蒲酒，这是河北人民智慧的创造。菖蒲是河北很常见的花卉，叶子坚挺，仿佛宝剑。花朵鲜艳夺目，田边水畔、房前屋后，都能生长的很好。所以在端午节，河北各地的人们就采撷菖蒲泡在酒里，举家豪饮，称为喝菖蒲酒。

另外，端午节时，人们还要挂菖蒲、艾草。菖蒲象征驱除不祥的宝剑，插在门口可以避邪。所以方士们称它为"水剑"，后来引申为"蒲剑"，可以斩千邪。

端午节饰戴艾草的风习，也有千年以上的历史。在河北中南部平原，人们在端午节采集艾叶，挂在门两侧，一来可以驱害虫、防蚊蝇，二来晾干以后，留作夏季熏蚊子、做艾灸之用。

历经百代，长命缕怎样结成辟邪香囊？

传承千年，斗百草如何成为端午风俗？

河北平原还有端午节戴香囊的习俗，这是一项智慧的创造。东汉时期，人们在端午节用五彩丝带缠在胳膊上，用来辟邪、防止生病，还给这种彩带起了名字，叫“长命缕”。

到了魏晋时期，这种锦带制作的长命缕逐渐发展为香包，而且是锦囊香包，又叫“香袋”、“香囊”、“荷包”等，有用五色丝线缠成的，有用碎布缝成的，里面装进用中草药白芷、川芎、芩草等制成的香料，佩在胸前，香气扑鼻。唐宋时，香包还成为宫廷赐给大臣的过节礼物。后来这种香囊越做越精致，成为端午节特有的民间工艺品。

而且河北人戴香包还有很好的口彩。说这叫“长命缕”，又叫“长寿线”、“五彩缕”，等等，人们用五色丝结而成索，挂在门口，或戴在脖子上、手臂上。老年人为了防病健身，一般喜欢戴梅花、菊花、桃子的；而青年人喜欢带荷花、并蒂莲等形状的，象征着鸟语花香、万事如意、家庭和睦；小孩子喜欢的是飞禽走兽类的，如老虎、豹子、猴子上竿、斗鸡赶兔等。

廊坊一带戴香包最讲究，那多情的姑娘很早就要精心制作一两枚别致的香包，赶在节前送给自己的情郎。小伙子戴着心上人送给的香包，自然要引起周围男女的评论，直夸小伙的对象心灵手巧。

最近这些年，端午节的香包成为一种节俗商品。药店、礼品店、工艺品店纷纷推出各种花色、各种香料的香囊，端午节期间人们相互赠送，挂在爱车、卧室或办公室，预防疾病，有着很好的装饰作用。

在河北农村，还流传着端午节斗百草的民俗活动。就是两个人各自选择一种具有一定韧性的草，勾在一起，像拔河一样拉扯，谁的草断了就算输了。

这可是一种古老的游戏，唐中宗时候，就有“安乐公主端午斗百草”的故事。据说，长安城里斗百草的游戏，是河北出生的一代名相宋璟带到京城的。原本是他跟仆人一起玩，后来在长安城里流传了开来，成了端午节的习俗。清代《红楼梦》第六十二回中，贾宝玉生日那天，众姐妹和丫鬟们也都玩这个斗百草的游戏。

这正是：

五月端阳飘粽香，龙舟竞渡屈子殇。
曹娥大孝千古传，万紫千红绣锦囊。

第七十五回

七夕乞巧节　鹊桥天地间

上一回说到五月端午粽子香，龙舟下水喜洋洋。热热闹闹的端午之后，又有哪个节日隆重登场？这一个接着一个的好日子里边都有着什么样的老传统？

过了农历五月初五，再有一个月的时间，就是传统节日六月六。这时候，北方地区到了一天中最热的时期，趁着这么好的阳光，正可以晾衣服、晒书籍。老话说了："六月六，晒红绿。"六月初六在民间被称为"晒衣节"、"晒伏节"，还是佛教的翻经节。到了这一天，老百姓把压箱底的衣服、被褥放到太阳底下晾晒，文化人把自家的书本搬出来晒太阳，寺院的僧人也把佛经经书拿出来翻翻晒晒，防止书页发霉。

在河北正定有一座蕉林书屋，这地方可是很有来历，它是康熙朝的大学者、大鉴赏家、大收藏家、大学士、一品名士梁清标的藏书楼。想当年，这蕉林书屋简直比那皇宫内院的书画名品还要多。现如今，世界各国的博物馆、图书馆藏着上千幅来自于梁清标蕉林书屋的宝贝。古时候，书画行里有个说法——"南有天一阁，北有蕉林书屋"，从这话里也能看出这座藏书楼的气派。每到农历六月初六，蕉林书屋里的宝贝都要出门见太阳，那盛大的场面实在是非同一般。这座蕉林书屋的六月六晒书节，都是历史上河北文人显赫的文化品牌。

六月初六阳光好，正是万物生长，庄稼拔节的时候。在老辈儿人看来，田里的农事是天大的事，因为这个由头，六月六也成了祈求丰收的节日。

早上个百十来年，河北好多农村都有一座土地庙，庙里供的有土地爷，还有管着粮食的谷神，这两位合称"土谷神"，也叫"社稷神"。祭祀这两位神仙大人的节日古已有之，还是国家级的重点项目之一，只不过在历朝历代这具体的日子有所不同。民间的老百姓对土谷神更是敬重，在河北的《香河县志》上有这么一段记载：每到了六月六这一天，老百姓都要把土谷神像挂在田间地头，这么贴地气的做法，真是把神仙请到农业种植的第一现场了。这项仪式就被称为“挂土地头”。

六月初六过去再有一个月，就是七月初七的七夕节。

两两相望，牛郎织女留下怎样一段传奇？

代代相传，七夕文化包含怎样一种深意？

一说到七夕节，很多人都会想到牛郎织女的传说——在很久很久以前，有个穷人家的小伙子名叫牛郎，平时就靠放牛为生。这牛郎虽然没什么钱，可是他的福气却不浅。有一回，他正带着老牛在河边喝水，就遇见天仙织女下凡洗澡。这俩人你有情，我有意，见了一面就中了意，做了一对恩恩爱爱的好夫妻。

成亲以后，牛郎织女男耕女织，粗茶淡饭，小日子过得平淡却甜蜜，两年之后，家里还添了一男一女两个娃娃。

好景不长，没过多久，牛郎和织女的事情就传到了天宫，王母娘娘下了死命令，把织女拉回了天上。这下可把牛郎愁坏了，一夜之间自己就没了媳妇，儿女也没了妈，往后的日子可怎么过呢？这时候，家里那头老黄牛给牛郎出了个主意，说是等它死后，用牛皮做一双鞋穿在脚上，就能上天去找织女。这话刚说完，老牛就死了，牛郎顾不上擦眼泪，赶紧按老牛的嘱咐，带上一双儿女到天宫去找织女。他一路腾云驾雾，眼见着就要拉住织女的袖子，可是，那王母娘娘用头上的金簪划拉一下，就在牛郎织女之间划出了一道大河。

盈盈一水间，脉脉不得语。牛郎和织女两个人只能隔河相望，再不能执手并肩。这样的情景让人心酸，就连喜鹊都看不下去了，它们聚在一起搭成鹊桥，让牛郎织女在桥上相会。王母娘娘看见事情成了这样，也不好做得太绝，只好答应让俩人在每年的七月初七见上一面。

从那以后，每到了农历的七月初七，人间的喜鹊都见不着影儿了，传说是因为它们都上天去为牛郎织女搭桥了。在邢台南宫一带，还有七夕节前给喜鹊投食的民俗。善良的老百姓们希望喜鹊能吃得饱饱的，好有力气搭一座结结实实的鹊桥。

在河北地区，七夕前后正是雨季，在七月七的当天总要落上一阵小雨，人们把这叫作“相思雨”，传说这雨水是牛郎织女相会时流下的眼泪。那天晚上，单身的少女都会偷偷地躲在没人的瓜棚下面，想等着夜深人静的时候听听牛郎织女的悄悄话，据说，这样就能嫁个好人，过上一辈子的好日子。还有的地方讲究在七夕这天杀一只公鸡，为的就是让这一天的清早没有鸡叫，好让牛郎织女永远不分开。

因为七夕这天常常是阴雨天，根本看不到天上的牛郎织女星，越是看不到真相，越有想象的空间，人们隔着云层想象牛郎织女在鹊桥相会的浪漫场面。可是，这样的情景也只能是想象，因为从天文学的角度看来，牛郎星和织女星永远不可能拥抱在一起，它们之间相隔的不是王母娘娘的天河，而是 16.4 光年的遥远距离。

在民间，很多人都认为牛郎织女的传说正是七夕的起源。其实，古时候的七夕节跟爱情根本没有关系，只是女性专属的“乞巧节”。这一天里，女子坐看牵牛织女星，为的不是求一份“爱你一万年”的深情，而是要请心灵手巧的织女分一点儿纺织刺绣的手艺。

原来，七夕并不等于中国的情人节，把这两者混为一谈，实在是个美丽的误会。在古代，七月初七这个日子里到底有什么样的风俗呢?

根据《西京杂记》记载，早在西汉时代，七夕就已经成了流行的节日。而牛郎织女传说故事的起源，要比这个晚得多。当时，汉高祖的爱妃戚夫人有个宫女叫贾佩兰，她在出宫嫁人之后，常常说起汉宫的七夕。说是每到了这个日子，百子池边上都要奏响音乐，系上彩带，宫娥才女都到高楼上用七巧针乞巧。有个名叫徐婕妤的宫女，把生的莲藕雕刻成各种奇花异鸟献给皇帝。皇帝就把这些小玩意儿放在边边角角的地方让宫女们摸着黑寻找，这样的游戏就叫作“斗巧”。

不少唐诗宋词也提到了七夕乞巧的旧事，唐朝王建就有诗说：“阑珊星斗缀珠光，七夕宫娥乞巧忙。”在大唐《开元天宝遗事》之中，也记着这样的故事：每到七夕之夜，唐太宗就把宫中的女子聚在一起，让她们乞巧学手艺。这样的情景不仅发生在皇宫内院，在老百姓的家里也是代代相传。

到了宋元之际，七夕的过法就更热闹了，京城里开设了专卖乞巧物品的淘宝市场，这就是所谓的“乞巧市”。宋代的《醉翁谈录》上说：乞巧市场从七月初一就红红火火地开了张，一天到晚是车水马龙，挤都挤不过去。到了七夕的正日子，这里更是热闹非凡。

北京故宫博物院收藏的宋代李嵩的《汉宫乞巧图》，画的就是汉宫宫女们在七夕节里练习女红乞巧的场面。

台北故宫博物院的藏品中也有不少类似的作品，比方说，宋代赵伯驹的《汉宫图》就是在团扇模样的小册页上画着汉宫的宫娥才女们在天阶夜色凉如水的七夕，登上穿针楼乞巧的场面。再有明代仇英的《乞巧图》，也画出了七夕夜里妇女们燃烛斋供的情景。

还有清代陈枚的《桐荫乞巧》，描绘了七月初七京中仕女“乞巧”的场面，女人们把装着清水的小碗放在院子里面，用一把针撒在水中，用针摆成的图形判断谁的手巧。清代最为经典的丝织工艺品《缂丝七夕乞巧图轴》展现的是牛郎织女相会在天上，人间的女子凭栏眺望，对空乞巧的场景。

穿针引线，灯下斗巧谁人能占魁首？

姐妹情深，共享家宴谁人能得福音？

河北地区保留着不少前人传下来的乞巧节俗，有一些很像是古代斗巧的风俗。

从初六的晚上开始，姑娘们就要穿上新衣服，戴上新首饰，点上香火蜡烛，对着夜空跪拜，这样的仪式被称为“迎仙”。连拜七次之后，姑娘手拿彩线对着灯影把线穿过针孔。谁能一口气穿上七个针孔，就能获得“巧手”的称号；有做不到的人就叫作“输巧”。这个晚上，谁赢谁输并不重要，玩得就是一个“友谊第一，比赛第二”。等到游戏过后，姑娘们就把自己做的小玩意儿互相赠送，那些精美的刺绣工艺品就成了大家友情的象征。

在剪纸之乡蔚县、无极，民间还要举办七夕乞巧的剪纸大会、彩绣大赛。有的地方还要在七月初七组织一场“七姐会”，在会场里摆上各式各样的香案，案子上放满了鲜花、水果、胭脂粉，以及彩纸做成的花衣裳和彩线绣成的工艺品。这一案子花花绿绿比得就是各人的手艺，拼的就是女工的技艺。

七夕这天有玩的，有看的，也有不少传统的好吃的。河北地区在七夕节里最应景的食品就是巧果，又称为“乞巧果子”。这果子的材料挺简单，就是普普通通的油、面、蜜糖，最难得的是制作果子的工艺，各家各户的姑娘媳妇在七夕当天做出各种样式的面食，或者放在锅里蒸，或者放在油里炸。有一种最经典的巧果式样，就是两头尖的梭子形。据说，这梭子是织女身边的物件，吃了梭子形的巧果，那手艺就能赶上织女的水平。

在传统的大家族里，到了七夕当天，要把没出阁的姑娘们聚在一起，姊妹们一起包饺子，饺子馅里要放上一枚铜钱、一根绣花针，还有一个大红枣。等到饺子出了锅，各人捞上一大碗，谁要是吃着了铜钱，就象征着能享富贵；谁要是吃着了绣花针，就说是心灵手巧；谁要是吃着了大红枣，这姑娘的脸蛋立马就红了，小姐妹们也要说说笑笑热闹半天。原来，这其中的意思就是会早早地遇到一个心上人。

在这些丰富有趣的七夕节俗里，看得出七夕乞巧节女性文化的本真，看得出一脉相传的中华女性美德。

这正是：

七夕本是女儿节，乞巧女红绳千结。
牛郎织女悲情爱，切勿错当爱情节。

第七十六回 中元祭祖节 河灯放盂兰

上一回说到了传统的七夕节，牛郎织女一年一度鹊桥会，民间女子穿针引线结红绳。要说这七月里的节日还真不少，接下来要出场的这个重量级节日，就是传统的中元节。中元节为什么被称为“鬼节”呢？人们又怎样祭祀先祖呢？

2010年，我国文化部公布的第三批国家级非物质文化遗产名录推荐项目名单中，香港特别行政区申报的“中元节”入选，列入民俗项目类别的非物质文化遗产。这意味着，被人们忽视很多年的传统节日中元节得到了国家的认可。

中元节是个什么节日呢？也就是老百姓俗称的“鬼节”、“七月半节”，佛教称之为“盂兰节”。这是一个祭祀祖先、怀念先贤的重要文化节日。

道教创立了天、地、水三官神祇。据说，天官生日在正月十五日，称为“上元节”，主要职责是为人间赐福；地官生日在七月十五日，称为“中元节”，主要职责是为人间赦罪；水官生日在十月十五日，称为“万元节”，主要职责是为人间解厄。

传说地官掌管冥界地槽之门，他在农历七月十五这一天打开地狱之门，已故的祖先可以回家团圆，因此称为“鬼节”。民间要设道场，放馒头给孤魂野鬼吃，要祭祖、上坟、点街灯为那些去世的人照亮回家之路。道观还要举行盛大法会祈福吉祥道场，为死者的灵魂超度。所以，这一天就成了以祀鬼为中心的节日，成了中国民间的鬼节。

七月十五这一天在道教被称为“中元节”，而到了佛教却有另外一个名字，那就是盂兰节。在这一天，还要举行隆重的盂兰盆会。

佛教着重于普度众生。按照佛教典故，七月十五是盂兰节，要举行盂兰盆会。盂兰，就是倒悬的意思，形容苦厄之状，古代仁人志士常说要“解民于倒悬”，就是这个意思。盆，是指盛供品的器皿，佛教认为供奉这些器皿，可以解救故去亡亲的倒悬之苦。盂兰盆也就是“解倒悬”之意。

佛典《佛说盂兰盆经》中记载了这么一个故事：相传佛祖释迦牟尼在世时，收了十位徒儿。其中一位名叫目连的徒儿，在得道之后，想要报答父母的养育之恩。只可惜，目连的父母早已经去世多年，他就用天眼去查看，发现母亲在饿鬼道上受苦，吃的、喝的都没有，瘦得皮包骨头，不成人形。目连十分伤心，于是用钵盛饭，想送给母亲吃，可惜饭菜一送到口边，就化为火焰。

目连心痛不已，哭着请求佛祖救救他的母亲。佛祖教训他说：“你母亲罪孽深重，你一人是救不了的，要靠十方僧众的道力才行。你要在七月十五日敬设盛大的盂兰盆供，以百味饮食供养十方众僧，依靠他们的感神道力，才能救你的母亲。”于是，目连就连同一众高僧，举行大型的祭拜仪式，祭祀亡魂。

这个传说一直流传后世，逐渐形成一种民间习俗。每年中元节，一些名刹大寺，都要举行盂兰盆会的仪式。河北的赵县柏林寺、邢台开元寺、正定临济寺的大和尚都要举行诵经祈福、超度亡灵的活动。各地前来进香的信众和游客也纷纷来到寺院，为自已家亡故的亲人祈祷。

另外，人们还焚香烧衣，拜祭亡故的亲人，给亡故的亲人送衣物和美食。久而久之，就形成了祭祀上坟的风俗。

祭拜扫墓，孝子贤孙为何焚烧楮衣？

普度魂灵，四方百姓怎样投放河灯？

农历七月十五，正是华北地区很多秋收作物成熟的时节，按照传统就要祭祀祖先，用新米作为祭供，向祖先报告秋成，请老祖宗尝新，所以七月祭祀祖先，体现了报答祖先之恩的理念。

民国《河北通志稿·民事志》记载，中元节，人们将芝麻、谷子、黍子放在左右两边，将瓜果、佳肴放在中间，用新鲜的食物祭拜祖先。

每到中元节前几天，河北各地市面上就有卖纸钱元宝的，还有卖时鲜瓜果、油饼馅饼糕点的，各种祭祀用品应有尽有。到了傍晚时分，人们到城外去祭墓，焚烧楮纸，称为“焚麻谷”。

祭品之中，楮衣是必不可少的物件。什么是楮衣呢？最早的时候，人们用楮树叶子焚烧，意思是给亡者送衣物。后来，人们就把纸张剪成像楮树叶子那样的花样，烧给亡者。因为七月暑期就过去了，需要更衣防寒，与人间“七月流火，九月授衣”一样道理。

河北的邺城，从东晋十六国就是皇家都城，皇家祭祀历史悠久，七月十五中元节都要到社稷坛和祖庙，用隆重的仪式和祭品来祭祀祖先和社稷之神。井陉矿区也不例外。在井陉矿区的天护故城，出土过一通镌刻着社稷坛的碑刻。那时古代井陉县城，设有祭祀社稷的神坛，而七月十五正是举行祭祀的时节。对于国家社稷来说，举行祭孔、祭祀先贤的仪式，体现了感念先贤老师的文化。

随着时代的变化，这个节日又有了新的内容。燕赵大地多豪杰，在伟大的抗日战争中，诞生了无数的抗日英雄。大刀队的英雄师长何基沣，带领大刀队一夜之间砍掉500多个日本侵略军的人头；藁城的抗日第一军长郝梦龄浴血奋战，战死沙场；许多燕赵儿女在百团大战中抛头颅、洒热血……所以，抗日战争胜利之后，民国政府就曾经在中元节祭祀抗日阵亡将士的英灵。河北各寺庙还增加祈请佛力，普度“抗战阵亡将士”的英灵。

除了焚香烧纸，中元节还有一种风俗，那就是放河灯。放河灯在河北的沿海、沿河地区非常流行，尤其是在邢台、巨鹿、清河、临西一带沿河城镇乡村，中元节放河灯的历史非常悠久。

放河灯，是一种非常智慧的活动。河灯也叫“荷花灯”，各地制作方法也是各不相同。有的用西瓜皮，也有的用面碗，还有的用油纸、羊皮来制作，底座上放灯盏或蜡烛。到了中元节晚上，成千上万的人们纷纷来到河堤上放河灯。万盏河灯顺水而下，本来漆黑一片的河面上突然闪亮起飘动的灯火，随着流水移动，层次错落，美丽而又壮观。

放河灯的目的，是普度水中的落水鬼和其他孤魂野鬼。廊坊市的《三河县志》记载，农村多用瓜皮、木板做成河灯，放于河塘，以期亡灵早日超度。

现代女作家萧红在《呼兰河传》中的一段文字，是对这种习俗的最好注解："七月十五是个鬼节，死了的冤魂怨鬼，不得托生，缠绵在地狱里非常苦，想托生，又找不着路。这一天若是有个死鬼托着一盏河灯，就得托生。"所以，放河灯这件事是件善事。可见活着的人们，对所有灵魂都存有一份善心。

百里不同风，千里不同俗。在燕赵大地上，同样都是农历七月十五这一天，民间也有不同的过法。在一些农村地区，还流行舅舅给外甥送羊，还把这一天称为"送羊节"。这里面又有哪些故事呢？

在古代，羊也代表吉祥。农历七月十五，并非都是阴气太重的节日，民间还称为"送羊节"。尤其是河北北部的坝上地区，民间流行七月十五由外祖父、舅舅给小外甥送活羊，这是一种增进亲情的风俗。

这种风俗是怎么来的？话说当年沉香劈山救母以后，还咽不下去心头恶气，要追杀舅舅二郎神。二郎神一琢磨，这样打打杀杀下去，啥时候是个头儿，干脆握手言和吧！为了重修兄妹之好，跟外甥搞好关系，二郎神每年的七月十五都要给沉香送一对活羊。据说，这是取二郎神和沉香之母"杨"姓的谐音，以重结两家之好。从此以后，民间便留下了舅舅给外甥送活羊的习俗。

后来，这种传统的送活羊习俗，逐渐演变为送一对用白面做成的白羊。渐渐地，平原地区的面食就成了一种节俗食品。一家蒸花馍，四邻来帮忙。首先根据家庭人数，给每个人先捏一个大花馍。送给小辈的花馍要捏成羊的造型，称为"面羊"，还有羊羔吃奶双膝下跪的造型，希望小辈不要忘记父母的养育之恩；送给老辈儿的花馍要捏成人形，称为"面人"，意喻儿孙满堂，福寿双全；送给平辈的花馍，要捏成鱼形，称为"面鱼"，意喻连年有余。另外，还要再捏许多瓜、果、桃、李等造型的花馍，点缀上花、鸟、蝴蝶、蜻蜓、松鼠，作为走亲戚、看朋友的礼品。这些面塑蒸熟以后，再涂上颜色，看上去活灵活现，每一件都可以称为绝佳的手工艺品。七月十五看面塑，已经成了农家妇女一展灵巧手艺的节目，也成为寄托和传递人们美好希望的载体。这正是老百姓的智慧。

山区和河北坝上牧区的一些牧羊人家在中元节还要宰羊赛神，据说这样做可以使羊只增加生产。人们还把新鲜羊肉赠送给亲戚朋友，体现感念亲戚朋友之恩的意愿，家里没有羊的，可以蒸面羊来代替。

一方水土养育一方人，在太行山区的井陉县和河北中部的定州，读书人还要祭祀魁星庙，焚香许愿。所以，这一天，苍岩山的魁星庙、天长镇的魁星阁、文曲庙和定州科考场，青年学子们纷纷前来进香祈福，祈祷魁星神灵保佑，保佑自己能连中三元，科考得中。

产生于中国的中元节习俗很早就传入日本、韩国和东南亚一些国家，产生了很大的影响。日本人对盂兰盆节很重视，现已成为仅次于元旦的重要节日，届时企业、公司一般都会放假一周左右，称为“盆休”，很多出门在外工作的日本人都在这个假期返乡祭祖，有点儿类似中国的清明节。

饱经沧桑，传统节日如何光荣回归？

历久弥新，感恩文化怎样大力弘扬？

20 世纪 50 年代，中元节依然热闹，后来被认为是宣扬封建迷信，逐渐边缘化。60 年代中期，北京北海公园办了最后一次中元节。“文革”时期，除了清明节，所有的传统节日都被取缔，中元节也没能幸免。随着改革开放的脚步，传统节日逐步回归，但中元节却被冷落了。2010 年，文化部把中元节列入民俗类别的非物质文化遗产，这是尊重历史的举措。

不过，尊重传统民俗，还必须重视以人为本，移风易俗，加强管理。近代，中元节烧纸祭祖的习俗发生了一些变化。因为中元节不是回家团聚的法定节假日，各地的游子不能回家给去世的亲人上坟祭扫，所以就在夜间路口烧纸，希望通过阴阳之间的邮递，送给亲人的亡魂。于是，每年的中元节，在北方很多大城市，夜间烧纸祭祖的人很多。

这种习俗，反映了人们对传统节俗的传承，也饱含着游子对故乡、对亲人的怀念。不过,这也存在一些潜在的负面影响:第一,游子们烧纸的纸灰满街飞，污染环境；第二，烧纸过程中遇到大风，容易引发火灾；第三，蹲在道路中央烧纸，容易引发车祸。因此，针对中元节游子们路口烧纸的传统习俗，不少城市在一些路口设置大型花盆，临时作为游子们烧纸的指定地点，便于纸灰的收集清扫，也有助于避免火灾，更为重要的是强化祭祖烧纸家庭的公共意识和防火意识。

中元节源远流长，存在着深远的文化意义，它阐扬怀念祖先的孝道，发扬乐善好施的义举，更是感念先贤的报恩之举，这都是中华民族的传统美德。

这正是：

中元节日源流长，佛道神鬼是表象。
祭祖送羊蒸花糕，感恩文化得弘扬。

第七十七回 中秋赏明月　千里共婵娟

上一回说到七月十五过中元，一捧鲜花送故人。数着日子再过一个月，就盼到了一个喜庆的节日，这就是举家团圆的中秋节。海上生明月，天涯共此时。此时此刻，民间都有什么样的传统习俗呢？

八月十五月当空，这一天也是秋天的正中间，所以就被称为“中秋”。要从根儿上说起来，“中秋”这个词最早的出处是西周时代的《周礼》，大概算一算，这个说法已经有3000多年的历史了。

每到八月十五，正是秋高气爽的好时节，夜空里的月亮更是分外的圆。因为天人合一的理念早就融进了中国人的血脉，人们都把这中秋的月亮看作了大团圆的象征，中秋节也就成了春节之外另一个团圆佳节。

一轮圆月照千年，在千年之前的大唐盛世，中秋成了正儿八经的节日。每一年的八月十五，皇宫里都摆起了赏月的酒席，王府里也有玩月的宴会，民间的老百姓也少不了摆上几样瓜果梨桃，在月亮底下好好热闹热闹。看过了月圆月缺，日子一年一年地过，历史悠久的中秋节在千百年里留下了多少老传统呢？

在河北东边的临西县，有一项中秋节习俗一直传到了现在。到了八月十五这一天，家家户户都备好了香案，摆上了月饼，放好了瓜果。一家子老少等着月亮升上来，就恭恭敬敬地点上一对红蜡烛，按着岁数大小一个一个地祭拜这一轮圆圆的月亮，说出自己的心愿。这时候，家里的老太太还要念叨这么几句话：“八月十五月正圆，月饼西瓜敬老天，天神保佑如心愿，一年四季保平安。”按着老人的说法，月亮下面许的愿，月亮神都听得见。

这一整套的仪式结束之后，一家人坐在月光里，每人分上几样好吃的，就等着老人开讲了。讲什么呢？讲嫦娥奔月，讲吴刚伐桂，讲玉兔捣药，一段一段好听的故事都跟天上的月亮有关联。

讲过了关于月亮的传说，还有人要念上这么一句谚语：“八月十五云遮月，正月十五雪打灯。”这是老辈儿人多年来总结的经验，意思就是说如果中秋节赶上阴雨天，来年的正月十五元宵节一定要下一场大雪。

有一些地方的中秋节更是热闹，老乡们舞草龙、砌宝塔、烧斗香、点塔灯、放天灯、走月亮，月亮地里的大场面简直能跟元旦相媲美。

明清时代，中秋这天夜里，不只是老百姓忙活着过节，就连贵为天子的皇帝也在月坛上迎着月光拜月亮。这样的做法也有旧例可依，在《礼记》里就有这么一段话：“天子春朝日，秋夕月。朝日之朝，夕月之夕。”这里所说的夕月之夕，指的正是祭祀月亮的典礼。

古老的“夕月文化”一脉相传，历朝历代的文化人也把满腹的才情献给那一片月光，给后人留下了不少堪称经典的诗词歌赋。唐代大诗人刘禹锡就是河北无极人，他那句“暑退九霄净，秋澄万景清”就是八月十五应景的诗作。再有北宋文豪苏东坡，那一段“人有悲欢离合，月有阴晴圆缺，此事古难全。但愿人长久，千里共婵娟”更成了中秋诗词的代表作。

这流传千年的情思，这照耀千古的月光，成了中国人心里的一段情结。在“民以食为天”的中国，逢年过节都要讲究一个“吃”字，舌尖上的中秋又是怎样一种味道？

中秋月圆，良辰吉日几多美景浮现眼前？
人间月半，举家团圆几多乐事再现身边？

中秋节，天上的领衔主角是圆圆的月亮，人间的当家美食是圆圆的月饼。在河北，说月饼，就不能不提赵州的“自来红”。要吃正宗的“自来红”，那就得奔着王家的“庆源斋”。这是赵州城里出名的老字号，最拿手的点心就是中秋节的月饼。这庆源斋的“自来红”很是讲究，做一炉月饼要用上十几道工序，一样一样都是纯手工打造，根本不用现成的模具。就瞧着一屋子精干的小伙计手脚麻利地和皮面、做剂子、制馅料、烤熟面、过筛子、包馅料、扎洞眼、点红点、上烤炉，又从炉子里端出来油亮喷香的月饼，那场面简直比看戏还精彩。

要是把这一套全活都看下来，就能发现一个小秘密，月饼进烤箱之前都是一水的白面皮，出炉之后就成了好看的棕红色，这也正是“自来红”三个字的来历。

带着热乎劲儿的月饼拿到跟前，仔仔细细瞧上一瞧，看这小小的月饼上点着胭脂似的红色，带着星星一样的花纹，就跟艺术品似的那么精致，还真让人有点儿舍不得下嘴。可是，这月饼的香味，谁也挡不住，轻轻地咬上一口，那滋味真是妙不可言。

除了当红的产品“自来红”，庆源斋里还有一种成套的月饼，俗称“月饼套”。这一套月饼大大小小共有八件，按着个头排队，摞成一座小宝塔。最上面一个是点着红点的三维立体桃子月饼，那羞答答的小模样特别惹人疼，再加上那花花绿绿的剪纸拉花挂在顶上，很像是罩着盖头的新娘子。这好看又好吃的“月饼套”是专门上供给月亮的贡品。在中秋之夜，有月光如水，摆上一座“月饼套”，摆开几样西瓜、红枣，摆一桌酒席，坐全家老少，真称得上是一片良辰美景，一件赏心乐事。

中秋吃月饼，这样的传统已经传了好些年，要问这其中的来历，也许会有人讲起这么一段故事。

相传，在元朝末年，河北的栾城出了个人物名叫韩林儿。他领着大伙反抗元兵，这在当时可是掉脑袋的事情，传递消息的时候一定得特别小心。韩林儿打算在中秋这天牵头起义，就趁着乡亲们互相赠送小圆饼的时候，在饼心里面夹了一个小纸条，把这事告诉了大家。乡里的男女老少在月光下面吃过了圆饼，心里都明白了韩林儿的意思。这天半夜，大家齐心协力揭竿而起，除掉了可恶的元兵。

朱元璋就是跟着韩林儿起兵造反的，后来朱元璋还把韩林儿封作了小明王。等到朱元璋建立大明朝，又昭告天下把中秋定为了普天同庆的节日，还把当初那个充当了“传令兵”的小圆饼定为中秋节里非吃不可的“法定”美食。

这故事说得有鼻子有眼，听着也挺像是那么回事，不过，这故事到底只是个故事，月饼的前世今生究竟是怎样一段历史？小小的月饼之中又包含着多少文化内涵呢？

其实，月饼的雏形最早出现在唐代，是唐朝军队里庆祝胜利的专用食品。它身上有段故事，跟前面讲过的韩林儿传奇大同小异，只不过真正的男主角是唐高祖时的大将军李靖。李将军在打仗的时候靠着这圆圆的小点心传话，最后得了胜利，在八月十五凯旋。从这以后，在每年的八月十五吃圆饼就成了一种约定俗成的惯例。

后来，有人说月饼像月亮，象征着丰收，代表着团圆。好彩头谁不爱呢？所以，月饼又有了丰收饼、团圆饼等好几个吉利的名字，而且被赋予了团圆的含义，做饼的工人也在这方寸之间研制出了各种吉祥如意的花样。

随着月饼身上的文化含量越来越多，月饼的模样也就越来越讲究。在石家庄周边的鹿泉、栾城这一带，因为水土优越气候好，农耕文明很发达，在中秋家宴和月饼文化之中都产生了不少独特的民俗。临到中秋前几天，谁家也要杀两只鸡，买两条鱼，准备一桌子好吃好喝的。当然，这一桌家宴上的压轴点心一定就是月饼，而且，这月饼还得是自己打，自家制，自家做来自家吃。

因为这一年一度的大日子，很多人家都备有几件各式各样的月饼模子。这模子有厚的，有薄的，有象征年年有余的莲花双鱼图案，也有象征多子多孙的石榴花样，还有象征富贵荣华的牡丹花纹，要说最多的还要数花好月圆的应景式样。有的富贵人家还有海南黄花梨或者是檀香木的月饼模子，有了这样高端大气上档次的家伙事，做成的月饼也带着一种高雅的淡香。前人留下的月饼模子刻录了百年之间的岁时节俗，也成了记录月饼历史的重要文物。

在河北有不少收藏家，专门搜集传统的月饼模子，省会石家庄就有这么一位藏友，他手头最古老的一件宝贝就是明朝万历年间的月饼模子。这上了岁数的木头模具讲述着中秋的历史，讲述着月饼的文化，它成就了一代木工艺术家，传承着中华民俗的文化记忆。

明月当空，一家老小如何乐享天伦？

岁时当令，中秋家宴如何畅享美食？

拜月亮，过中秋，在那一片清澈的月光之下，河北还产生了很多地方节俗，比如说，在清代大学者、大鉴赏家梁清标的故乡——历史文化名城正定，就保留着在月亮底下“争状元”的民俗。

这种游戏怎么玩呢？一家老小围着桌子坐好后，把月饼切成大中小共三块，最大的放在下面当作“状元”，不大不小的搁在中间叫作“榜眼”，最小的那块摆在上面，就是“探花”。一家人挨个掷骰子，比大小，胜出的一位眉开眼笑当了状元，奖品就是最大的那块月饼。

月饼好吃人人爱，谁都想要一块顶大顶大的大月饼。早年间，北京城里住着皇帝皇后、宫娥嫔妃，还有好些个皇子皇孙、王公大臣，因为有这么多的人口，皇家内院自然要做一块天字一号的大月饼。就说末代皇帝溥仪赏给总管内务大臣绍英的那个月饼吧，它直径 2 尺来长，重量有 20 斤，真能算是月饼界的小巨人了。

这种制作特大号月饼的传统习俗被后人当作了炒作的把戏，也被商家当成了营销的手段。前些年里，每到了中秋节前，好多酒店、商场都憋着劲儿比拼月饼的尺寸，赚取食客口水和眼球。

中秋的餐桌上除了应时应景的月饼，还有不少料足味美的大菜，这美食美味之中也包含着传统的文化元素。河北所在的京津冀文化圈正是历史上的直隶文化圈，直隶的饮食文化源远流长，在中秋的酒宴上也能品出文化的味道。

按着中国人传统的观念，天人应和，和谐统一，在吃上也是如此，要按着时令吃喝，享受自然的恩赐。中秋正是收获的季节，八月十五的宴席上还得有汁多味美的石榴、苹果，新鲜好吃的花生、大枣。这几种美食味道好，营养足，还有着多子多福、健康长寿的吉祥寓意。吃下去的是好滋味，品出来的是好兆头。这就是河北的中秋。

这正是：

中秋赏月拜神灵，举家团圆聚亲情。

月饼传承诗书画，民族智慧伴月明。

第七十八回 重阳登高处 感恩敬老先

上一回说到中秋节花好月圆，家家户户赏明月吃月饼，透着和和美美、团团圆圆、吉祥如意。送走桂花飘满香的八月，迎来菊花满地黄的九月，重阳节又风风光光地出场了。重阳节有什么来头，这一天又有哪些讲究呢？

俗话说，九月九，是重阳；放纸鹞，线爱长。九月初九是中国的传统节日重阳节。这重阳节有什么来头？它又是从什么时候诞生的呢？

先秦文献《易经》中把“九”定为最大的阳数，九月初九，两九相重，所以就叫“重阳”，也叫“重九”。战国末期，秦国丞相吕不韦组织编著的《吕氏春秋·季秋纪》记载，到了秋天农作物丰收的时候，要举行祭飨天帝和祭祖的仪式，以此感谢天帝和祖先的恩德。这就为重阳节的诞生打下了基础。

到了汉代，因为“九九”与“久久”同音，九在数字中又是最大，有长久、长寿的含意，所以，重阳节被赋予祈福长寿的文化理念。到了唐代，重阳被正式定为节日。从此以后，每到这天，宫廷和民间的人都会举杯畅饮、赏菊花，一起庆祝重阳节。

20 世纪 80 年代开始，中国一些地方把九月初九定为老人节，倡导全社会树立尊老、敬老、爱老、助老的风气。2012 年，重阳节成为国家法定的老人节。这也是强化孝道文化、感恩文化的一种制度安排，是一个惠及百代的文化义举。

重阳节里，人们纷纷走出家门，登高望远、遍插茱萸，还要吃重阳糕、喝菊花酒，高兴的时候还随口吟上几句诗。这些别致风雅的习俗都是怎么时兴起来的，其中又有什么说头呢？

重阳节登高、插茱萸的老传统，据说是为了消灾避祸而产生的。南北朝时期，梁朝的史学家吴均写了一本《续齐谐记》，上面记载了这么一件事。

有一位书生叫桓景，跟随一位叫费长房的老先生在外游学多年。忽然有一年，费老先生对他说："九月初九，你们家中定会有灾。你赶紧回家，让家里每个人都准备一个红色的香囊，里面放上茱萸，系在胳膊上，然后全家人一起登上高处，喝点儿菊花酒，晚上再回家，这样就能避免灾祸。"

桓景一听，这事马虎不得，就按照费老先生的嘱咐，招呼全家老少都去登山。到了晚上回家一看，家里的鸡犬牛羊全都暴死。费老先生听说以后，对他说："这是你家的牲畜们代替了你的家人遭灾了。"

从那以后，人们纷纷在重阳节登高饮酒，带茱萸香囊。日子久了，这个故事也在民间演化出了很多版本，不过大概意思都是如何消灾避祸。到了明代，每逢重阳节，皇宫上下要一起宴饮、吃花糕庆祝，皇帝要亲自到万岁山登高。从此，重阳节就成了登高的节日。

其实，从地理学的角度看，我国北方地区在金秋九月，天高云淡，秋高气爽，气候宜人，重阳节登高远望，可以达到心旷神怡、健身祛病的目的。

在河北，重阳节登高是一个传承不衰的风俗。太行山的许多名山胜景，都是重阳节登山的好去处，尤其是一些大城市附近的山岳名胜，如今都成了登山运动比赛的地方。譬如省会石家庄周边的封龙山、抱犊寨、沕沕水景区每年都举办登山文化节，吸引来自四面八方的登山爱好者前来一试身手。

不过，邯郸的曲周县、永年县、广平府、大名府，石家庄的正定，保定和定州境内都没有山，人们怎么登高呢？别担心，人家自有妙招。没有山可以登，当地人就上城楼登高。于是，这里的古塔、高楼，就成了重阳节登高的最佳选择。重阳节那几天，定州开元寺瞭敌塔，保定府的大慈阁、钟楼，正定城的城门楼，天宁寺的凌霄塔和广府古城、大名府古城古老的城墙等，都成为人们争相登高的好去处。这也成了节庆旅游的热点。

举目远眺，何处登高插茱萸？

东篱把酒，何人吟诗对黄花？

历史上，很多文人墨客都留下了关于重阳节的诗句。唐代诗人王维写的《九月九日忆山东兄弟》就是历史上最著名的重阳诗。诗中写道："独在异乡为异客，每逢佳节倍思亲。遥知兄弟登高处，遍插茱萸少一人。"它不仅写出了游子的思乡怀亲之情，还揭示了重阳节登高、插茱萸的传统民俗。

那么，重阳节为什么要插茱萸呢？因为老百姓认为，插茱萸可以辟邪。

这其中有两种原因。一种是中医学的道理，茱萸是中药材，它的香味浓烈，含有一种挥发物，有杀虫消毒、驱寒祛湿的作用，还能消积食，治寒热。另一种是文化心理作用。因为有的茱萸叶子长着很怪异的花纹，据说叶子上那些朱红色的纹饰，可以驱鬼。所以，人们把茱萸叶摘下来带在身上，或者挂在大门上，可以辟邪求吉。因此，茱萸也被称为"辟邪翁"，重阳节随之也叫作"茱萸节"。

都说民以食为天。中国的很多传统节日，都有标志性的食品，而重阳节的标志性食品就是重阳糕和菊花酒。

河北地区传统的重阳糕，又称花糕、菊糕、五色糕。我们的花糕原本是黍子黏米，金黄黏糯，加上菊花、蜜饯、红枣，有的还加入核桃仁、芝麻等，香甜可口。河北作为元明清京畿之地，吉祥文化无处不在，吃花糕就有个很好的口彩，叫"步步登高"。冀东一带百姓，在九月初九天明时，用花糕薄片贴在小孩子的额头上，口中念念有词，说的都是吉祥话，祝愿子女百事俱高，这是古人九月吃糕的本意。

在保定府一些大家族，过节蒸的重阳糕很有讲究，还能变着法地翻出新花样。要用金黄的黏米加上大红枣，做成九层，就像座宝塔，上面还要用白面做成两只小羊，体现重阳（羊）之义。有的还在重阳糕上插一小红纸旗，并点上蜡烛，就是用"点灯"、"吃糕"代替"登高"的意思。有的花糕上还要插上茱萸，图的都是吉祥如意。

在河北廊坊的香河，每年重阳节，哪些儿女亲家之间要互相用花糕送礼，称为"追节"，是加强姻亲之间联系的一种民俗。

在河北邯郸的馆陶一带，人们把重阳节当作是财神的生日，家家户户要烙焦饼祭财神。而河北正定高平村是北宋名臣范仲淹的姥姥家和出生地，传说重阳节是范仲淹生日，所以这里重阳节要举行祭祀范仲淹的仪式。也有的说范仲淹生日是八月廿九日。范仲淹的后裔迁居山东邹平，那里建有范公祠，据说也是重阳节祭祀范仲淹。

重阳节正是菊花盛开的季节，历来就有赏菊花的风俗，古人又称之为“菊花节”。东晋大文学家陶渊明的“采菊东篱下，悠然见南山”千古流传。唐代诗人孟浩然也留下了“待到重阳日，还来就菊花”的千古名句。重阳节赏菊花、喝菊花酒已经成了传统习俗。

菊花是中国十大名花之一，又叫黄花、寿客、金英，有清净、高洁、品格高尚的含义，在古神话传说中，菊花还被赋予了吉祥、长寿的含义。

正是因为人们赋予了菊花很深的文化内涵，所以推动了菊花种植技术的发展。到了北宋时期，人们培养、嫁接出千姿百态的菊花。如此美丽的花卉几乎就是中国人为自己找乐而栽培的，赏菊就成了国人必需的一种雅好。所以，农历九月俗称“菊月”，节日期间要举办热热闹闹的菊花大会，这个传统流传千年。如今，每年重阳节，河北各个大城市的园林、广场都要举行菊花文化节，各种各样的菊花，傲霜怒放，千娇百媚，吸引了很多的游客。

善于交友的保定涞水人，还创造了一种独特的民俗，那就是在重阳节互赠菊花糕和盆栽的菊花。这种习俗如今被河北大城市的市民发扬光大了，重阳节互赠盆栽菊花，高雅而又温馨。

重阳节时，赏菊赋诗是一件时髦又体面的事。亲朋好友聚在一起赏赏菊花、喝喝小酒，再作上几首诗，心中既痛快又敞亮。满地菊花黄，非常养眼。不过，光是饱饱眼福还不够，人们还充分利用菊花，开发出更多具有美好寓意的节日产品，一饱口福。

中国古代的智者，发明了菊花酒。它是用菊花酿造而成，浸润着深厚的文化底蕴和中医药科学理论，在古代被看作是祛灾祈福的“吉祥酒”。无论达官贵人，还是普通百姓，重阳之际都要喝上几杯菊花酒。

《西京杂记》记载，汉高祖时，每到九月九，宫里面的人都要佩戴茱萸，畅饮菊花酒，据说这样能让人长寿。南朝时期，人们也在九月九喝菊花酒。晋代的陶渊明也非常喜欢菊花，更有“酒能祛百病，菊能制颓龄”之说。后来，饮菊花酒逐渐成了民间的一种风俗习惯，尤其是在重阳时节，更要饮菊花酒。

到了明清时代，菊花酒中又加入多种草药，效果更佳。饮菊花酒也就成了重阳节的一种标志性的民俗。

丰收之季，重阳佳节留下哪些特色菜肴？

触景生情，文人墨客传下何种华丽诗篇？

在河北，重阳节腌菜，也是一种传统民俗。各家的主妇们把菜地拉秧子的长不成大个的茄子、黄瓜，还有新收获的白萝卜、苤蓝、芥菜疙瘩等瓜菜，洗干净、晾干，然后放上盐和香油，腌制出口味不同的腌菜，这是河北地区传统的食品。比方说，大家熟悉的保定府老槐茂酱菜，就是在这种传统基础上发展起来的特色食品。

在河北的沧州，重阳节是腌制虾酱、蟹酱的好时节。这个时候，河虾、海虾、海蟹都丰收了，人们除了把水产品加工成虾仁以外，还把虾皮、螃蟹腿、小河蟹，就都加上盐、磨成酱，成为富含多种微量元素的特色腌制食品。黄骅港附近的百姓自豪地说，我们都是吃虾酱长大的，不缺钙、生长快。

任何传统节日都不是一成不变的，一个伟大的民族，历代都有一些智者，会用正能量不断丰富传统节日的文化内涵。重阳节最初是为了庆丰收、祭祀谷神，后来发展为赏菊赋诗，登高望远，为老人祈福，现如今更是通过法律赋予了敬老爱老的理念。

中华民族是一个善于创作、富有诗情画意的民族，古往今来，无数文人墨客为我们留下了千古流传的诗词歌赋。所以，提到重阳节，不能不说这些脍炙人口的诗词歌赋。

诗仙李白曾经留下这样的诗句："昨日登高罢，今朝更举觞。菊花何太苦，遭此两重阳？"当然，历史上最悲戚的重阳节词是北宋李清照的《醉花阴》，其中"东篱把酒黄昏后，有暗香盈袖。莫道不销魂，帘卷西风，人比黄花瘦"流传千古。

最豪放的重阳词，当属毛泽东的《采桑子·重阳》。这首词作于1929年重阳节，当时的毛泽东在闽西征途中，欣逢重阳佳节，触景生情，写下这首描写战地风光、抒发英雄豪气的词作，表现了他对自然和人生的看法，那么豪迈乐观、海阔天空、气度恢宏。他写道："人生易老天难老，岁岁重阳。今又重阳，战地黄花分外香。一年一度秋风劲，不似春光。胜似春光，寥廓江天万里霜。"

这正是：

重阳金秋天地吉，登高敬老赏秋菊。

蒸糕把酒待亲朋，喜庆丰收插茱萸。

第七十九回 除夕贴春联 阖家大团圆

上一回说到重阳佳节登高祈福，东篱菊花香飘万里。秋去冬来，一年的光景到了头，转眼到了大年三十，也就是除夕。除夕，最隆重的节目就是年夜饭。人们都说，“大年三十吃饺子——没有外人”。三十晚上的团圆饺子都有什么讲究？这一天还有哪些精彩节目要上演呢？

除夕是农历新年前的最后一天，也是我国传统节日中最重要的节日。据《吕氏春秋·季冬纪》记载，古人在新年的前一天用击鼓的方法来驱逐“疫疠之鬼”，这就是“除夕”节令的由来。西晋的《风土记》中，最早提到了“除夕”这个名字。

除夕，又称“年夜”、“除夜”、“岁除”，“除夕”中“除”字的本义是“去”，引申为交替；“夕”字的本义是“日暮”，引申为“夜晚”。因此，“除夕”便含有旧岁到次夕而除，明日既另换新岁的意思。因为农历十二月多数年份都是大月，有三十天，所以又称为“大年三十”、“年三十”。有时候腊月也可能是小月，二十九天，有些地区又称“二九暝”。在河北的中部石家庄一带，除夕叫“小年”，小年迎接大年。

除夕这天，河北很多地方，村村都要挂吊挂。吊挂是什么呢？

这吊挂，是河北老百姓智慧的创造，有的是蜡染的，有的是轧染的，那些宣纸形成五颜六色的环形和放射状的图案，然后浸润桐油，用绳子串成一串，挂在村子的道路上。还有人用彩色的绸子和布制作吊挂。最近几年，还出现了剪纸吉祥图案的吊挂。村子里的街道越宽，挂吊挂的绳子就越长，吊挂的纸面越大，数量越多，越显得红红火火、热热闹闹。在石家庄城中村和周边县城，这种吊挂已经成为过节的象征。现代社会每逢重大活动，都要在大街上挂条幅、写标语的这种形式，或许就是从古代吊挂的形式传承而来的。

虽然说各地的除夕风俗有所不同，不过有几样是共同的，那就是贴春联、贴门神、挂灯笼、吃团圆饭、放鞭炮、守岁，等等。北宋文学家王安石还留下了“总把新桃换旧符”的著名诗句。

贴春联是中华民族智慧的创造。贴春联又称“贴对联”，河北中南部俗称“贴对子”。春联，是春节的吉祥物，是由古代驱邪的桃符演变而来的。什么是桃符呢？相传，远古时候有一对兄弟，一个叫神荼，一个叫郁垒。兄弟俩都擅长捉鬼，有恶鬼骚扰老百姓，两人就一起捉鬼，为民除害。后来，人们为了辟邪，就把这兄弟俩画在门上，左边是神荼，右边是郁垒，也有驱鬼辟邪的效果。于是，老百姓就称他们为门神。还有人用桃木刻成他们的模样，放在自家门口辟邪。更有人干脆在桃木板上刻上他们的名字，同样可以镇邪去恶。这种桃木板叫作“桃符”，就是王安石说的“总把新桃换旧符”的“桃符”。

唐朝以后，人们又把秦叔宝和尉迟恭当作门神。相传，唐太宗有一段晚上睡觉时，常常听见门外鬼魅呼叫，夜夜不得安宁，唐太宗吃不好、睡不香，就把这事告诉文武大臣。大将秦叔宝说：“臣戎马一生，不怕那些鬼魅。臣愿跟尉迟敬德一起为陛下把守宫门。”

从那以后，再也没有鬼魅来骚扰了。时间长了，李世民觉得秦琼和尉迟敬德天天晚上守门太辛苦了，就命令画工给他们画像，贴在在门口。上有所好，下必效仿，于是门神就传到了民间，至今民间过年所贴的门神还有秦琼、敬德的形象。为了祈求一家的福寿康宁，人们还保留着除夕贴门神的习俗。

情有独钟，明朝皇帝怎样推广春联？

日新月异，吉祥标志如何代代传承？

前面说到，人们为了辟邪，在门口贴门神、挂桃符。那么，桃符又是怎样演变成现在的对联呢？

到了宋代，人们便开始在桃木板上写吉祥词了，都是些吉祥祝福的诗文。

一来，不失桃木镇邪的意义；二来，还能表达自己的美好心愿；三来，还可以装饰门户，体现文采，可谓一举三得。后来，人们把这种吉祥如意的话语写在红纸上，新春之际贴在门窗两边，象征吉祥如意。到了元代，文人墨客喜欢创作楹联，不过主要用于庙祠建筑的门上，体现庙祠文化和纪念意义。

春联真正推广开来，还是在明代。明太祖朱元璋非常喜欢对联，不仅自己挥毫泼墨写对联，还常常鼓励手下大臣写对联。所以，每逢春节，那些王宫贵胄家里都要请人写春联，朱元璋发现精彩的作品还会给予奖赏。于是，传统的桃符，就被每年一度的春联和门神替代了。

现如今，春联的形式越来越丰富，包括对联、门心、斗方、横批等。用红纸裁成大小不等的方块，称为“斗方”，书写吉祥的大字，以对角的形式张贴在门上或墙壁上。贴在门上的叫“门心”，贴在门框正上方的叫“横批”。

春联的字数不限，可以五言诗对仗句，也可以七言、九言，还可以根据门框的大小，写更长的春联。不过，中国的楹联和春联非常讲究对仗、工整，尤其是平仄韵辙不能乱。基本的要求就是上联一般在右，下联在左。上联的最后一个字，要用仄声，下联最后一个字必须是平生，这样读起来朗朗上口。比如，“金蛇迪庆千家瑞，神马送福万户春。”上联的“瑞”，是仄声，而下联的“春”是平声。

一般居民区、机关、学校、企事业单位的春联都是用红纸写成的，但寺院里的春联一般都用黄纸书写。随着时代的进步，春联如今大都改成了印刷品，但是，那种吉祥如意的含义却丝毫没有改变。

除了吊挂和春联，人们还在除夕这一天，挂起了红红火火的宫灯。过年挂宫灯，本来是宫廷的习俗，那是皇帝专有的特权。可是推翻了封建帝制，老百姓家挂的灯笼也叫宫灯了。挂灯过年，有着非常美好的寓意。一来，挂灯象征光明前程，所以宫灯一定要挂在门前，不挂到后院的厕所里。这是一种文明的符号。二来，灯和“丁”谐音，过年门前添上几盏灯，寓意就是添丁，祈福全家人丁兴旺。

这吊挂、春联、宫灯都是门外边的吉祥物件，是给别人看的，属于公共空间的吉祥标志。那么，这屋子里面要用什么来装饰呢?

那就是窗花、剪纸和年画。古时候的妇女凭着一双巧手，剪出飞鸟鱼虫等各种图案的窗花，过年的时候贴在窗户上，漂亮又喜庆。当然也有男人喜欢剪窗花的。正因为河北源远流长的剪窗花、贴窗花的民俗，造就了河北辉煌的剪纸艺术。

比方说，张家口蔚县的冬季漫长，所以，冬天人们都在家里坐在炕头上琢磨剪纸。久而久之，剪纸就成了家家户户都拿手的一门手艺，更成了蔚县名扬中外的非物质文化遗产，也成为节俗文化的亮丽名片。春节期间到蔚县买剪纸、看蔚县的打树花，成了周边一带人们旅游的热门线路。

河北的传统剪纸艺术还有无极剪纸、正定剪纸、赵州剪纸，大多是用红纸剪刻吉祥图案，还出了不少杰出的剪纸艺术家，比方说，赵县还有一位剪纸艺人刘运田，1946 年生于赵县梨区大安村。他从小就喜欢剪纸，稍大一点儿就跟着母亲学剪纸。赵州桥的龙，是他的拿手绝活。他的剪纸已经成了赵州桥的一份重要旅游商品，还被刻印在多种旅游纪念品上，更是当地过年贴窗花的绝好吉祥物。龙年，他剪“龙腾九州”，蛇年他剪的蛇与蝙蝠在一起叫“五福临门”；还有“金蛇送福”和“金蛇戏蛙”等，显示出深厚的文化韵味。

过年贴的剪纸，都是吉祥词语和喜庆图案。比方说，年年有余、松鹤延年、三阳开泰、五子登科、书香门第、马上封侯等。最近这些年，剪纸与门心结合，出现了机械化刻制的工业产品剪纸，更显得豪华大气。

除夕守岁，留下几多热闹欢笑？

辞旧迎新，除掉多少忧愁烦恼？

人们把宫灯、春联、窗花都挂好、贴好了，紧接着就该张罗年夜饭了。在外的游子都要在除夕夜以前回家欢聚，因此，除夕夜又叫团圆夜。举家团圆，当然要吃团圆饭。这团圆饭当然也要有讲究。这讲究就是三大要件：包饺子、吃年糕、喝屠苏酒。

河北人在除夕有举家包饺子的习俗，包饺子不仅是制作一种美食，也是一种文化和寄托。包饺子有相聚之意，又取更岁交子之意。

河北过年还有吃年糕的习俗。年糕是用黍子黄黏米制作的，金灿灿的黏米，加上大红枣、红小豆，是一种吉祥的美食。吃年糕，象征着全家年年登高、步步登高。

另外，除夕夜还要喝屠苏酒，这是千年传承的一种吉祥文化。所谓的屠苏，是一种草名，用这种屠苏草药泡出来的酒，就是一种药酒。过年喝屠苏酒也是合家欢聚的象征。

除夕还有一个流传很久的节俗，那就是守岁。除夕夜，全家老小通宵不眠，欢聚酣饮，共享天伦之乐，一起等待新年的到来。苏轼在《守岁》诗中说："儿童强不睡，相守夜欢哗。"说的就是守岁的老传统。

一样的除夕夜，各地还有着不同的习俗。比方说，在赵国古都邯郸，有一种除夕扔愁帽的习俗。就是在除夕夜深人静的时候，各家各户的大人、孩子，临睡前，都把戴过的旧帽子或旧头巾，悄悄扔到大街上。第二天，打扫街道时再把它们清扫到墙旮旯里，到正月十五夜晚烤"柏灵火"的时候把它统统烧掉。老人说，这样做可以扔掉一年的旧愁，迎来一年的新喜。相传这一习俗起自战国末年，跟秦灭赵国的悲惨历史有关。这种习俗与中山故地石家庄"破五"的习俗如出一辙。不过，石家庄人是在"破五"扔破袜子、旧鞋。到正月十三烧"柏灵火"的时候烧掉。

在河北沧州一带，有着除夕"请神"的习俗。所谓"请神"，实际上就是祭祀祖宗。除夕夜人们往祖坟方向的路口，对着祖坟方向，邀请祖先和过世的长辈回家来过年。而衡水的冀州、枣强和邢台的南宫、新河一带，除夕下午上坟，也叫请"爷爷奶奶"回家过年。有的还要在家里中堂位置挂起家谱牌位，焚香上供，让老祖宗在家里享受过年的饺子和年饭。

除夕是一个春节前的大节日，这些习俗积淀了深厚的吉祥文化，祈福禳灾、期盼幸福，这也是中国节日永恒的主题。

这正是：

除夕之日贴春联，包好饺子大团圆。

张灯结彩家家乐，饮酒守岁迎大年。

第八十回 初一春节暖 恭喜大拜年

上一回说到团团圆圆守年夜，欢欢喜喜过除夕。过了三十是初一，过大年穿新衣，讲的就是一个新年新气象，图的就是一个新春好彩头。河北人的春节到底是怎么个过法？大年初一又有什么样的习俗？

农历的正月初一是中国人心里最有分量的节日，过大年，要团圆，这团团圆圆的大年初一到底有什么讲究呢？

要说大，中国的春节的确是不小。广义的春节不单是指正月初一这一天，而是涵盖了一个挺有规模的节日群，包含着很多丰富的年节文化内涵。千百年来，老辈儿的文化代代相传，在燕赵之地积淀下一连串的年俗活动——腊月初八一锅粥，已经熬出了浓浓的年味；廿三，糖瓜粘；廿四，扫房子；廿五，磨豆腐；廿六，炖大肉；廿七，宰只鸡；廿八，把面发；廿九，蒸馒头；三十晚上闹一宿，大年初一满街走……一直到了正月十五元宵节，都算是过大年的好时节。所以说，中国的春节堪称全世界最长的节日群。

当然，春节的正日子只有一天，就是中国农历中新一年的开端——正月初一。这一天是中国人最隆重、最热闹的传统节日。

年年岁尾接年头，春节总是好时候。正月初一过大年的传统在中国传了千百年。自从西周时代起，“年”就已经有了名字，到了西汉时期，正月初一就成了正式的节日。对于河北人来说，“年”是一家子团圆，是吃饺子拜年，这喜庆的年俗里面究竟有着什么样的含义呢？

过年要吃团圆饭，饭桌上的主角就是热腾腾的饺子，过年饺子皮薄馅大，包的是团圆的热乎劲儿，是新年的精神气。河北的过年饺子很有讲究，在张家口蔚县一带，初一的饺子吃成了一种仪式，叫作“认岁饺子”。在清早这顿饭之前，要把未成年的孩子们聚在一起，让他们按着自己的岁数吃饺子，今年几岁，就吃几个，为的就是让娃娃知道——过了年，就长了岁数，也得长本事，长出息。这一套仪式结束之后，每个孩子都认清了自己的岁数，这时候，没吃饱的才能接着吃。

在衡水一带，大人孩子吃饱了，开门就是一件热闹事——院子中放上一堆芝麻秸秆，一家子老小踩在上面，那噼里啪啦的声音让人听着很是提神。这就是当地传统的年俗“踩碎”，谐音踩岁。这里面又有什么说道呢？这芝麻秆在上一年的秋天已经摔打过一遍，但在大年初一的早上又能踩出来一些零零碎碎的芝麻粒，别看这芝麻不起眼，其中却包含着“年年香，岁岁有”的好兆头。在邢台丘陵地区，踩岁的物件换成了当地盛产的油菜花秸秆，一样有着“年年香，岁岁有”的含义，图得都是一个吉利。

各家院里的仪式落幕了，接下来，就是春节里的重头戏——拜年。古时候，这一回事分两半，分为拜年和贺年：拜年是给长辈磕头跪拜，贺年指的是平辈的亲朋好友或者邻里邻居互相祝贺。现如今，这两码合一码，不再分得那么清楚明白。

河北人拜年有河北的拜法，在冀中的衡水、石家庄、保定、邢台这一片，初一这天要早起，全家都得起五更。摸着黑点上灯，按着长幼尊卑的次序，少的给老的拜大年。然后全家一起出动，去给辈分大的人家拜年；作为家族里的大辈儿，也得给前来拜年的晚辈准备上花生、瓜子和糖。尊老爱幼的传统美德就在拜年的仪式中体现得完完全全。

家族中的礼数周全了，街坊邻居的理儿也不能短，一家子一家子的老老小小，认识的不认识的男男女女，见了面都要点头问好，祝贺新年。人人脸上都是一团喜气，大街小巷都是一团和气，这就是新春佳节里最温馨的气息。

开门迎春，迎来怎样一番新年新气象？

纳福迎祥，迎来怎样一段春节好时光？

拜过大年回到家，自家人围坐一圈，叔叔伯伯的小家庭都在这一天里聚在一起，吃一锅饭，品一桌菜，兄弟情谊就在这大年初一的饭桌上又深了一层，各家的姑娘小子也在这桌饭里尝到了亲情的滋味。

吃过午饭，叙过亲情，家族里的亲戚们各自带上纸钱供品，一道去祖坟上祭拜故去的亲人。让先祖尝尝春节的饺子，让后人感念先人的恩情，这就是传统的孝道。

年节的传统文化里包含着团圆、和谐、感恩、孝顺等元素，还有着好多挺有意思的说法。大年初一最讲究吉祥如意，说话、做事都要讨一个好彩头，即便是遇上不好的事，也不能说出砸锅的话。比如，“完”、“死”、“破”等不吉利的词，在春节这天绝对不能挂在嘴边。

那么，这一类的意思又要怎么表达呢？还得说老百姓最有智慧，在千年百代里想出了不少讨巧的说法。比如说，饺子包完了，就要说是“做好了，做得了”；煮饺子要是破了皮，就说是“饺子煮出了花”；如果是厨房里打碎了碗碟盘子，就要念上一句“岁岁平安”；拜年的活动结束了，也不能说是“拜完了”，得说是“礼成”。

大年初一，就是要图个喜庆，图个乐呵，图个舒舒服服。按照老传统来说，这一天就是得歇着，甚至连吃饭的事情也不再动刀，上桌的饭菜都是除夕备好了的。

春节这天不但是不能动刀，扫帚也不许动用。因为在民间有说法，讲究这一天里用扫把会扫走运气、扫走财气，没准还会招来那倒霉的“扫把星”。要是非动扫把不可，那也不是不行，只不过要从外扫到里，把好事都拢到家里来。另外，这一天也不能往外泼水，更不能倒垃圾，为的就是图个吉祥如意的彩头。

如今，在河北很多地方还保留着这样的习俗，除夕之前就要把里里外外收拾干净，年初一这天不动扫帚、不倒垃圾、不泼废水。这样的习俗究竟有几分道理？这也不过是老百姓的心理作用，没有实际的效果，不过从这其中也能看出中国人年节里休闲的理念。

说到过年的习俗，也许有很多人提到——春节还得放炮呢，这也是中国人的传统呀！这所谓的传统究竟有什么来历？古时候，民间流传着一个传说：在很久之前，东方有一个名字叫“年”的怪兽，这家伙最爱在除夕晚上出来惹是生非。所以各家各户都要在门口贴上红纸吓唬它，在门前烧几节竹子，用竹节爆裂的响声赶走它。等着熬过了这一宿，“年”总算是走了，这就叫作“过年”了。

要问这传说是真是假，还得从史书上面找根据。可是，一页一页地翻过去，书里压根就找不到关于怪兽“年”的记载。看来，过大年，赶怪兽的说法不过就是一段伪历史。那么，这个“年”字到底包含着什么样的意义呢？

在古时候，“年”字表示的是五谷成熟的意思，因为这庄稼一年一熟，所以就把“年”字当作了岁时名称。那这“年”字跟怪兽有什么关系呢？古代的志怪小说《神异经》里面确实有一段关于烧爆竹赶野兽的记载，不过那里面的野兽是一种类似于猿猴的野生动物，而不是叫作“年”的怪兽。

再说，如果“年”是个不吉利的字眼，怎么会有人把它当作春节的名字呢？想那唐宋之年，同榜的考生称为“同年”，互相之间称作“年兄”。要是“年”字含着野兽的意思，又怎么好拿来尊称同科的哥们儿呢？还有，历代皇帝上任的时候都要立一个年号，可见“年”绝对是个正能量十足的说法。

可是，这过年放火药爆竹的习俗到底是从何而来呢？有很多民俗书上讲到这么一件事情，说是在唐朝初年，一个名叫李田的人把硝石装在竹筒里，点着之后就起了呼呼的浓烟，发出很大的响声，驱散了大山里的瘴气。这就是火药爆竹的雏形。又说是在宋代的时候，用纸筒裹上火药，再用麻绳编成串的鞭炮就成了常见的物件。

其实，这样的说法完全不靠谱。我们都知道，火药是中国四大发明之一。根据文字记载，中国的黑火药是在唐代问世，在宋金元时期用在战场之上。那时候，火药属于高科技含量的前沿产品，它的配方属于国家的高级军事机密，又怎么会让老百姓拿去做成鞭炮点着玩呢？

直到明代，民间才出现了纸卷裹着火药做成的“爆仗”，在这之后，又改良出了“鞭炮”。清朝时期，才兴起了燃放鞭炮的习俗，可是，因为那会儿的制作工艺不过关，放炮引起的安全事故不断发生。后来，这事成了影响社会安定的大问题，朝廷也把放炮看成了一件麻烦事。清末时期，朝廷多次发布文件，明令禁止燃放鞭炮。有了这样的法定条文，事故少了，这年也就过得一年比一年好了。

女婿上门，娘家亲属如何摆开阵势招待贵客？

清早抢财，乡里乡亲如何争先恐后登上井台？

过了初一是初二。在河北地区，大年初二是出了阁的闺女回娘家的日子。女婿拎着大包小包拜见岳父岳母，所以这一天也叫作“迎婿日”。对于已经生儿育女的夫妻来说，带上孩子去见姥姥姥爷，也叫“回姥娘家拜年”。

初二进了娘家门，做闺女的要拿出各式各样的礼品孝敬爹妈，掏出一大把红包分给家里的小孩儿。娘家的父母见了闺女格外亲，早就备好了一桌饭菜，让闺女吃上一顿娘家饭。

俗话说，一个女婿半个儿。女婿到了岳父母的家里，当老人的也要好好地招待。在邯郸永年、石家庄藁城和无极这一片地方，迎婿日里，岳父母早就组织好了自家的亲属，拉起了一支劝酒陪喝的队伍，不过，各地的喝法却是各有不同。

据说，无极人喝酒是以身作则，要给姑爷敬酒，自己得先带头喝。而在邯郸永年人看来，酒是粮食的精华，所以邯郸人把酒当作是很金贵的东西，有好酒上桌，主家可不能先喝，得先敬给客人，让姑爷先喝上三杯，再陪着碰上八个。要是赶上一个酒量小的，这几下子就得喝趴下。为了图个热闹好玩，邯郸、保定的酒场上还流行掷骰子劝酒的做法，相传这样的酒风早在西汉时期就已经流行开来，一直流传到了今天。

河北的冬天很寒冷，在暖和的屋里喝酒聊天就是冰天雪地里最高兴的事。初二这一天里，少不了要喝倒几个姑爷。这也是酒不醉人人自醉，放松地喝完了放松地睡，正是年节上一种休闲的民风。

在邢台内丘，女儿回娘家的风俗有点儿特殊，到了正月初六、初七，娘家的爹妈要到亲家家里去叫闺女回家。在邢台的南宫和新河，新姑爷在婚后第一个春节里，要到岳父家从正月初二一直住到十五元宵节。这段时间就是女方家长对女婿的观察考核期。

春节期间，不单有休闲的民风，也有勤劳的习俗。在邢台东边的临西县就有这么一个传统，初二的大清早，谁都不许睡懒觉，要早早地起来到井台上去挑水，大伙争着抢着都要打上最早的一桶水，这就是老百姓说的“抢财”。在中国传统文化之中，水代表财，泉水象征着钱。因为在古时候，钱就叫泉。河北人王莽建立的新朝的钱币，就叫作“货泉”。还有“大泉五十”等钱币。因为这个由头，早上抢水就成了抢财。而且，这项习俗也有着现实的原因，从前，临西一带很缺水，好多村子都合着用一口水井，谁家的存水也不是太多。所以，乡亲们在初一歇了一天，初二一大早就必须得到井上挑水去。这样的习惯代代相传，就形成了当地独特的年俗。

团团圆圆，乐乐呵呵，敬老爱幼，喜庆和谐，这就是我们的中国年，也是河北人年俗之中的文化理念。

这正是：

正月初一举国欢，千家万户过大年。

移风易俗扬正气，民族精神万代传。

第八十一回 年俗多良莠 传承有升迁

时间流水似的往前跑，说话间就到了初五，中国人过年，老理儿和讲究特别多，有不少的说道和不能碰的“红线”。这一辈辈传下来的礼数里，包含着哪些人情世故，隐藏着怎样的文化密码？

这一回继续说过年那些事，从初三开始说。初三在古代也称为“天庆节”，这个节是怎么来的呢？在宋真宗大中祥符元年（1008年），宫廷里流传着这么一件事，说有一本神奇的天书下降人间，天书上写了什么，谁也没见过。不过，天书下凡，最起码说明一件事——当朝的皇帝那是实打实的真龙天子！就着这个传言，宋真宗就下了一纸诏书，正月初三为天庆节，文武百官休假五天，初三成了宫廷里法定的假日。

农耕时代，老百姓面朝黄土背朝天，无论是天上的事还是皇宫里的事，在他们心里，都赶不上回家过年的事大。忙活了一年，盼的就是这热热闹闹的几日，除了敞开了吃，放开了喝，最重要的是还能见到这一年里不常见的亲人。走亲戚拜年，是过年里的一件大事，在河北各地又有什么不一样的讲究呢？

在华北平原地区，初三、初四都要走亲戚。走亲戚要早去晚回，必须上午到，吃了午饭才能回。而且，走亲戚的先后是有讲究的，初二拜岳父，初三给姑姑、姑奶奶等拜年，初四给舅舅、姨妈等表亲拜年。这个次序不能乱，因为它体现的是父权社会的亲疏远近。

和平原地区不一样，在承德一带，初三这天走亲戚不是看长辈，而是“会亲家”。承德人为什么这么看重“亲家”这层关系呢？这与承德的人文地理有关，承德居民大都是清朝随着皇家围场和避暑山庄的兴建陆续迁到这里的。这些“移民”之间结姻亲的很多,亲家大都是熟人或生意伙伴,初二女儿回娘家了,初三就着这一天,顺便会会故交,久而久之,就形成一个传统。

在石家庄的行唐,初三这天也有特别的讲究——缺父少母的闺女,初二不回娘家,初三这天才和丈夫一起回娘家上坟烧纸,拜年吃饺子。

正月初四,在河北中部,也是迎灶神的日子。在腊月廿三那天,人们热热闹闹地送灶王爷上天言事,到了正月初四,还得恭恭敬敬地把灶神请回人间上班。

初四一大早,家家户户要到庙会上请神码,最主要的就是要请一张灶神像。初四迎神是有讲究的,在河北民间有“送神早,接神迟”的说法,送神要一大清早就开始,而接神要放在下午或更晚些。迎接神灵的供品也有讲究,三牲、水果、酒菜一样也不能少,此外还要焚香点烛,以示恭敬。

初四迎神的风俗流传很广。过去,在北京城和保定府,生意场上有个老规矩,掌柜的每年都要考察伙计们的德行、表现和素质,觉得哪个伙计干得不好,不想再用他了,也不直说,单等初四这天,在举行迎神仪式的时候,就不通知这位来。所以每年初四,伙计们都很忐忑,接不到通知,就意味着“被炒了鱿鱼”,开了春就没了饭碗,这个年啊,还能过得好吗?

流光溢彩,河北庙会承袭几许年节记忆?

万户千门,破五习俗寄托几多民间希冀?

从初一到初四,大街上商铺都关张打烊,略显冷清,但是喜欢热闹的人们不缺去处,那就是最有中国年味的庙会。庙会又称“庙市”或“节场”,一般在寺庙附近,祭神、娱乐、购物一条龙,好看、好玩、好吃的应有尽有,是春节最具特色的保留节目。

河北各地的庙会历史悠久,春节庙会从形式到内容最为丰富。最近这些年,各地恢复了传统庙会,石家庄正定古城春节大庙会从初三开始一直持续到正月初十,张家口的庙会更是长达 23 天。张家口的庙会,可谓是“风味独特”。在这里,你可以品尝烤土豆、莜面鱼等正宗张家口“口味”小吃,品味浓郁的老字号砖茶和烧面美食，欣赏木板烫画、蔚县剪纸等民间绝艺。逛够了，再从塞外山城一路南下，赶一赶保定府的大慈阁庙会。这里的庙会也是传承久远，别有一番味道，烧香拜佛的，吆喝叫卖的，像一幅市井长卷，释放着人们的欢乐，升华着年节的喜庆。

初一到初四，串亲戚，回娘家，赶庙会，热热闹闹好几天，转眼到了初五，这一天，可不能再由着性子玩乐了，为什么呢？这一天有什么特别讲究呢？

正月初五，在河北是一个很有忌讳的节日，民间一般都称为“破五”，也被称作“破五日”,这天说道非常多。靠南的一些地方把初五这一天叫作“圆年”，意思是拜年活动要告一段落，天天喝酒受不了，中场休息一下。

在河北中部的保定、石家庄，破五有“送穷”的习俗，这一天有两件必做的事——放鞭炮、搞卫生。放鞭炮叫崩穷，扔垃圾叫“送穷”,送穷送到哪里去？把它送到门外去，在老百姓心里，送得越远，穷的晦气也就离得越远。

送穷风俗由来已久。唐代送穷是在正月的最后一天。唐代姚合专门写过一首《晦日送穷》的诗，“万户千门看，无人不送穷”。韩愈也写过一篇《送穷文》，明确指出，“五穷”就是“智穷、学穷、文穷、命穷、交穷”五种穷鬼。这位诗文大家说，“凡此五鬼，为吾五患”，这天要“结柳作车，缚草为船，送穷鬼去故就新”。

文人无论内心如何思谋，话说出来终久比较客气，提起这“五穷”，心理虽然腻歪，还是客客气气送走。老百姓可就没这么含蓄了，他们实话实说，“赶五穷”、“填穷坑”，而且动用了爆竹扫帚，必须赶尽杀绝才能解心中大患。

《栾城县志》这样记载：“五日，扫除秽土置门外，曰‘送穷’。”《赵州志》记载，赵县人们送穷，头一天就开始“筹划”。初四晚上，仔仔细细把室内卧席面的尘土扫出来，然后用纸扎一个小媳妇，手握小扫帚，肩背纸袋，里面盛上粮食，放在簸箕里，叫作“扫晴娘”，又叫“五穷娘”。到了初五早晨，听到有人在门外喊，“送出五穷媳妇来”，就赶紧开开门把“五穷娘”送出去。这种习俗，在清代人修的《怀来县志》里也有记载。

破五这天禁忌特别多，尤其忌讳串门、走亲戚，还有的地方忌讳动针线，但有的地方则提倡开箱柜、剪指甲。

一般来说，春节的禁忌过了初五就破除了。比如承德，初五以前要吃年前蒸好的年糕、馒头、黏饽饽，不用生米做饭，到了初五这些讲究就不说了，可以动菜刀、动针线了。

招财进宝，初五饺子怎样传达美好寓意？

开门大吉，精明商家如何借力吉祥文化？

除了“送穷”，初五这天还有很重要的一件事情，就是举家包饺子。

初五都不能串门走亲戚，一家人就坐在一起包饺子。而且人们还给这顿饺子赋予了吉祥的含义，初五吃饺子——招财进宝。

在河北北部，还有初五“迎财神”的习俗。春节期间，大小店铺从大年初一到初四都关门闭客，到了正月初五这天，就可以开门迎宾了。初五，过年的气氛还很浓，而这天又不能串门访友，聪明的商家就借着这个节日禁忌给自己创造了一个商机。在商业发达的顺德府、保定府，传说初五是财神的生日，很多商家都在这一天大摆筵席，燃放鞭炮，迎接财神的到来。选择这一天开张，是为了招财进宝。

这种风俗一直流传到了现在，石家庄等很多城市，服务业的门店，也都约定俗成地选择初五开张。初五的时候，朋友们既不到你家，也不去我家，到饭店、酒吧、茶馆、咖啡屋，聚会聊天。现代社会，初五成了春节小长假里一个社交日，也成了商家最钟爱的日子。

传统民俗在商品经济时代缔造了新的商机。近些年，商家对节日的商业促销活动更加重视。但是，不少商家却把大部分功课用在国外洋节日上，像圣诞节呀，情人节呀，每年都能让商家赚得盆满钵满，眉开眼笑。但是，2013 年的情人节，打惯了洋节牌的商家却笑不出来了，为什么呢？这一年，西方的情人节遭遇了中国的破五，这一中一西两个节日到底是因为什么打响了这场没有硝烟的战争呢？

依笔者看，无论什么洋节，在中国只要不碍防传统文化的禁忌，尽可以火爆，商家尽可以忽悠，消费者也愿者上钩。但很多商家忽略了一个文化现象：中国禁忌文化很深，祈福禳灾、避讳厄运，是千古不忘的文化心态。关于这种心态，鲁迅先生曾列举过一个极端的案例：一个孩子过生日，人们都来祝福，有的说这个孩子将来做官，有的说他将来会大富大贵，但有个不会说话的人却来了一句："这个孩子将来要死的。"酒没有讨到一杯，就被打出了门。

中国人最讲究吉祥、吉利，过年更是如此，2013 年的洋节遭遇中国传统节日破五，考量出的是中国传统节日的力量。

初五是个传统送穷的日子，不许串门，不许赠礼品，只能往外扔东西。扔东西就是送穷。无论是玫瑰花还是巧克力，这一天在中国人心里，都是不吉利的"穷根"。所以，任商家喊破了嗓子，也只落个无人问津的凄惨结局。

列宁说过，在国家诞生之前，人们的行为是靠民俗约束的。有的时候，需要移风易俗，但是那些禁忌文化，有千百年的文化积淀，还真不是谁想要改就能改的。

这正是：

大年初五多禁忌，不许串门走亲戚。

饭店酒楼生意旺，吃喝会友乐呵呵。

第八十二回 初十石头日 举家再开颜

上一回说到，正月初三、初四走亲戚、串门子，破五这天，人们要送穷、请财神。这春节的讲究还真不少，每一天都有说头。那么，从初六到初十，这老百姓还有哪些讲究呢？

在传统民俗中，正月初六是“马日”，古时候叫作“挹肥”，就是河北平原地区下田备春耕，牛马要出门的日子。过年期间，人们一直忙着走亲戚、串门子，可是农耕家庭那些牲口不能总是圈在家里，闲的时间太长了，就会养懒，不愿意干活出力了。

怎么办？人们就创造了马日的民俗。正月初六，必须让牛、马、驴下地干活，哪怕是象征性的，也要走一趟。这就是马日习俗的意义。

还有，从初一到初五，人们都在欢欢喜喜过年，那个五谷轮回之所的厕所怎么办呢？民俗规定，正月初六清除厕所，并祭拜厕所的神明，所以称为“挹肥”，就是清除粪便，弄到地里去。如今城市和一部分农村的住所都使用新式的卫浴设备，所以，祭祀厕所之神的习俗逐渐退出了历史舞台。但是，中国是个农业大国，所以永远不能忘记初六是下地干活的日子。

农民下地干活，上班族开始工作，店铺也贴上“开市大吉，万事亨通”的红对联，正式营业。这就是初六的节俗。

过了初六就是初七，正月初七是中国传统的“人日节”，顾名思义，就是人的生日。不过，这可不是某个人生日，而是人类的生日。

“人日”起源于我国古老的神话传说。相传女娲创世造人，可是造出来的小泥人木木呆呆，根本就不会动。女娲苦恼不已，便向神仙请教，神仙告诉女娲，人要有七窍才有生命。女娲就在泥人身上一天凿一窍，七天凿好七窍，人便诞生了，所以七日为人日，是人类的生日，又称“人启日”或“人胜节”。

《占书》记载，从初一开始，上天创造万物的次序是：一鸡二狗、三猪四羊、五牛六马、七人八谷。南北朝时期的《荆楚岁时记》记载，正月七日为人日，以七种菜为羹。人日主人丁兴旺和身体健康，这一天也是求子的日子。

早在先商时期，春节过后商民族的男女就要祈求苍天降福，祈求生子添丁。而商民族的祖先契，最早就诞生在滹沱河流域。契的母亲简狄是有娀氏部落的女儿，就生活在新乐的大沙河流域。春节过后求子是人日的一种传统祭祀活动。大年初七这一天，逢人便说一些麒麟送子之类的吉祥话，而且青年男女大都要到寺院祈求观音菩萨降福赐子。河北邢台南宫一带，家家户户要熬菜粥，放芝麻。据说喝菜芝麻粥可以多子多福。

正月初七喝粥也有不同的讲究，有些地方喝粥意味着多子多福，有些地方喝粥却象征着状元及第。河北定州还保留着完整的贡院考棚，算得上是古代的高考考场。定州这个地方人才辈出，初七这一天，家家要喝及第粥，希望孩子在科考中高中状元。现如今，有很多学子，要到魁星阁祭拜魁星，希望自己金

定州科考贡院

榜题名。还有的学子到明清时代朝廷敕建的考场瞻仰，希望自己能在考场上崭露头角。因此，正月初七也是河北学子祈福的日子。

历经百代，人日节祭祀喜神因何故？

传承千年，天日节膜拜玉帝为哪般？

正月初七在唐代称为“人胜节”。在沧州东南部地区，正月的初七、十七、廿七分为“小人七”、“大人七”、“老人七”三个年龄段的节日，就是分别为小孩儿、成年人、老年人祝福的节日。初七喝状元粥；十七吃健身菜，就是熬大锅菜；廿七中午吃面条，祝福老人健康长寿。

初七是人的生日，古时候连官府也不能在这一天处决犯人，家长也不能在这一天教训孩子。这一天，年满 16 岁的青年都可以自由自在地上街玩耍。在保定府、顺天府的街头出现“鸡不啼，狗不咬，18 岁的大姑娘满街跑”的景观，各处庙会也在这一天掀起客流高潮。

这一天要祭祀喜神，河北各地的喜神，都是在寺院里。喜神没有具体形象和位置，他无处不在，你看谁最顺眼，最喜相，喜神就附在谁身上，给你快乐和吉祥。这种传统理念是一种高尚而温馨的习俗。

河北还有人日剪彩纸的习俗，人们把彩纸剪成花或人的形状，戴在头上或贴在屏风、大门上，象征人丁兴旺。此外，人日还叫“人齐日”，民间有上土地庙送灯的习俗。人们将一盏油灯放在土地神像前，家里有几口人就点上几个灯捻。这个时候，没有孩子的人家要去偷灯，认为这样可以求到儿子。这也是一种美好的寄托。

正月初八是祭祀星星的节日，因为众星要在这一天下界，所以各家各户都要点燃小灯祭祀星星，称为“顺星”，也称为“祭星”、“接星”。依照道教和星象家的说法，每人每年都有一位值年星宿，也叫“流年照命星宿”。人的一年命运如何，操在这位值年星宿手里。每年正月初八是诸星下界之日，在这天祭祀星君，就能获得星君的垂佑。因此，有人到寺院、道观的星神殿去烧香顺星。这天晚上，天上星斗出齐后，各家都要举行一个顺星的祭祀仪式。

祭祀用两张神码，第一张印着星科、朱雀、玄武，第二张印着本命延年寿星君。两张神码前后摞在一起，夹在神纸夹子上，放在院中供台方正中受祀。神码前陈放着用香油浸捻的黄、白二色灯花纸捻成的灯花，放入传统的灯盏碗里点燃，再供食品、清茶。黄昏后，以北斗为目标祭祀。等到残灯将灭，将神码、芝麻秸、松柏枝一同焚化，就算完成祭祀仪式。

如今，这种祭祀星星的仪式基本上失传了，只有河北南宫一些农村还保留着，不过已经没人自己制作灯捻了，都是点燃蜡烛。这也算是传统节俗的与时俱进吧。

初八这一天，石家庄赵县的民间要敬八仙，就是民间传说中的铁拐李、汉钟离、张果老等八位神仙。因为传统的河北民歌《小放牛》中，一直在唱八仙与鲁班在赵州桥上的传奇故事，所以，八仙就成了深入民间、解危济困的神仙。正月初八，赵州一带的百姓习惯备佳肴水果祭祀八仙。

正月初八，佛教寺院还要举行“放生”活动，就是把家里养的一些鱼、鸟拿到外面，放归野外。这体现了古人尊重自然万物、与动物和谐相处的品德，也表达了新春之始，企盼世间各种生物兴旺发达的美好愿望。但是最近这几年，有些人盲目放生，把紫貂放生到山里，危害家禽的安全，还有人把外来物种巴西龟、鹦鹉鱼放生到我们中国的河湖水系，对本地物种造成巨大危害。因此，初八放生也要依法进行。

过了初八，就是初九了。传说中，正月初九是“天日”，就是玉皇大帝的生日。玉皇大帝是中国道教崇拜的天神领袖，代表苍天神灵。那民间百姓又怎样给玉皇大帝庆祝生日呢?

玉皇大帝可是神界里的一把手。正月初九天日节，河北地区的主要习俗就是祭奠玉皇大帝。道观里要打醮，就是举行道场活动。有些地方，妇女还要准备清香花烛、斋碗，摆在天井巷口露天地方膜拜苍天，祈求天公赐福。

天日节体现的是古代天人合一观念和道教文化。河北省景县广川镇出了一个赫赫有名的人物，就是董仲舒，他成就了“天人合一”的思想体系。因此，在广川镇，天日节要举行祭祀天神的活动。仪仗队伍要身着汉服，前往道观和祭祀场所，参加斋天仪式。农村的百姓在自家的院子中央，举行祭天仪礼，还像过年一样，用面食制作各种象征牺牲的猪、牛、羊、鸡、狗和兔子，作为祭祀天神的祭品。

过了初九就是初十，正月初十是石头的生日。这一天，凡是石磨、石碾等石头做的工具都不能动，也称“石不动”、“十不动”。河北南部的邯郸一带，家家户户向石碾和石磨焚香致敬。磨豆腐的作坊还要歇业一天，举行祭祀磨子的祭奠仪式、上供祈福。河北中南部地区，这一天的午餐一般要吃烙饼或者火烧，象征这一年财运亨通、红红火火。

在靠近山东的衡水东部，还有抬石头神的习俗。初九晚上，人们把一个瓦罐冻结在一块平滑的大石头上，初十早晨，用绳子系着罐鼻，由十个小伙子轮流抬着瓦罐走。石头不落地则预示来年有个好收成。这种活动，在过去的严冬还可以，如今要是玩这个，那是够悬的。

消除鼠患，民间百姓如何编排老鼠嫁女？

砍伐柏树，山乡野夫怎样烤火祛除百病？

“老鼠嫁女”的传说，在我国很流行。但各地“老鼠嫁女”的时日有所不同。有的在正月初七，邢台南宫、新河和衡水冀州一带则是正月十二，石家庄一带是在正月十三。

头一天晚上，孩子将糖果、花生等放置阴暗处，敲锅盖、敲簸箕，为老鼠催妆。老鼠嫁女那天，忌开启箱柜，怕惊动老鼠。到了晚上，家家户户不点灯，全家人坐在炕头上，一声不响，摸黑吃着用面粉做成的“老鼠爪爪”、“蝎子尾巴”和炒大豆。不点灯、不出声是为了给老鼠嫁女提供方便，生怕惊扰了娶亲喜事；吃“老鼠爪爪”表示人们期望老鼠的爪子发痒，好早些起来行动；吃“蝎子尾巴”是为了老鼠嫁女出洞时不会受到蝎子伤害；吃炒大豆发出嘎嘣的脆响，似乎是给老鼠娶亲放鞭炮。俗话说，你扰它一天，它扰你一年。有的地区，人们在这一天很早就上床睡觉，就是为了不惊扰老鼠。等到第二天早晨，人们要把老鼠窝堵住，认为从此以后就可以永绝后患。在邢台、衡水一带，老鼠娶媳妇的节日是正月十二，这一天，家家吃饺子，称为“捏老鼠嘴”，意思是把老鼠的嘴捏住，不让它偷吃。

正月十二也俗称“烤火节”。在石家庄一带，至今还保留着正月十二烤柏灵火的习惯。在烤火节前，从山里砍来柏树枝子，放在火堆边。黄昏时分，人们在自家门前，点燃柏树枝，一家老幼围坐火边烤柏火。烤柏火谐音“烤百火”、“烤百龄火”，可以避瘟驱邪。人们将不用的旧物件，统统烧掉，用烧后剩余的柏枝雕成“柏锁”，系上绳子，挂在婴儿脖子上，以求长命百岁。孩子们走街串巷奔走各家，烤百家火，不生百病，一年无灾无恙。

在邢台南宫、新河、宁晋一带，正月十二那天，把破五扔出来的旧帽子、草编的旧蒲团，一起在空旷的地方烧。人们争着烤火，嘴里还念着，“烧个墩，生个孙”、“烧个板凳，领个双生”。这原本是人们烤火中的美好愿望，不过，从今天生态文明的视角来看，属于陋俗，乱烧垃圾，污染空气，应该坚决制止。

另外，正月十二烤柏灵火，乡民大量砍伐柏树枝子，对太行山本来就稀缺的柏树资源造成很大的破坏，而且烤火容易引发火灾，这是应该遏制的。近年来，井陉矿区有些民间艺术家发掘深山枯死的柏树，制作香柏工艺品，替代柏灵枝。将其摆在家里，散发香气，祛除温病，既是一种高雅的艺术品创作，也对移风易俗发挥了积极作用，是一种很好的选择。

这正是：

初六开市为大吉，初七人日求生育。
初八初九敬天地，十二老鼠要娶妻。

第八十三回 元宵狂欢节 情人会阑珊

这一回要讲的是个人人喜欢、人人盼的大节日，这就是正月十五元宵节。每每到了这一天，家家户户都热闹起来，吃完元宵看花灯，看过花灯走百病。这些有意思的老传统包含着什么样的讲究？

阴历正月十五是中国传统的元宵节，这在古时候也称为“上元节”。早在汉武帝时期，这个日子就已经成为一个隆重的节日；到了宋代，吃元宵、看花灯、走百病、会情人都成了元宵节的风俗。

中国有句老话，叫“民以食为天”。这一回就从美食说起，先讲讲这正月十五的元宵。元宵，最早叫作“浮元子”，后来也被称作“汤圆”，河北还有些生意人把它称为“元宝”。瞧着它都是圆滚滚的一个样，白花花的一个色，那里边可是包含着好多种让人难忘的滋味。爱吃甜的，有红糖玫瑰；爱吃咸的，有椒盐果仁；爱吃荤的，还有鲜肉做成的馅料。这好吃的元宵寄托了共度良宵的美意，包含着兴旺发财的兆头，其中的文化含量真是不少。

元宵作为正月十五的当家美味，不光体现着文化品位，更包含着千种万种的风味。正月十五吃元宵，这只是元宵节的开场序曲，接下来还有什么好玩好看的节目呢？

很多人关于元宵节的记忆，都有着五颜六色的花灯。要说中国人关于元宵灯会最早的历史，那可要追溯到汉明帝时期了。那时候，佛教刚刚传入中国，古印度的佛教节日正月十五也成了中国的大日子。汉明帝为了弘扬佛法，每到了正月十五的晚上都要在皇宫和寺院里点燃彩灯，表示对神佛的敬意。有了皇帝作表率，民间也流行起了元宵放灯的习俗。正月十五热闹热闹，也正好满足了老百姓在春节之后再乐呵一场的兴致。所以，这样的习俗越传越远，就成了中国人的传统。

现如今，在廊坊三河市还保留着这样的节俗：在正月十五的晚上，各家各户都备好了五颜六色的吉祥剪纸，再把这精巧的艺术品泡在油里，点上火苗，让家里腿脚轻快的年轻人一路小跑一路抛撒，红红火火象征着来年的好运气。这就是当地人所说的“散灯火”。

在邢台内丘，元宵节的地位相当于小年，为了庆祝这一天的到来，隆尧、南宫这一带的老乡们用黄黏米捏成了鸡、鱼、龙灯等的造型，再往这小动物的背上挖个坑，插上根灯捻就成了一盏小巧的油灯。等到天擦黑了，明晃晃的小油灯就摆满了院子里每一个角落。据说，这样就能保佑在新的一年里不生蝎子，不闹虫害。还有些龙灯的个头特别大，超大号的巨龙驮着十二盏灯，每一点火苗就代表着一个月，十二点火光就是一年，龙灯闪闪亮，求的就是一整年的吉祥。

元宵放灯的节俗传了千年百代，这古老的传统成就了不少能工巧匠，也造就了很多精美的灯具。

灯光灿烂，照亮怎样一场元宵盛会？

灯火阑珊，见证怎样一段金玉良缘？

河北的元宵灯会数不胜数，在历史的传承中树起了很多响当当的品牌。张家口蔚县的元宵灯会就是当地最有看头的盛会之一。每到了正月十五的大清早，这里的乡亲们就在大院中忙活起来。他们用草木灰在地上撒出耕地的轮廓，点上种子，埋上灰土，那意思就表示着春种秋收，勤快人能有个好收成。这院子里忙得不亦乐乎，大街上也是热火朝天，元宵节里，蔚县各村都有花会，各处都有灯会。一路看着划旱船的，瞧着踩高跷的，望着天上的烟火，跟着地下的人群，随着锣鼓点扭一把大秧歌，再看看五彩缤纷的花灯，这节过得那叫一个高兴。

再有廊坊霸州的胜芳镇，更是一处看花灯的好地方。这里的元宵灯会规模大、看点多，远近都知道它的鼎鼎大名。从清朝到现在，这里的花灯作坊不下几十家，有的是祖宗传下的老字号，有的是半路学艺的新生代，每家每户都有着一招鲜的好手艺，个顶个地都是这一行里的人才。细说起来，胜芳的花灯分为两派，一派是纯手工打造的原生态，另一派是高科技含量的现代派。瞧瞧人家的花灯，式样足有好几千种，工艺也是各不相同，大的有几十米长，小的也就巴掌那么大，其中最有名的就是“宫灯”、“金鱼灯”和“狮子灯”，因为制作精细，形象逼真，这三样还被称为胜芳花灯厂的“三件宝”。因为这样了不起的民间技艺，胜芳花灯登上了河北省首批非物质文化遗产名录，胜芳镇也被命名为“河北民间文化艺术之乡”。

河北还有一项文化特产，这就是花灯行里的奇葩——藁城传统的宫灯。相传，这里的花灯早在东汉时期就出了名，要问这名气因何而起呢？还得提到历史上的一个女子，这位女子不是别人，正是藁城老乡郭圣通。她作为光武帝刘秀的第一位正宫皇后，特别指定了老家藁城的手艺人制作彩灯进贡到宫中，赶到过年过节的时候就拿出来挂上，显得特别喜庆热闹。因为这段历史，藁城的彩灯就被称为“宫灯”。打从那时候起，藁城的宫灯一炮打响，出了名。就连后世的乾隆皇帝也把这宫灯当作心头好，挂在自己的宫殿中。千百年后的上海世博会上，这带着浓浓中国味的工艺品还成为装点中国馆的重要元素，藁城宫灯的名气也传到了四海之外。

正月十五的花灯好玩又好看，不过，这花灯不只是看着玩的艺术品，那上面还有很多文化元素。自从南宋时代，就有文化人在花灯上用起了心思，把一肚子墨水点染到花灯之上。他们把谜语写在纸条上，再把这纸条贴在花灯上，让人们借着灯光打灯谜。这样的文字游戏风雅有趣，赢得了好多人的欢迎。于是，这叫好又叫座的事就成了一脉相传的习俗。

在古时候，要是让女性朋友投票选出一个她们最喜爱的节日，榜上头名一定是正月十五元宵节。这个日子为什么会有这么好的女人缘呢？还得从元宵节里的传统习俗说起。

早年间，女人们一年到头大门不出，二门不迈，只有在正月十五这一天才能大大方方地上街逛逛，这可是托了“走百病”这个习俗的福。走百病就发源于燕赵之地。清朝康熙年间，直隶顺天府的《大兴县志》上记着这样一段历史：就在元宵节那几天，老百姓敲太平鼓来庆祝。女人们也成群结伴地出了家门，她们过石桥，逛大街，这就是民间的走百病。

这项人气极高的民间活动又有什么说道呢？有谚语说了："爬爬城，不腰疼。"活动活动筋骨，比吃补药还要管用呢。在张家口蔚县，人们在走百病的时候还要带上一把瓜子、两个鸭梨，一边走一边吃，吐出来的瓜子皮就象征着"吐百病"，咬一口梨子就代表着"离百病"，要的就是一个吉祥的寓意。

邢台内丘的村民们还讲究"十五观灯，十六烤柏灵火"。这就是说在正月十六的时候在门前点燃柏树枝，在火苗上烤烤全身，说是可以祛除百病。在火上烤烤年糕和馍馍，说是吃下去可以祛病健身。各家各户当妈的还要把柏树枝插在孩子帽子上，嘴里还得念叨着："柏灵柏，柏灵柏，插在头上不生灾。"

这难得一见的元宵盛会上还有很多有意思的说法。老百姓到寺庙里烧香进佛，还要顺手摸摸大门上的门钉，取得是人丁兴旺的彩头。女人们在彩灯下面溜溜达达，也是因为这"灯"字跟"丁"字谐音，要讨些添丁进口的福气。

大街小巷，彩灯招展，街头巷尾的男女老少个个都乐开了花，老人乐的是能求个健健康康长命百岁，孩子们乐的是玩个开开心心痛痛快快，年轻的姑娘小伙乐的是能在这一天里会会自己的心上人。其实，这正月十五的元宵节本来就是中国传统的情人节，这又是怎样一个浪漫的情结呢？

赶上正月十五这一天，深闺中的女子总算是有了出门见世面的机会。大唐盛世，灯会上有乐舞百戏，那场面就跟现在的春晚差不多，成千上万的宫娥少女在彩灯下唱歌跳舞，各色的衣裳映着灯光，想想就觉得美得不行。

为了这么一番景致，历朝历代的文人不吝笔墨，写出了很多好词好句。栾城才子苏味道就有这么一句："火树银花合，星桥铁锁开。暗尘随马去，明月逐人来。"说的正是元宵之夜的风光。

在良辰美景之中，灯下男男女女点燃了爱情的小火花，小伙给姑娘买朵花，姑娘给小伙送个荷包，这样的情致也被词人定格在作品之中。欧阳修的那句："去年元夜时，花市灯如昼。月上柳梢头，人约黄昏后。"真是传神之笔。辛弃疾《青玉案》中的"众里寻它千百度，蓦然回首，那人却在灯火阑珊处"，更是描写元宵佳节中爱情故事的经典之作。

在中国的传统戏曲中也有不少类似的情节，戏台上的《陈三五娘》说的就是才子佳人在元宵灯下一见钟情的故事。《春灯谜》中的宇文彦和影娘也是在正月十五订下了终身。元明清三代之中，河北的戏剧作家写了不少关于元宵节的爱情戏，位列元曲四大家之一的真定白朴也把元宵佳节嵌入了写给元杂剧演员天然秀的情诗中。

吟诵元宵佳节美好的爱情诗词歌赋，演唱中国最具情感魅力的元宵节的爱情喜剧，传递最具有中国审美艺术品位的刺绣荷包，这正是中国爱情节的传统文化。

铁树银花，乡间父老如何欢度佳节？

喜庆祥和，燕赵之地如何庆贺良宵？

元宵节是中国年的收官大戏，各地的老百姓可着劲儿乐呵，燕赵之地轮番上演着精彩的民间表演。石家庄的行唐县就有“元宵放灯演龙虎戏”的习俗。所谓龙虎戏，就是耍龙灯、舞狮子、耍老虎之类的表演。您要觉得看戏还不过瘾，河北还有两项难得一见的元宵文化特产，这就是张家口蔚县暖泉镇的“打树花”和石家庄井陉罗庄的“打铁花”。

说起蔚县暖泉镇上的“打树花”，它的历史真不短，算算已经有300多年。那熔化的铁水在古老的城墙上朵朵绽放，真像是“东风夜放花千树”，那壮观

元宵节暖泉打树花

的场面不亚于放烟花，精彩的程度还要更胜一筹。现如今，这项堪称绝活的民间技艺已经成为河北省级非物质文化遗产，引来了五湖四海的赞叹。

太行深处的井陉罗庄也传承着同样的民间技艺，只不过名字改作了“打铁花”。每年的正月十九是罗庄村传统的文化庙会，赶庙会的人们一直等到晚半晌，就为了看一场盛大的“打铁花”。这种独特的烟火艺术代代相传，一直延续到了今天。那绚烂的铁火点燃了民间艺术的生命力，也为河北的年文化添了一抹夺目的光彩。

中国年，中国味，我们传统的节日要继承传统的节俗，过出传统的味道，也要在传统中融入时代的内涵，展现燕赵文化的独特魅力。

这正是：

元宵佳节万盏灯，人约黄昏诉真情。

千家欢乐度良宵，庙会社火舞龙灯。

第八十四回 历法源流长 节日故事繁

上一回我们吃元宵、舞龙灯、划旱船、扭秧歌，过了一个热热闹闹的元宵节。按照老传统，正月不出，这年就不算完，天天都是节日。咱们中华民族非常重视节日，一年十二个月，月月都有寓意不同的节日，节日到底是怎么来的，又衍生出怎样独特的节日文化？

腊八节、春节、元宵节……前面我们讲了很多节，到底什么是节呢？

“节”包括“节气”与“节日”两层含义。说到“节气”的来源，要从中国古代的历法说起，也就是古人是怎么计算年、月、日、时的。早在商代以前，先民们就开始用十二个时辰来代表一天当中不同的时间，有意思的是，这十二个时辰分别用十二种动物来表示，这十二种动物就是中国人都知道的十二生肖。

说到十二生肖，很多人都喜欢问这样一个问题，为什么打头的一个是老鼠呢？这和时辰的来历有关。因为子夜时分正是老鼠活跃的时间，人们把这个时辰称为子时；上午，冷血动物蛇出洞接受太阳照射，血液升温开始活动，这个时辰就命名为巳蛇之时；再晚一点儿是驾马出车的时间，就叫午时；至于辰龙，是咱们的祖先创造的一种图腾，人们认为太阳出来的时候，就是龙升腾的时间，所以早晨就是辰时。依次类推，就有了子丑寅卯辰巳午未申酉戌亥，十二地支。而且加上甲乙丙丁戊己庚辛壬癸，十天干，就形成了六十一个轮回计日子的方法。

不单会记日子、算时辰，聪明的古人还会记月，就是看月亮计时间。他们把月亮圆缺的周期定为一个月，阴历大月 30 天，小月 29 天。月圆月缺循环十二个周期是一年，因为月亮又称“太阴”，故这种历法被称为“太阴历”，也俗称“月亮历”、“阴历”。

太阴历实行一段时间以后，人们又发现，这种历法不能反映四季的变化。我们现在知道，地球公转一周的时间是365天多一点儿，而月圆月亏循环往复十二周只有354天8小时多，这样阴历一年与阳历一年差出来11天。照此推算，经过17年，阴历日期就会和季节发生倒置，好比说，今年春节是在瑞雪纷飞中度过，17年后，便要摇着扇子过年了。这样的历法，显然不适合农耕生产，古代天文学家结合天象、农时，对太阴历进行了修改。

老祖先不断改进历法，发明了闰月的方法。新的历法是阴历记月，阳历纪年，被称为“阴阳历”。在阴阳历的基础上，古代的天官科学家们，还按照太阳在黄道上运行的重要节点，测定出关系农时的几个重要时节。

最初是以立春、立夏、立秋、立冬，和春分、秋分、夏至、冬至为八节，这样一年当中四季变化就体现出来了。后来进一步细化，一年分为二十四节气。二十四节有各自的节俗，也叫节令，这一个“令”字又透露出哪些信息呢？

在古代的封建社会，一般老百姓没有能力计算出二十四节气的准确时间。它需要专门掌管历法的官员进行测算，然后由国家作为诏令发布给百姓，供百姓掌握农时所用，所以就叫作“节令”。

这个节令跟口令似地，朗朗上口，一听就懂，比如，“白露早，寒露迟，秋分麦子正当时”、“头伏萝卜二伏菜，三伏过了种荞麦”。

为了更好地实现阴阳历与四季的协调，历代天文学家一直在苦苦探索，力求把这历法计算的更科学，这其中就有许多河北籍的科学家。

精密测量，祖冲之何种历法成就世界之最？

推陈出新，郭守敬哪般发现领跑公历纪年？

南北朝时期河北范阳郡遒县（今河北涞水）出了一名大数学家、大科学家，他就是祖冲之。祖冲之在天文学上最大的成就之一就是编制了一部新历法——《大明历》。这部历法最早采用了391年加144个闰月的新闰周，首次精密测出交点月的日数是29.21223天，每个回归年的天数是365.2428天，也就是地球绕着太阳公转一周的时间。他还发明了用圭表测量正午太阳影长确定冬至时刻的方法，这是当时世界上最先进的历法，也是我们中国当时最准确地测定节气和节日的历法。

到了隋代，河北又出了一位杰出的天文学家，他生在信都昌亭（今河北冀州），名叫刘焯，代表作是一本长达十卷的天文著作《历书》，并且编了一部新的历法《皇极历》。这部历法非常了不起，首次推算出五大行星的位置和日食、月食的起运时刻，与现代天文学观测和计算的数值非常接近，进一步精确确定了二十四节气的时间，对计算农时非常重要。

到了唐代，河北巨鹿郡的高僧僧一行在实测的基础上修订历法。他在开元十三年（725 年）开始编历，用两年时间写成《大衍历》。开元十七年（729 年），唐玄宗李隆基颁布实行《大衍历》，并一直沿用了 800 年之久。《大衍历》相继传到了日本、印度，在这两国也沿用近百年。我们一些重要的传统节日诸如二十四节气之所以在日本、韩国和东南亚影响很深，因为这些节令本身就是中国大唐历法的一部分。可惜的是，这位极具有科学天分的河北高僧在完成《大衍历》的那年不幸去世，当时只有 45 岁。

元朝，河北邢台出了一位更加大名鼎鼎的科学家——郭守敬。郭守敬家学渊源，他的祖父郭荣不但通晓经书，对数学、天文、水利等也有很深的造诣。郭守敬从小喜爱科学，聪明好学，郭荣把一肚子的学问都教给了孙子。后来，郭荣觉得自己那些储备不够用了，就开始为他遍访名师。刚好，当时有一个大学问家刘秉忠正在邢州西南紫金山讲学，郭荣就把郭守敬送到刘秉忠门下，在名师指点下，郭守敬学问长进得更快了。

郭守敬学成以后，经恩师刘秉忠引荐，得到元世祖忽必烈的赏识，在元朝做了官，受命兴修水利、修订历法。郭守敬倾其所学，修订一部新历法《授时历》，算出一年有 365.2425 天，这与现代天文学观测到的地球绕太阳一周的时间只相差 26 秒。这部历法同现在通行的格里历（即公历）一年的周期几乎完全相同，比欧洲人确立公历的时间要早 302 年。

从祖冲之、僧一行到郭守敬这些大科学家，耗费这么大的精力观测天文，修订历法，和我们过节日又有什么联系呢？

历法与节气和节日的关系太密切了。所有的节日、节气，都要靠历法确定时间。比如说，中国阴阳历基本上是 19 年 7 个闰月，在历法中如何设闰月，大有学问。比如说，如果把闰月放在正月，那么，我们就要过两次春节，实在有点儿劳民伤财。

我国设置闰月，是按照二十四节气确定的。除农历十一月、十二月、正月不能闰月之外，其他的任何一个月，如果没有二十四节气的中气，就可以设置闰月。中气，就是二十四节气中每个月的第二个节气。经过几番历月轮转之后，必有一个月没有中气。

《汉书·律历表》载："朔望不得中，谓之闰月。"这个没有中气的月份便是闰月。它前一月为几月即为闰几月。例如，1984 年的那次闰月出现在旧历十月之后，因而叫它"闰十月"。闰月在一年的月序中不固定，19 年 7 闰，闰几月都可能，有的年份闰八月，就要过两次八月十五。

有了历法以后，人们按照时序"春种夏长，秋收冬藏"，在一些特定的日子里拜神祭天、庆祝丰收、休养生息。这些活动一代代传承下来，逐渐成为约定俗成的传统节日。这传统节日从哪里说起呢?

俗话说，"一年之计在于春"，咱们要从这一年的开始说起。那么"春"又从哪里开始呢? 有人说春节，其实不然。春节其实原本叫元旦、元日，民国以后推广公历纪年，公历的新年被叫作了"元旦"，于是传统大年，就有了一个新的名号——春节。

"大寒小寒，立春过年。"春节一般在立春前后，河北老百姓记春节的时间，大都是按二十四节气的大概时间估算过年的日子。其实农历的春节，实际上与二十四节气没有必然关系，因为二十四节气是按照纯粹的阳历计算的，我们的阴阳历新年的元日，并不一定每年都是立春以后，有时候过了春节才到立春。所以，农历年份中，有时候一年中两个立春，有时候没有立春的节气。这是因为，刚过了春节赶上了立春，而这一年农历赶上闰年，下一个春节比较晚，于是，就大寒小寒春节，再立春。

在河北有一种习俗，农历之内一年没有立春节气的年份，青年男女不结婚。说这是无春年，结婚不吉利。其实，农历纪年与立春的关系不大，男女结婚生育，与农历年中有没有立春节气更是没有半点儿关系，无春年不宜嫁娶，只是一种以讹传讹的旧俗，并无道理。

耕牛遍地，二月二怎样揭开春之序幕？

星宿传说，春龙节如何呈现农桑和谐？

虽然我们农历的元日，改名叫春节了，但实际上，按照气象学的气温衡量一年四季，我们大河以北的 1–2 月份，还是冬季，长城一带那更是严冬。春天的第一个节日，实际上是二月二龙抬头。

农历二月初二，俗称“青龙节”，也叫“春龙节”。传说是天上主管云雨的龙王抬头的日子，从这天开始，雨水逐渐增多。在我国北方，人们习惯把这一天叫作“龙头节”。有一句农谚：“二月二，龙抬头，大家小户使耕牛。大仓满，小仓流。”这种描述非常形象。这个时间，阳气回升，北方地区，大地解冻，春耕将始，正是备耕的大好时节。

青龙节由来已久，据说自从三皇之首的伏羲氏时期就有了这个节日。伏羲氏“重农桑，务耕田”，每到二月二这天，“皇娘送饭，御驾亲耕”，要亲自下田耕种。后来黄帝、唐尧、虞舜、夏禹纷纷效法。到周武王，不仅沿袭了这一传统做法，还当作一项重要的国策来实行。每到二月初二，都要举行重大仪式，祭春神，鞭春牛，让文武百官都下田耕种。

其实，从农历历法来说，青龙节和二十四节气中的“惊蛰”有关。二月二基本是惊蛰前后，这时大地复苏，冬眠的动物也开始复苏。在农耕时代，春耕就要开始了。

农历二月初二，为什么被称为“龙抬头节”？这与古代天象有关。

古人用黄道二十八宿，表示日月星辰在天空中的位置，作为天象观测的参照，这类似西方人的星座。中国古代的二十八宿按照东西南北四个方向划分为四大组，代表四个方向的星宿就是“四象”：东方苍龙，西方白虎，南方朱雀，北方玄武。二十八宿中东方的七宿组成一个龙形的星象，人们称它为“东方苍龙”。汉代的《说文》中有龙“能幽能明，能细能巨，能短能长，春分而登天，秋分而潜渊”的记载，实际上说的是东方苍龙星象的变化。因为，初春季节，正是东方苍龙显现之时，所以称为“龙抬头”。

这正是：

中华农历渊源长，阴阳和谐重农桑。

二十四节是阳历，传统节日传四方。

第八十五回

祭春二月二　曲水三月三

上一回说到中国的农历源远流长，讲的是阴阳和谐，关键是重视农桑。过了热热闹闹的中国年，就到了大好的春天。阳光里的春天又有哪些传统的节日？一个接一个的好日子里又有什么样的习俗？

北方地区开了春，头一个节日就是农历二月二。二月二，龙抬头。龙不抬头不下雨，过了二月初二，才会有春雨降临，这时候的雨水是老天爷最好的礼物。北方的春季天气干，雨水少，可是，这时也正是庄稼喝水的关键时期。地里的禾苗缺了水，就像是小孩儿在长身体的时候缺了营养，对以后的影响特别大，所以，二月里的小雨就成了庄稼人眼里最金贵的东西。这正应了那句老话——“春雨贵如油”。

庄稼人的期盼成了最朴实的信仰，所以，二月初二就成了隆重的节日。龙的传人，龙的节日，这龙抬头的日子究竟是怎么个过法呢？

在河北，关于龙的文化特别丰富，有二月二祭祀祖宗和祭祀青龙两项习俗整合出的二合一民俗文化“非遗”项目，还有晚上才能看到的烟火社火斗活龙，再有就是二月二祭祀求雨的汉代碑刻。

既然是龙的节日，二月二这天登场的主角自然就是龙的图腾，龙灯舞得起劲，龙牌会开得热闹，斗火龙的表演更是让人叫绝。想看斗活龙的盛况，到别处可瞧不着，这是太行山里井陉县的独一份。

早在清朝时期，这里就出现了一种名叫“悬空斗偶”的民间艺术，其中龙的形象最是活灵活现，后来就形成了“斗活龙”的说法。

这项表演称得上高技术含量的大场面，演节目之前先要费上老大的工夫搭好台子，布置场景，设计灯光。这一套活儿下来，呈现出来的是一个超大号的布棚子，对面还有两根高高的木桩子，木桩上面有滑车，滑车下面是跑道，看着还是挺复杂。等着天擦了黑，就有人在舞台后面忙活起来，只见那火光熊熊，烟雾升腾，一长溜的龙、蛇、狗、兔腾云驾雾闪亮登场了。锣鼓助兴，号角长鸣，“空中飞龙”、“龙蛇争斗”、“二龙戏珠”、“哈巴狗撵兔”……一出接着一出的精彩节目轮番上演，让老老少少过足了眼瘾。

井陉的斗活龙让人看了一次还想看，吸引了十里八村的老乡们一饱眼福。大伙看了都说好，斗活龙的名号一传十，十传百，传得越来越远，一直传到了鹿泉、元氏，甚至冲出河北，传到了山西。

要看斗活龙，只能等到二月二，不过，要想看河北的二月初二祭祀求雨文物，这事可不挑时候。在石家庄元氏的三公山下，就能见到东汉时期常山国官员二月二求雨的碑刻，上面记着这么一段故事：当年，刘秀带着他的皇后阴丽华在北征叛乱的时候途经元氏，阴皇后就在元氏的馆舍里生下了刘庄。后来，刘庄继位称帝，就成了历史上的汉明帝。刘庄这皇帝做得可是不太省心，天下常常闹大旱，于是，他就下了一道诏令，说是各个郡国可以向名山大川祈祷请雨。元氏这里的常山国官员按着刘庄的意思向三公山求雨，这一求还真的求来了一场喜雨。常山国的官员为立了功的三公山向皇帝刘庄求表扬，于是，就有了山下这块屹立千年的石碑。

祥龙翘首，民间如何庆祝良辰吉日二月二？

曲水流觞，古人如何欢度风清日和三月三？

到了农历二月二，河北人有一件非做不可的民生大事，这就是理发剃头。因为在正月期间，各种买卖家都得歇业，全民猫冬过大年，理发的自然也就不出工了，还编排了一个“正月剃头死舅舅”的说法。到了二月初二，理发店开门营业，大伙都要赶在这天理理头发精神一下，讨一个龙抬头的好兆头。

说过了这件不得不做的事，接下来要讲讲二月二这天绝对不做的事情。这一天里，河北很多地方都讲究女人不动针线活，说是怕伤了龙眼，男人不能动农具，怕伤着龙鳞。沧州孟村回族自治县的县志上还记着这么一个说法：二月二里不能上井去挑水，以免伤着龙头。

在一些乡镇里，这天还有一件事情得忙活，要用自家的米麦糠一路撒到井台，再用草木灰从井台撒到自家的水缸边上，说的是为了把井里的真龙引到自己的家中。另外，这一天，家家户户都要煮一锅面条，给老人小孩儿都捞上一碗，叫作“吃龙须面”。这一碗面里的门道可大了，据说，老人吃了能长寿，孩子吃了保健康，长长的面条能保佑一家人福寿绵长。

一年之计在于春，春天里的二月二不单要为家人祈求健康，也得为地里的庄稼求个丰收。河北有些地方的人们在二月二当天把草木灰撒在打谷场和院子里，仔仔细细地画出一个大圆圈，称作“打囤”，再往圆圈中间放上一小把粮食，叫作“添仓”，还有在圆圈里放钱的做法，叫作“钱囤”。老人说了，这就象征着大囤满、小囤流、五谷丰登的好兆头。

春天里，万物生，地里的虫子也都出来活动，俗话说的“惊蛰过，百虫苏”讲的就是这种现象。二月二，也是人们驱赶毒虫的时候，大清早一起床，就要小心着不说这个“起”字，怕的就是毒虫应声而起。

在冀东南地区，老乡们都要在这一天里把去年冬天藏在地窖里的蔓菁拿出来煮汤。这汤要给家里每个人都喝上一大碗，再洒到房间里的每个角落，用蔓菁的气味把蝎子、蜈蚣、蜘蛛、虱子、跳蚤之类讨人嫌的小虫子都赶走。这就是民间所说的“禁百虫”。

在邢台南宫，有不少人家都要画个药葫芦贴在墙上，那葫芦里面有蛇、蝎、蜈蚣、蚰蜒、蜘蛛五种毒虫，这样的做法就叫作“辟百虫”。也有人用豆面、麦面搓成灯捻的模样，把它埋在土中，称之为“薰蚰蜒”。还有些地方的人们用石灰在厕所门前围上一圈，说是可以除瘟。

邢台临西县的乡亲们在二月二这天都要起个大早，赶在太阳没出来的时候炒上一锅豆子分给全家人吃，一边吃一边念叨着：“吃了炒豆子，吓跑毒蝎子。”

这么一大串有趣的节俗，尽在河北的二月二，二月过后是三月天，风和日丽的三月里又有什么样的节日呢？

讲到三月三的习俗，还要从中国的行书第一帖《兰亭集序》说起。东晋永和九年（353 年）的三月初三，王羲之和谢安、孙绰等 40 多位文艺圈当红的人物聚在了一起，在会稽山阴的兰亭曲水流觞，吟诗合唱，作修禊之会。王羲之就在这里留下了那篇经典的《兰亭集序》。

会稽山上的兰亭会，为的就是修禊。修禊说通俗点，就是洗洗澡，驱邪气，跟西亚人所说的“洗礼”差不太多。风清日和的天气里，在青山秀水之间洗个澡，正符合中国“天人合一”的传统理念。

传统节日“三月三”的起源很早，古时候，它定在农历三月的第一个巳日，就是辰龙巳蛇的“巳”，所以就称为“上巳节”，也叫作“三巳”、“元巳”或者“重三”。

西周时期，周公选在这个良辰吉日设曲水之宴，那弯弯曲曲的流水之上漂着一连串的小酒盅，这风雅又浪漫的玩法就是“曲水流觞”的来由。根据《周礼》的记载，这一天不但要喝酒玩乐，还要痛痛快快地洗个澡，有些地方还讲究用香薰草药来沐浴。

到了汉代，三月三上巳节已经成了国家法定节日，全民洗浴就成了这一天的节俗。

宋朝之后，三月三的过法就有些不同了，洗浴的事情不再是这一天里的重头戏，春游踏青才是这大好春光中的正经事。所以，民间也就留下了那句谚语：寻春直须三月三。

现如今，要在民间寻一回古风古意，可以到河北中南部去感受一番。在这一片地区，三月三被老百姓们称为“桃花节”，因为那桃花争艳特别可人，像极了可爱的女孩子，所以又称作“女孩节”。这时候，漫山遍野的桃花开成了片，人们就在桃花下清洁身体，驱灾辟邪。

在太行山区的平山县温塘镇上，自古以来就有三月三洗桃花水的民俗。这民俗之中还包含着一个流传了千百年的美丽传说，这又是怎样一段故事呢？

太行深处，人面桃花如何映红春水？

涿鹿山间，轩辕传说如何传承千年？

相传，王母娘娘有七个女儿，这七位仙女平时就在天宫之中，大门不出二

三月三曲水流觞图

门不迈，这几个姑娘觉得日子过得挺没劲，平常净听说人间的故事，就想着能下凡去看看风景。

这一回，王母娘娘举办蟠桃盛宴，七个仙女趁着人多事多，偷偷地拨开云层往人间看了一眼，那一片青山绿水，花红柳绿，看到眼里可就拔不出来了。七仙女打定了主意要下凡，找了个空子就溜出了天宫，到了人间的温塘镇，在桃花树下的温泉里洗了一个舒舒服服的热水澡。这样的场景被温塘镇上的女人们瞧见了，她们也学着仙女的样子在温泉水中洗了个澡，洗完之后就觉得身体也轻巧了，脸色也好看了，浑身上下很是舒服。

这一天正是农历三月初三，当地人就把这个日子定作了一年一度的洗浴节，又把农历的三月称为“姑洗月”，还把这里的温泉水称作“桃花水”。从这以后，每到了三月初三，十里八乡的大姑娘、小媳妇都来温塘赶庙会，争着去洗桃花水。过了一年又一年，这样的传统就成了当地独特的非物质文化遗产。

温塘镇上有一句话是这样说的：“一日桃花浴，三生无炎凉。”农历三月初三的桃花节里，在温泉水中加入桃花花瓣，来一场美美的桃花浴，这样可以疏通经络、扩张血管、滋润皮肤，实在是健康美容的好法子。看来，在桃花节时沐浴桃花水可以使青春常驻的说法也确实很有道理。

在河北人看来，三月三不只是春游沐浴的好时候，这一天还有很多非同寻常的意义。在张家口涿鹿流传着这样一种说法："二月二，龙抬头；三月三，生轩辕。"据说，三月初三是轩辕黄帝的生日，当地人为了纪念这位"福寿之神"的寿辰，要专门举行一场隆重的节庆活动。

在"五岳奇秀揽一山，太行群峰唯苍岩"的井陉县苍岩山，三月初三也是一个大日子。这一天里大山上要为苍岩圣母举办一场热闹的庙会，那真是香客云集，香火兴旺，还能看到井陉拉花、抬皇杠、舞龙耍狮子的前来助兴。

在沧州、廊坊一带，也有一句民谚讲的是"三月三，吃鸡蛋；三月三，砍枣尖"。这话里说的是要顺应农时，开展农事，忙活累了再吃个鸡蛋，这是为了讨一个吉祥如意，添儿添女的彩头。

三月三的鸡蛋吃起来有讲究，做起来花样也挺多，有的地方要吃春茶调味的茶叶蛋，有的地方吃的是应季的野菜做成的"荠菜煮鸡蛋"。都说吃了这样的鸡蛋，不仅滋补身体，还能预防春天里头疼脑热的小毛病。

多姿多彩的节日，丰富有趣的节俗，一个接一个的好日子让老百姓乐乐呵呵地过了一年又一年，中国人的文化就在历史中传承了一代又一代。

这正是：

二月初二龙抬头，舞龙祈福为丰收。

三月初三蟠桃会，曲水流觞乐悠悠。

第八十六回 逢年跑竹马 意气风发添

上一回说到二月初二龙抬头，三月初三桃花开。看着桃花朵朵，迎着春风拂面，已经来到了万马奔腾的甲午马年，在这个花开万朵的春天里，正好到河北各地去看看喜庆热闹的民间花会。这第一个要说的自然是意气风发的跑竹马。这项历史悠久的民俗盛会有着什么样的看点呢？

中国文化中，马和龙一样都是精气神的象征，不过，腾云驾雾的龙只是想象中的图腾，纵横驰骋的马却是我们身边实实在在的朋友。所以，也有人说，马就是行走在地上的中国龙。

因为马在人类的生活中担起了很重要的角色，所以被赋予许多人性化的特征，像是勤恳、坚韧等一系列的好词，都被用在了马的身上。伯乐慧眼识得千里马、燕昭王千金买马的故事至今一直被中国人引为经典。至于有关“马”的成语更是数不胜数，马到成功、一马当先等都是马年里拜年的吉祥话。马那勇敢忠诚、百折不挠的品格早已融入了中国源远流长的文化和中国人勤劳朴实的品格之中。

现如今，在正月里拜年少不了要提到马；古时候，老辈儿人的生活更是离不了马。大人骑马，小孩儿学样，大人骑的是高头大马，孩子们玩的是小小的竹马。这竹马到底是个什么样呢？

李白有一首《长干行》：“妾发初覆额，折花门前剧。郎骑竹马来，绕床弄青梅。同居长干里，两小无嫌猜。”这首诗留下了“青梅竹马，两小无猜”的典故，从这里也能想象出竹马的大概模样。

古时候，民间就有扎竹马给孩子玩的做法，后来，这轻巧好玩的竹马又加入了传统表演艺术的唱词、音乐和服饰，发展成一种民间舞蹈，成了民俗文艺活动和节庆游行中很常见的表演项目。这就是咱们说的“跑竹马”。

跑竹马又叫“跑马灯”、“马灯调”、“竹马灯”、“竹马戏”、“竹马落子”。要问跑竹马的历史到底有多长，从书本上翻一翻，好多处都有关于它的记载——在《三国志》和《晋书》之中，都能见到这个名字；在明代阮大铖的剧本《双金榜》中，也有跑竹马的情节；在清代《北京走会——旱船走会》的画面上，也能看着一个腰上系着马头马尾的女子，只见她左手拿着马鞭，右边还有个跟班的丑角，那场面真是活灵活现；在清人《帝京岁时纪胜》之中，也记录着清代跑竹马的活动。

要想刨根问底说究竟，找找跑竹马最古老的源头，还得讲起那几段动人的传说。

打马上山，常山猛将留下怎样一曲慷慨悲歌？

跑马上阵，民间艺人上演怎样一出民俗大戏？

石家庄的灵寿县里有个白马岗村，这里的跑竹马最是出名。据说，白马岗上的跑竹马跟常山名将赵子龙之间还有一段渊源。

东汉末年，燕赵之地群雄争霸，战火绵延。年轻的赵子龙骑着一匹白色的骏马来到灵寿。他看见山间丛林茂密，就打马上山进了林子在这里休息。后来，当地人为了纪念这位盖世英雄，就在村边的山坡上用汉白玉雕了一匹马。从这以后，村子也改名叫作“白马岗”。

清朝乾隆年间，白马岗村里一位姓赵的村民用竹子扎了一匹马，根据古老的传说原创了一段舞蹈，再现当年赵子龙跑马的场面，跑竹马就这样诞生了，村里的老赵也成为当地跑竹马的第一人。

这门民间艺术在太行山间一脉相传，表演的内容也随着时代的变迁翻出了新的花样。从传统的“子龙骑马”到抗战时期的“欢迎八路军”，再到新中国成立之后的“万马奔腾庆胜利”，竹马跑过了几百年的时光，见证了许多年的历史，传承着大山间的记忆。

在河北南边的一片地方，还有个故事讲到了跑竹马的来历，这其中的主角正是《隋唐演义》中的大英雄、瓦岗寨里的程咬金。相传，程咬金带着大军出兵打仗，凯旋的路上操练起骑马的阵法，这就是跑竹马的前身。当地的乡亲看得起劲，也把这套招数记了下来，编成了一套竹马戏。现如今，当地竹马戏的经典剧目还是以《隋唐演义》中瓦岗寨英雄抗暴济贫的故事为依托，以程咬金为主角，再加上“罗成”高亢优雅的唱腔，“秦琼”字正腔圆的道白，上演着一场行侠仗义、除暴安良的大戏。

跑竹马好看人人爱，不过，看戏不只要看热闹，还得瞧瞧其中的门道。那竹马精巧讲究，逗趣好玩，它到底是怎么制作出来的呢?

早年间，老百姓做竹马用的是大大小小的竹篾子，再在竹架子上面糊上 40 多层的裱纸，为了防虫蛀，更耐用，还得往糨糊里面掺上一点儿砒霜。马身子架好了，再把纸浆盔成马头样，用线麻做成马尾巴，树根做成马耳朵，一样一样地拼好了，就成了一只竹马。

做好了竹马跑竹马，民间的艺人在表演的时候跳进马背上的小圆洞，身上要穿唱戏的行头，手里拿着细细的马鞭，那一派威风就像是马背上的大将军。这边有马上的人物摇摇摆摆，那边有各式乐器吹吹打打，这就是当地的乡亲们最喜欢的跑竹马。

竹马跑得人心欢腾，锣鼓敲得欢天喜地，赶到逢年过节的时候，河北好些个地方都能瞧见热热闹闹的跑竹马。当然，各地的竹马有各地的特点，各地的跑法是各有不同。在燕赵之地,一脉相通的跑竹马到底有几个孪生的小兄弟呢?

河北南边的竹马戏最讲究排兵布阵的方法，锣鼓一响，一排一排的竹马就踏着鼓点起转腾挪，摆出来的套路让人眼花缭乱：一会儿是跑圆场，一会儿又成了十字台，刚刚还在跑八字，转眼就成了龙摆尾，观众们还没回过神来，跑竹马的队伍又绕成了圆场蹦蹦跳跳。他们时而操队演练，时而奔跑厮杀，周遭的乡亲们就像是穿越时空，来到了古代的沙场之上。

走过了冀南到冀中，在这看竹马，不单是要看白天的跑竹马，还要等到月上枝头的晚上，看点不一样的剧目。等到天色擦了黑，乡间地头就响起了一阵清脆的铃声，亮起了一片火红的灯光，灯光之中就是一连串的竹马登场亮相。走进了细瞧，就能发现那叮当响的小铃铛就在竹马的脖子上边拴着呢，五颜六色的小彩灯就在表演者的背后挂成了串。因为有五彩的花灯来点缀，晚上出演的跑竹马也就被乡亲们称作是“竹马灯”。

要从跑竹马这行里选出一支最有派的队伍，那就得数古城正定东柏棠的艺人们了。每逢年节底下，或者是大大小小的非物质文化遗产展演，总有一支抢眼的队伍跑在前面，他们就是东柏棠跑竹马的艺人。他们的衣裳鲜亮，舞步多样，一个个朱唇粉面，策马扬鞭，那一派精神头绝对是无人能比。他们来往在人群之中，就像是冲杀在战场之上，“马群”步伐疾速有度，“战士”气势粗犷豪放，那一番火爆热烈的场面有万马奔腾的气势，有意气飞扬的神采。

要问正定东柏棠跑竹马的起源，这来头可是真不小。有一种说法讲的是在康熙年间，一个宫廷艺人流落民间，路过了正定的东柏棠，他看这里的乡亲热情好客，勤劳朴实，就把拿手的绝活传授给他们，这就是代代相传的跑竹马。另有一段故事说的是在咸丰年间，一个唱高腔的戏班子到了正定东柏棠，他们在戏台上演了一出剧目，那戏里就有一段跑竹马的情节，当地的老乡们看着挺有趣，就照葫芦画瓢搬到了戏台之下，成了后来的跑竹马。

老辈儿里的跑竹马和竹马灯在千百年里从来没有断了篇，可是这世世代代的传人大多数都是纯爷们，有的是本色出演，有的是男扮女装，分别挑起了生、旦、净、末、丑等角色。在新中国成立之后，女性也加入了跑竹马的队伍，因为姑娘们身体灵巧，模样好看，女演员也在这一行里顶起了多半边天。

讲过了跑竹马，说过了竹马灯，还有一样名叫“竹马落子”的好戏马上就要登场，这又是怎样的一段故事呢？

人杰地灵，戏曲之乡诞生何种民间绝活？

继往开来，传统竹马跑出怎样一片未来？

保定高阳一带是河北著名的戏曲之乡，京剧大家盖叫天就是土生土长的高阳人，昆曲表演家韩世昌也是高阳老乡，这片土地也正是竹马落子的发祥地。

早年间，高阳人最爱看的竹马落子就演出了各式的人物，表演出各式的剧情，像是《三打祝家庄》、《昭君出塞》、《状元游街》、《杨八姐游春》、《千里送京娘》

等故事都是高阳竹马落子的经典戏目。

多少年来，民间艺人在这门艺术上下了很大功夫，不断推陈出新，整理出不少好看的新剧目，琢磨出很多新形式。他们利用跑竹马和竹马灯的表演形式，自编自演过《小丫驯马》、《军民联防保边疆》、《草原女民兵》、《追击叛匪》等融合了时代发展的大戏，还在一个“跑”字上面做起了文章，在舞蹈动作里加入了新的元素。有了一代又一代乡间艺人的努力，这项传统的民俗文化又焕发出了青春。

提起当地的竹马落子，高阳人都觉得很是骄傲，这不单是因为人家的艺术有历史，更是由于这竹马落子戏《小丫驯马》曾经在1979年参加了中央文化部主办的国庆30周年文艺献礼演出，还一举拿下了歌舞创作一等奖。那一出戏里有跑竹马的蹉步、勒马、跑马步，还揉进了戏曲武打中的扫堂、撂叉和飞脚，戏里的小丫机智又勇敢，人小志气大，震撼了国家级的评委，惊艳了全场的观众。

竹马家族的几路戏码，是燕赵艺术的几员好将，跑竹马的艺术历经千年，历久弥新。这一路跑马跑出了马到成功的好彩头，跑出了一马当先的精神头。祝福这古老的燕赵奇葩在传承民间艺术的征程上跑得更快，跑得更远，跑向全国，跑向世界。

这正是：

马年吉祥跑竹马，新春意气更风发。

马到成功齐贺岁，一马当先举世夸。

第八十七回

冀东演跑驴 神州第一扮

上一回说到马年跑马，意气风发。这一回登场的主角模样跟马差不多，个头却比马小了一截，它就是憨头憨脑的小毛驴。在燕赵之地，每到了年节里，庙会上，总要演一出热热闹闹的跑驴，这个独具特色的民俗节目有着什么样的来历？

一说到这小毛驴，很多人都会联想起一位神仙，那就是八仙之一张果老。其实，张果老也不是外人，根据《旧唐书》上的记载，他正是在河北出的名。大唐时代，正定城里的恒州刺史韦济把张果老推荐给唐玄宗李隆基，皇帝一看，他果然是个人才，还想把妹妹玉真公主嫁给他。可是呢，这张果老却没答应，说什么也要回到蒲吾县山，就是如今平山县的王母观山。皇帝就在那里给他建了一座栖霞观，这是正史中言之凿凿的记载。而在广宗县里有一座张果老山，还有一座供奉着张果老的栖霞观。在人们的印象当中，张果老从来都没神仙的架子，常常是倒骑在那头小毛驴上，优哉游哉，乐乐呵呵。古时候就有首诗这样说：“举世多少人，无如这老汉。不是倒骑驴，万事回头看。”

说过了神仙身边的毛驴，再讲讲人间的驴，它的模样虽然不怎么起眼，可是它身上的优点实在说不完。它勤劳、朴实、憨厚，能下地干活，能拉车赶路，还让河北著名诗人贾岛在它的背上留下了“骑驴推敲”的佳话。都说艺术来源于生活，生活中的小毛驴究竟是如何走上了艺术的舞台呢？

生活中的毛驴性子好，体力强，干起活儿来不吭不哈，而且它的身体素质也不错，很少闹毛病，所以民间就有了个说法，叫作“铁驴铜骡纸糊的马”，说的就是毛驴的身板顶呱呱。因为这小毛驴跟人类的关系很密切，老百姓也就把它当作了好朋友，还把它的形象搬到了传统的民间花会之中，让它在大秧歌里面担起了重要的角色，这就是昌黎地秧歌中的经典戏目《跑驴》。

说起这一出《跑驴》的戏目，它的名气可真不小，早在几十年前，民间就流传着这样一句顺口溜："从南京到北京，《跑驴》、《扑蝶》、《花鼓灯》。"这几样民俗奇葩都是当时的民间艺术代表作，其中排在第一个的《跑驴》就是昌黎地秧歌的代表剧目，也是冀东地秧歌的成名之作。2006 年 5 月 20 日，昌黎地秧歌这门艺术入选国家第一批非物质文化遗产的名录，《跑驴》也登上了国家级舞台。

地秧歌《跑驴》的诞生地就在秦皇岛昌黎，这里山清水秀、人杰地灵。自从商代时期，昌黎就成为孤竹古国的所在地，还留下了夷齐让国、老马识途等一大串著名的历史故事。几百年后，又有秦始皇、魏武帝到了昌黎，在渤海之滨留下了千古传奇。到了辽宋时期，3000 多户汉人迁到了昌黎，也把流行于中原的大秧歌带到了这里。在这之后的辽金元时期，秧歌融入了好多种民族的色彩，丑角的肩膀一晃一晃，明显是蒙古舞蹈的特点，妞角羞答答地躲闪，晃悠悠地转身，都是多民族文化融合的表现。

明清时代，昌黎地秧歌也进入了最重要的发展时期，这时候的秧歌跟戏剧二合一，淳朴的秧歌成了有情节、有故事的民间大戏。艺人们脚步颠颤、肩膀摇摇、腰身晃晃、双手摆摆，就像是风中的杨柳条。再看他们手里的道具更是千变万化，有五彩的扇子，有结实的棒槌，有姑娘们的小手绢，也有老大娘的烟袋锅，再加上让人眼花缭乱的动作，看起来真是过足了眼瘾。

到了清朝末年，昌黎的秧歌好手成兆才在莲花落、蹦蹦戏、皮影、二人转、大鼓等民间艺术的基础上创造出北方最大的地方剧种——评剧。这平地里杀出的一匹黑马抢了秧歌的风头，传统的昌黎地秧歌只好转了戏路，放弃了老辈儿地秧歌中的演唱部分，成就了幽默风趣的哑剧路数。这会儿的秧歌行里诞生了哪一出好戏呢？

活灵活现，地秧歌扭出怎样一场生活小戏？

惟妙惟肖，小毛驴演出怎样一段生动情节？

这出秧歌戏就是《跑驴》的前身《傻柱子接媳妇》。这故事的主角是个名叫“傻柱子”的庄稼汉，这小伙子家里没钱，日子过得艰难，只好委屈刚过门的新媳妇进城去给财主当佣人。谁知道这财主没安好心，仗着有钱有势霸占了傻柱子家里的新媳妇。赶到年关底下，傻柱子赶着毛驴上城接媳妇，可是这财主愣是不放人。这话明着不好说，就在暗中使绊子，使出了各种花招，可着劲儿忽悠人家傻柱子。

这样的情节到了秧歌戏里，傻柱子成了傻里傻气的丑角，满脸涂着黑颜色，就留着两个白眼圈。他身上穿着破皮袄，背着钱褡子，一手拿串铃，一手拿小鞭，扭着碎步假装赶着毛驴。新媳妇身上穿的是五彩的衣裳，一首拿扇子，一手拿手绢，踩着小步好像骑在毛驴的背上。黑心的财主在这出戏里穿着长袍马褂，头上戴着红疙瘩帽盔，手上托着水烟袋，贼眉鼠眼穿前跑后，那模样真是又可恨，又好笑。

这出戏里有滑稽的表演，有好多的笑料，还有乡下人喜欢的小毛驴，虽说这趣味没那么高雅，可是老百姓很是爱看。这就为新中国成立之后的“新跑驴”打下了最初的基础。

新中国成立之后，人民当家做了主人，老百姓受剥削、受压迫的日子全都翻了篇。1952 年冬天，昌黎地秧歌著名表演艺人周国宝、周国珍、张谦等几人拉起了一支队伍，在专家的指点之下把《傻柱子接媳妇》进行加工改编，创作出让人耳目一新的跑驴新剧目《喜回娘家》。这出新戏取材于民间盛行的风俗——送媳妇回娘家，故事虽然是老套路，可这旧瓶子里面装的却是新酒，讲了一段土改之后翻身农民互相帮助的事情。三个土生土长的民间艺人，一出简简单单的秧歌小戏，却演出了红火热闹的场面，产生了生动有趣的效果，这其中有着怎样的奥妙呢?

《喜回娘家》的秧歌一开场，就有一个农妇模样的大姐上了台，她怀里抱着一个胖娃娃，骑着毛驴回娘家。那大姐身边还有个朴实的庄稼汉，那就是她的丈夫，孩子的爸。这一家子赶路过河沟，小毛驴的蹄子陷进了泥里拔不出来，这可把夫妻俩急坏了。幸好有一个农民大哥来帮忙，他们想尽了办法，终于拉出了毛驴回了家。

这段来自生活的小戏并没有什么出奇的情节，这出小毛驴引出的小故事要怎么样才能演出彩，怎么样才能赢得一片叫好又叫座的掌声呢?

首先得说这男主角周国宝的功夫到位，表演精彩，他扮的是丈夫的角色，用身体、眼神展现了农民过上好日子的那股精神劲儿。周国宝演的虽然是个丑角，可是在他的身上压根看不到传统丑角撅屁股、伸脖子的动作，更没有矮人三分的感觉。瞧他身肩膀抖得多利索，看他那碎步踏得多轻巧，他以地秧歌中特有的走矮子舞步，风趣灵巧地表现了上岭下坡的情景，演活了一个诙谐、乐观的农民大哥。

演大姐的这位是周国宝的堂弟周国珍，他男扮女装还挺好看，扮着女人骑着毛驴，用传统地秧歌中跑竹马的表演形式和舞蹈动作，把“走马”、“跑马”、“惊马”改成了“走驴”、“跑驴”和“惊驴”,那一匹“小毛驴”骑得是出神入化，惟妙惟肖。演大姐自然就得有个大姐的样子，周国珍拿上花手绢，打开小扇子，把农家女的角色演得很接地气，您一瞧就想起了隔壁的王大姐、李大嫂。

另外一个演员是丑角名手张谦，他的戏份不多，却特别精彩，那灵活的身段赢来了一片的叫好声。

新编的《跑驴》里最大的看点就是那匹小毛驴，地秧歌的特点也在这毛驴的身上表现得最是突出。“拉它不走，打它就踢”的幽默场景展现了毛驴的倔脾气，受惊的驴子又引出了大哥大姐哄孩子牵驴的紧张气氛，拉毛驴出泥坑的情景又渲染了忙中出乱的戏剧性情节。

这一连串的故事里没有唱词，只有一支唢呐滴滴答答地讲着故事，它吹出了哭声，吹出了笑声，吹出了你来我往的说话声，吹出了咿咿呀呀的小孩儿学语声。这唢呐吹得观众们瞪大了眼睛，笑疼了肚子，直把手掌都给拍红了。

起初谁也没想到，这一出透着泥土味的冀东地秧歌《跑驴》就此横空出世，一炮而红。昌黎城里关二街的这几位老艺人把这出新戏带到了大江南北，演到了大洋彼岸，这又是怎么回事呢?

一炮而红，冀东秧歌戏如何走出河北?

一演成名，可爱小毛驴如何跑向世界?

1952 年，昌黎县举办了新中国成立后第一次农民文艺会演，新秧歌《跑驴》就是这场表演之中的压轴好戏，收获了不少好评。后来，县文化馆的老师对它加工润色，又推荐到了唐山地区参加表演，又得到了一片掌声。再后来，地区文化馆的舞蹈教练又对它进行改良，《跑驴》又到了河北省首届民间文艺会演的舞台之上。那天，大幕一开，唢呐一响，周国宝一耸肩，一扭腰，一晃鞭子，一迈那悠然自得的秧歌步，就赢了一个碰头好。

这么好的民间艺术，自然应该拥有更大的舞台。1953 年的 4 月，来自于冀东大地的小毛驴一溜小跑，一举成为首届会演中的优秀节目。

从这以后，昌黎地秧歌《跑驴》风靡全国，舞台上的小毛驴成了当红的明星。全国好多艺术团体、艺术院校都专程找到了周国宝、周国珍和张谦，争着请他们传道授业，教一教昌黎的地秧歌。中央新闻电影制片厂还为《跑驴》拍摄了专题片。

就在这一年的 8 里，《跑驴》的热度再次升温。这个乡土味十足的节目在罗马尼亚首都布加勒斯特举办的第四届世界青年与学生和平友谊联欢节上亮了相，登场的演员就是周国宝、周国珍和张谦的徒弟——来自中央歌舞团的三位青年演员。《跑驴》凭着浓郁的中国北方民风民情感染了国外的洋观众，昌黎地秧歌第一次冲出国门，就拿下了闪亮的银奖。

几十年来，昌黎地秧歌走出河北，红遍全国，还获得了海外观众的青睐。河北冀东的“小毛驴”胜过了张果老身边的那匹仙驴，它跑遍世界各地，成了传播友谊和华夏民间文化的使者。

这正是：

古有八仙倒骑驴，冀东跑驴今称奇。

诙谐幽默胜哑剧，大江南北数第一。

第八十八回 腾跃龙灯舞 绝技大开眼

上一回讲了热闹好看的秧歌，说过逗趣好玩的跑驴。这一回登场的是哪一样经典的民间艺术呢？说到它的名字，每个人都觉得热血沸腾，精神抖擞，这就是八面威风的龙灯舞。这门流传千年的燕赵绝活有着什么样的魅力呢？

龙是中国人的图腾，是中华民族的象征，我们的老祖宗把腾云驾雾的神龙看作是吉祥的化身，所以，就用舞龙灯的法子对天上的神龙表示敬意。每到逢年过节赶庙会的时候，好多个村镇里都能瞧见热热闹闹的龙灯舞，老百姓甩开膀子跳着舞，就是为了让龙王爷高高兴兴，保佑这一方的风调雨顺。据说，这龙灯舞的历史可不短。自从汉代开始，它就是河北这一带的流行项目；到了唐宋时期，这门艺术更是成了年节庙会上的重头戏。

之所以能有这么长的渊源，是因为它的人气特别高。大家喜闻乐见的龙灯舞，舞出了威风，舞出了气派，舞得男女老少乐乐呵呵，四季丰收红红火火。这门了不起的传统艺术究竟有什么样的来历呢？

相传，在很久以前，龙王爷碰上了一件烦心事，他腰酸背痛，非常难受，只好化身为一个白胡子老头到人间寻医问药。他好不容易找到了一位神医，到人家家里把病情一讲，医生就说了："中医讲究望闻问切呀，你光讲还不行，得让我号一号脉象才知道是怎么回事。"龙王爷撸起袖子露出胳膊，医生上手一摸，脸色立马就变了，过了好一会儿，才冒出这么一句："看来你并不是凡人。要想治好你的病，先得告诉我你是谁？"龙王爷一听，还真是碰上高人了，自己藏也藏不住，那就一股脑跟人家说了吧。他如此这般讲了个一清二楚，医生点点头，转身把门关上，请龙王爷现出真身，这才能为他治病。龙王一个转身化为龙形，医生从他腰上的鳞甲之中捉出一条蜈蚣，又敷上了一剂药。龙王爷扭扭腰身，嘿，这下还真是腰不酸了，背不疼了，浑身上下都舒坦了。

龙王爷知恩图报，要为神医的家乡做点儿好事。他临走的时候，给神医留下这么一句话，说是让当地人照着自己的真身做个龙灯，逢年过节的时候舞上一番，我就知道你们的愿望，保你们来年事事如意。从这以后，当地人就按着龙王爷的意思舞起了龙灯，他们春舞青龙、夏舞赤龙、秋舞白龙、冬舞黑龙，为的是求一个风调雨顺，五谷丰登。

这个故事只是传说，可是这传说里包含着农业社会的精神文化，满含着庄稼人的美好期盼。说过了流传千百年的神话，接下来就说说这看得见、摸得着的龙灯。

顾名思义，龙灯就是个龙模样，里面点着蜡烛，透出五颜六色的灯光。在民间艺人的手里，这沉甸甸的龙灯显得那么轻巧，舞得那么好看，一会儿是蛟龙漫游，一会儿又摇头摆尾，一下子就飞到了云端，忽然间又要入海破浪。多少代的艺人，花了多少心思，终于把这龙灯升华为民间的艺术。每当一条条巨大的彩龙上下翻飞，腾云驾雾时，舞龙灯的人都觉得畅快淋漓，看龙灯的人更是过足了眼瘾。在燕赵之地，龙灯舞出了多少花样？

巨龙起舞，舞出怎样一段千古传奇？

铁龙复兴，再创怎样一个艺术奇迹？

第一个要讲的是邯郸地区的曲周龙灯，为什么把它排第一呢？因为这里的龙灯舞有着上千年的历史，还填补了中国龙灯的一项空白。

西汉初年，当时的开国功臣郦商被封为曲周侯。这位大人是带兵打仗的军人出身，从前他每次出征之前，都要舞龙祭拜天地，给自己的战士提精神。他也把这种威风的仪式带到了曲周，用这样的法子为当地的百姓求风求雨，求平安顺利。

千年之后，曲周龙灯代代相传，成了独具特色的民间舞蹈，那一条条起舞的巨龙也形成了别具一格的造型。龙角有一尺来长，龙眼是耀眼的灯泡，龙须用纯天然的染料涂成绿油油的颜色，龙灯是牛油浸成的捻子。巨龙巨口张，目生光，角尖厉，须飘扬，身婉长，尾劲刚，千鳞万甲，神采飞扬，威武雄壮，好像是刚刚从天而降。

曲周的龙灯模样好看，舞起来更是不同寻常，龙和人合二为一，正应和了那句天人一体。尤其是夜幕降临的时候，就听那鼓点一响，先有虾兵蟹将在前面开路，接着就是巨大的龙灯隆重登场。瞧那巨龙一扭头，艺人们就从龙头下面鱼贯而过；看那巨龙一打挺，艺人们就叠起罗汉，让龙灯缠绕在身。龙灯之中的油捻子亮着火光，一明一暗，有人扯着火把来一场烟火秀，云雾之中的巨龙更是生动。那场面简直就像仙境一般。

曲周的龙灯气吞山河，它的名气也传到了北京。在20世纪80年代，北京民族文化宫的专家给出了这样的好评：曲周龙灯是龙灯的典型代表，因为它填补了一项历史空白。

专家的鉴定有着什么样的依据呢？原来，在曲周龙灯被发现之前，全国各地的龙灯大都是一个模样，那就是扁扁的一条布罩子，谁也没见过这么好看的龙灯。再有呢，其他地方的龙灯舞也没有这么精彩，一般就是来回打转，转几个圈儿。而河北的曲周龙灯是竹圈撑起的骨架，彩纸裱糊的身子，那圆滚滚的身材看着那么结实、那么神气，也难怪有人说，曲周的龙灯引领了这一行里的新潮流。

在石家庄的赞皇县，还有一个铁龙灯。“铁龙灯”，这个名字挺新鲜，平时听说的有纸扎的龙灯，竹编的龙灯，估计没几个人听过有铁打的龙灯。赞皇西街的铁龙灯是全国独一份，它到底是怎样的与众不同呢？

要把铁龙灯的故事从头说起，那就要讲到明朝时期。那时候，这里出了一个老乡名叫王玉堂，他丢下锄头当了兵，跟着部队征战南北。每到了胜利的时刻，弟兄们都要舞龙来壮士气。活在战场上的将士们跟普通的老百姓可是不一样，他们用铁打的武器和头盔组成龙身子，用军人的方式痛快地狂欢。赞皇来的王玉堂就是挥舞铁龙的一员。

王玉堂退伍还乡，就把这舞铁龙的本事带回了老家，也就是从那时候起，舞铁龙的技艺在西街王氏家族中传承下来。到了清代的雍正、乾隆年间，老王家的后人把铁龙灯发扬光大，传承的方式就由“族传”改成了“乡传”。后来，铁龙灯的形式不断完善发展，在赞皇西街扎下根来，一直传承到了今天。

几百年的风雨沧桑，几代人的发展传承，赞皇人把一条铁龙舞出了多少种花样？这门传统的燕赵绝活又经历了多少传奇的故事呢？

赞皇铁龙灯堪称龙灯中的硬派小生，龙头是沉甸甸的大家伙，龙身子由14个钢铁做成的大球组成，每个龙球又能分成24个钢圈。一对铁龙是一个演出小分队，它们身上的28个铁球就象征着天上的二十八星宿。这么一双巨龙需要70多个艺人才能舞的起来，它上应天数，下接地气，舞起来环环紧扣，可分可合，灵活方便，变幻无穷。

赞皇铁龙灯称得上是一门绝活，不过厚道朴实的山里人一点儿也不抠门，他们说，老祖宗留下的宝贝不能在自己的手里断了篇，铁龙灯发扬光大才是最要紧的事情。龙灯队的艺人把这本事传了一代又一代，这其中又有怎样的故事呢？

在20世纪30年代，小鬼子进了中国，兵荒马乱的世道里，铁龙灯的道具在西街村的仓库里蒙上了灰尘，几十年里没见过天日。这日子过了40来年，村里一个名叫安林的老爷子把这门独一无二的舞龙绝技传给了王家的后人王瑞福。

王瑞福舞着铁龙灯，想着把这好东西留下来。于是，他牵头成立了铁龙灯会，组织村里的年轻人舞起了祖宗传下的铁龙灯。他们在这门艺术中花了不少的心思，对传统的道具进行了一系列的改良。从前，龙球里面有龙胆，这龙头、龙胆、龙尾里面都点着蜡烛，在晚上舞起来很是壮观。但是，钢圈组成的龙胆舞起来沉重，蜡烛点在里面也不太安全，王瑞福就带着大伙把钢圈换成了铁丝，又把蜡烛改成了灯泡，这么一来，既减轻了艺人们膀子上的重量，也减少了事故的发生。

改革不单是发生在龙灯上，舞龙灯的队伍也发生了改变。早年间，龙灯队的艺人们都是清一色的汉子；现如今，女人也在龙灯队里顶上了半边天。西街村里已经成立了一支女子铁龙灯队伍。赶上演出的时候，14个女队员头戴红头巾，身穿红衣裤，把那一条巨龙舞得活灵活现。另外，还有20个姑娘举着四组荷花灯，四个姑娘放焰火，再有四位手持彩绘的龙门，五个人托着彩云。在震天响的锣鼓声中，龙灯在荷花之间游动，那一幅画面真是浑然天成。

近年来，赞皇铁龙灯舞得出彩，更是出名，它荣获“石家庄市非物质文化遗产”、“河北省非物质文化遗产”等光荣称号，还拿下了第十届中国民间山花奖舞龙大赛银奖。古老的西街铁龙灯已经成为千年古县赞皇的一张文化名片。

龙灯呈现，精彩大戏如何获得皇家封赏？

绝技亮相，燕赵艺术如何赢得一片赞扬？

舞龙灯，看龙灯，是老百姓的生活中最热闹的一件事，这么说来，舞龙的表演是不是该归为一种草根艺术呢？说起来，河北还有一路舞龙的艺术竟然生在帝王之家，还曾经受到过慈禧太后的封赏，这就是诞生在保定易县清西陵的摆字龙灯。

摆字龙灯就是把油灯摆在巨龙的身子里，再用龙的身体摆出各式各样的文字。要说它的来历，那还是在清朝乾隆年间成立泰陵衙门的时候，从承德避暑山庄带来的，到如今已经有 280 多年的历史。起初，这龙灯是整个的一条巨龙，后来，为了纪念雍正皇帝在位 13 年，这龙就断成了 13 节，节节分开用一条细绳和三个竹环紧紧相连。

从乾隆年间到民国初年，摆字龙灯是西陵守陵衙门拜大年的表演，舞龙的都是守陵的人员。想看这场表演，就得等到天黑，四周的光线暗下来后，就有喧天的锣鼓响起来了，一条条火龙翩翩起舞，摆出“天下太平”、“正大光明”等吉祥话。这摆字龙灯看着热闹，又带着彩头，常常到紫禁城里去演出，还拿到好几回皇家封赏，慈禧太后还专门赏过龙衣两套、红蜡烛三箱。

在 20 世纪 20 年代之后，清政府彻底倒了台，清西陵的守陵人也没了皇饷，成了普通的老百姓。从这起，摆字龙灯就成为民间自娱自乐的花会表演，这正应了那句古：“旧时王谢堂前燕，飞入寻常百姓家。”

飞入民间的摆字龙灯获得了更加强大的生命力，就在 2013 年的 6 月，易县摆字龙灯“龙之梦”队代表河北省在全国舞龙展演中作为压轴选手精彩亮相，他们在会场中央摆出“龙”、“之”、“梦”三个大字，成为舞龙大赛的点睛之笔。舞动在燕赵大地的巨龙带着中国腾飞的梦想，寄托着中华复兴的希望。

这正是：

正月处处耍龙灯，曲周圆身显神通。

易县摆字龙之梦，赞皇舞动铁甲风。

第八十九回 徐水舞狮忙 塞上狮子颠

上一回我们欣赏了燕赵大地上的耍龙灯，那威武霸气的巨龙在空中翻飞，尽显华夏儿女的英武豪迈。河北民间表演花样繁多，逢年过节舞狮子，也是一门传统绝技，几只色彩斑斓的大狮子摇头摆尾，有时还在高低不一的木桩上腾跳飞跃，雄壮威武。舞狮子怎样从宫廷流传到民间？河北又有哪些“舞狮专业村”呢？

说起狮子，它可不是中国土生土长的。古籍中最早出现狮子的记载就是《汉书·西域传赞》。当年汉武帝派遣张骞出使西域，开辟了通往中亚、西亚的丝绸之路，狮子就跟孔雀等动物一起经由丝绸之路传入中国。

在佛教里，狮子是文殊菩萨的坐骑，随着佛教传入，越来越多的狮子也走进了中国。宋代的《东京梦录》记载，有的佛寺在节日开狮子会，僧人坐在狮子上做法事、讲经以招来游人。

狮子早期是西域的朝贡，多数饲养在帝王的宫苑，平民百姓难得一见，觉得狮子很神秘，比虎豹还要凶猛。就连《本草纲目》里都这么记载：“虽死后，虎豹不敢食其肉，蝇虫不敢集其尾。”可见狮子有多么威风。

古时候，还有个十分有趣的现象。官府衙门，大多都是借虎势彰显官威，就连杂役们手持“肃静”、“回避”的牌牌都画着虎头，吓唬老百姓。可是您注意过没有，再大的衙门口，也没有摆老虎的，那摆的都是狮子。

老虎占据了官衙，狮子把守着门户，可老百姓更崇敬狮子，觉得狮子能给大家带来安全感。中国古老的门墩、屋檐、印章，甚至连卢沟桥的桥栏上都蹲满了狮子。就连石家庄西里村的坟地上自古也都有两尊铁狮子把守。据考证，这对铁狮子铸造于800年前的金代，后来它们成了华北烈士陵园的"镇园之宝"，当选为省级重点文物。最令人称奇的是，这对铁狮子虽然历经风雨沧桑，却没有一点儿锈痕，那精湛的铸造技艺，堪称传奇之作。

上得官府，进得民宅，狮子在中国人心里，既威风又吉祥，地位很高，那么它又怎么变成民间艺人手中的道具，任人耍玩呢，这其中又有怎样的传奇故事呢？

相传西域大月氏国向东汉王朝进贡了一头金毛雄狮，使者扬言说，如果有人能驯服这头狮子，便继续向汉朝进贡，否则就断绝邦交。汉章帝先后派了三个人驯狮，都没有成功。不成想，金毛雄狮狂性发作，被宫人乱棒打死，宫人害怕皇帝降罪，将狮子的皮毛扒下，由宫人兄弟俩装扮成金毛狮子，一人逗引起舞，不但骗过了大月氏使臣，就连汉章帝也信以为真。后来，这事传出汉宫，老百姓认为舞狮子是为国争光和吉祥的象征，于是仿造狮子，表演狮子舞。

到了唐朝，舞狮子已经发展为上百人集体表演的大型歌舞，还作为燕乐舞蹈在宫廷表演，称为"太平乐"，又叫"五方舞狮子"。后人还演绎出一段唐玄宗开创舞狮的故事。传说，这位风雅的皇帝曾经在梦中游月殿，忽然出现了一只五彩缤纷、阔口大鼻的狮子。它虽然长得威猛凶猛，可是在唐玄宗面前，却没有恶意，还在阶前滚动绣球。唐玄宗一觉醒来，想要重温这个梦，就让手下大臣仿造出这个瑞兽的样子，由乐部配上雄壮的锣鼓，编成舞蹈，娱乐宾朋。从那之后，舞狮便流入民间。

民间百姓都认为，狮子是瑞兽，象征吉祥如意，舞狮子可以驱鬼辟邪。所以每逢佳节或隆重庆典，民间都以狮舞来助兴。

威风八面，徐水狮舞留下哪些精彩看点？

气冲霄汉，舞狮之乡谱写那般传奇诗篇？

狮舞有南狮、北狮之分。南狮造型威猛，舞动时注重马步；北狮着重表现灵活的动作，以扑、跌、翻、滚、跳跃、挠痒等动作为主。北狮的造型酷似真狮，狮头较为简单，全身披金黄色毛。舞狮者的裤子、鞋都会披上毛，还没舞看起来已经是惟妙惟肖的狮子。而且，北狮一般是雌雄成对出现，狮头上有红结者为雄狮，有绿结者为雌性。有时一对北狮会配一对小北狮，尽显天伦之乐。

河北是北狮的发祥地，其中徐水狮舞还被誉为“北狮之宗”。

徐水县的舞狮子，仿照历代石狮的形态，在色彩、造型、装饰等方面利用夸张的艺术手法精心制作而成。古雅圆大的狮头，宽阔隆起的前额，黑亮有神的活眼睛，前伸而突起的鼻子，张闭有度的大嘴，稍微颤动的双耳，五官起伏有致，再加上头顶用彩绸扎成的彩球的映衬，显得威武雄壮，又有几分憨态可掬。尤其是脖子上安的一圈响铃，随着狮子摇头晃脑的动作叮当作响，十分招人喜爱。

徐水狮舞的活动时间主要在春节和春季寺庙法会期间，表演时由两人前后配合，前者双手执道具戴在头上扮演狮头，后者俯身双手抓住前者腰部，披上用牛毛缀成的狮皮饰盖扮演狮身，两人合作扮成一只大狮子，称为“太狮”；另外，由一人头戴狮头面具，身披狮皮扮演小狮子，称“少狮”；手持绣球逗引狮子的人叫作“引狮郎”。引狮郎在整个舞狮活动中具有重要作用，他不但要有英雄气概，还要有良好的武功，能表演“前空翻过狮子”、“后空翻上高桌”、“云里翻下梅花桩”等动作。引狮郎与狮子默契配合，形成北方舞狮的一个重要特征。

徐水狮舞表演时，文狮、武狮交替进行，另有小狮子穿插表演。文狮重在表现狮子温柔的一面，恐吓时的怕，互相亲密时的吻，期待时的盼以及挠痒、舔毛、伸腰、打滚、掏耳朵、打舒张等，动作细腻逼真，神态风趣可爱。而武狮则重在表达艺人的高超技艺，通过狮子出洞、翻山越涧、登山直立、踩球过桥以及跳、转、腾、扑等动作，把狮子凶猛威武的一面表现得活灵活现，尤其是梅花桩、三狮踩球的表演，更让人叹为观止。

徐水狮舞素有“北狮之宗”的美誉，这里有一个村子，出了九代舞狮艺人，走遍了世界五大洲，包揽了所有民间表演大奖。那么，这个神奇的村子又在哪里呢?

这个小村庄位于徐水县东北部，名叫北里村。一进北里村，村口自制的牌楼上狮子滚绣球的形象活灵活现，一看就知道来到了“舞狮专业村”。

提起北里村，不得不说说这里的狮子会。北里村狮子会创建于 1925 年，

徐水舞狮子

听老辈儿人讲，那年北里村大户牛耀去世，牛家从定兴县北营邱村请来狮子会。定兴狮子会赢得了北里村乡亲的连声叫好，喝彩声不断，把另一家表演场子里的人都吸引到舞狮场来。这次狮子会的演出，给北里村留下了深刻的印象。村里几个热心人一合计，决定成立自己的狮子会，专程从北营邱村请来三个师傅传艺。没有道具，他们自己动手做；没有资金，大家捐款解决。村里的老少爷们谁都不肯懈怠，他们用最简陋的柳条筐糊上彩纸当作狮头来练习。功夫不负有心人，到新中国成立初期，徐水狮舞已经全国闻名。

徐水县北里村有一条代代相传的老话，说的是“狮子会兴我荣，狮子会衰我耻”，村里的男人都把舞狮子当作一项神圣的事业，下足功夫，勤学苦练。那么，北里村的狮舞究竟舞出了什么名堂呢？

1953 年 5 月，北里舞狮队在中南海怀仁堂汇报演出，受到中央首长的鼓励和称赞。同年，他们又跟随贺龙元帅率领的赴朝慰问团到朝鲜战场慰问中国人民志愿军，巡回演出 100 多场。此后，北里舞狮队连续三年参加首都国庆庆典游行队伍，在天安门前接受检阅。

近年来，他们又在一些大型文艺晚会上表演梅花桩前后滚翻、二阶空翻、后空翻踏跳板、驮两个小狮子、四狮双层踩单球过板等高难技巧，通过电视的录像、转播，吸引了亿万观众。

北里舞狮队不但在国内赢得了很高的声誉，还迈出国门，走向世界。早在20世纪50年代，北里舞狮队就参加了在罗马尼亚首都举办的第四届世界青年联欢节，经过35天98场预赛，在决赛中一举夺魁，荣获金牌。还出访东欧五国演出，历时半年之久。当时演出的主要技巧是双狮耍长凳和梅花桩，受到国际友人的欢迎。

2001年10月，河北省杂技家协会正式命名北里村为“杂技舞狮之乡”。2006年被文化部列入国家级首批非物质文化遗产项目。

如今，想学舞狮的人特别多，不光是周边10多个村争相学习，就是天津、唐山这些大城市也有专门来拜师学艺的。于是，北里舞狮便拥有了“北狮王”的称号，还引出“无狮不北里”的佳话。

祸在旦夕，狮子会如何历经沧桑？

柳暗花明，张家口怎样迎来解放？

舞狮的话题，说也说不完。2014年春节前，笔者应邀到天津举办纪念三大战役胜利65周年文献收藏展，在整理藏品的时候，意外发现在一张解放区出版的《人民日报》上，刊登一则题为《“狮子会”复活了》的报道。这篇尘封60多年有关舞狮的文章，又讲述了怎样一段悲欢离合的往事呢？

1946年正月，张家口市民划着旱船、扭着秧歌、踩着高跷热热闹闹庆祝新年。平绥铁路局张家口检车段员工组织了狮子会，大家有钱出钱，有力出力，做出了两个栩栩如生的大狮子，在街头尽情翻滚舞动着，给节日增添了一份喜庆。人们纷纷拿出香烟、茶水、糕点慰劳他们，记者们照相机的镜头，也为狮子留下了纪念。

就在那年十月间，国民党军队驻扎到了张家口，伪一区一位姓熊的区长听说这里有狮子会，觉得这是个拍马屁的机会。1947年春节，他三番四次地叫狮子会去给他们长官拜年。狮子会的会员们勉强出了场，没想到，这狮子没舞成，反而出了大事。大概是由于吸烟不慎，狮子在长官部门前着了火，四五个人都被烧了，有的头发、眉毛被烧光，有的甚至被烧了半个脸。

这可惹了祸，狮子会被扣上冒犯长官的帽子，国民党伪工会以奸匪嫌疑的罪名，把狮子会里的十几个人开除了。一个姓马的工人在敌人特务机关里扣押了 11 个月，受尽皮鞭拷打；在平绥路做工 36 年的周雪台，被逼得卖豆腐；有的工人没法生活，只得流浪外乡。直到 1948 年 12 月张家口解放，张家口检车段狮子会的这几位工人才又见到了亲人！

这年春节前，工人们张罗着把狮子会又组织了起来，大家推选了德高望重的老工人周雪台当领头人。做狮子需要不少钱，铁路司令部和总工会补助了他们 1100 元，工人们就自己凑了 1700 元，失业工人也送了布料绸子来帮忙。大家连夜扎狮头劈麻染色，忙得饭也忘了吃，有些家属也参加了缝旗。只五天工夫，两个狮子便告成功。

1949 年春节，张家口的街上热闹非凡，一绿一黄的两个“狮子”，尽情地跳跃着。市民们又惊又喜，“我们的狮子活了！”舞狮虽小，但它见证了张家口工人翻身得解放的喜悦！

这正是：

雄风威猛兽中王，狮舞千年正月忙。
北狮之宗属徐水，双狮复活庆解放。

第九十回

井陉山间走　拉花遍地扭

上一回说到，徐水狮舞名扬天下，腾挪移转别样风采。要说这燕赵大地上的民间表演，真是各有各的精彩，如果有机会来到井陉，就会发现这里有一种人人都能扭一扭的舞蹈——井陉拉花。井陉拉花是怎么诞生的？数百年的传承，又留下哪些妙趣横生的故事呢？

"井陉拉花遍地扭"，来到河北井陉，无论是在广场戏台，还是田间地头，你总能看到拉花那刚健豪放的舞姿。

"拉花"诞生在偏僻的山沟沟里，起源于民间庙会的街头表演，也算是草根出身，可如今早已是身价百倍，被专家誉为河北三大民间舞种之一，还是首批国家级非物质文化遗产项目！

要考证拉花的历史起源，还真是有点儿难度，关于它的历史故事太多了。宋末元初，井陉深山里有个残忍的歹徒，占山为王，经常打家劫舍，残害百姓，每逢年关，都要下山欺男霸女，当地百姓恨之入骨，都想除掉这个恶贯满盈的山大王。有一年春节，他们选拔了一伙胆大心细、武艺高强的青年男女，装扮成村姑、花童、渔妇、货郎等，手持精巧美丽的花伞、花扇、花瓶、花篮、霸王鞭等物件，暗中将各种兵器藏在里面，假装路过，故意让强盗劫掠入山。到了深夜，趁着山大王寻欢作乐的时候，他们除掉了山大王，放火烧了山寨，解救出许多被掠的老百姓。自此以后，每逢年节，当地老百姓都打起花伞，舞起彩扇，挑起花瓶、花篮，打起霸王鞭，结队欢舞，以示庆祝，就这样世代相传到了今天，形成独特的"拉花"艺术。

当时，大家可没想到，当年老百姓带上山去，暗藏兵器的日常用具，后来都成了象征和平美好的道具：伞象征风调雨顺，包袱象征丰衣足食，太平板象征四季太平，霸王鞭象征文治武功，花瓶象征平安美满。

关于拉花的故事有很多，流传最广的一段是“县令种花”。在这个故事里，生在山沟沟里的“拉花”竟跟国色天香的“牡丹花王”结上了千里姻缘。

相传明朝万历年间，井陉横涧村有一位叫杨名标的举人，曾任河南省西华县令。杨县令回家省亲途经洛阳，正值牡丹盛开，看到牡丹雍容华贵，他爱不释手，千里迢迢拉回两株牡丹，栽到自家村中的老君庙内，以“花王”敬神。当时杨家是乡里的名门望族，杨名标回乡省亲可不能怠慢，乡绅、族人带着当地的吹歌会在村外迎接。后来，横涧人为纪念这件事，就将吹歌会改造为拉花音乐。

从此，每到牡丹花开的季节，当地的男男女女纷纷前来观看。为了纪念牡丹在井陉扎根这件喜事，民间艺人又将其编为舞蹈。因为当时交通不方便，在近千里的路途中，牡丹花的迁移只能用人力拉运，所以取名为“拉花”。正因如此，拉花演员们身上的装束全都是花：身上背花、头上插花、脸上画花、肩上挑花。而且，还创造出了与“拉”有关的前倾、落步、撇脚的舞步姿态。“有了牡丹花，就有了拉花”的说法就是从这里来的。

于是，多少年来，井陉艺人就有到洛阳牡丹花会上表演的念头。2009年，在民间文化抢救大使冯骥才的大力推荐下，井陉拉花终于获得到洛阳一展芳容的机会。这一年洛阳举办了河洛文化旅游节，井陉拉花的演员们身着绣满粉牡丹的服装，举着洒满金牡丹的伞，伴随着古朴的韵律翩翩起舞……他们的表演吸引了无数观众的眼球。历经了几百年的沧桑岁月，“井陉拉花”终于跟“洛阳牡丹”重新接续上了这门千里姻缘。

追本溯源，历史遗存如何见证拉花兴起？

寻根探底，深山小村怎样推动歌舞传承？

井陉拉花的最初起源，要远远早于明清时期。它的形成，应该得益于井陉的地理位置。井陉地处东西交通要道，是北胡民族与汉族文化融合的通道。那么，又有哪些历史遗存见证了拉花最初的兴起呢？

说到这儿，不得不提一幅北朝时期的画作《胡舞图》，这幅画反映了西域民族歌舞在中原传播的场景。胡舞的动作以快速、轻盈的旋转为主，活泼又奔放。来自西域的大量乐舞，都通过井陉古道的商贸往来、宗教传播等渠道传入中原，繁衍于社会生活的各个层面，为隋唐舞蹈进一步大融合、大发展提供了条件，同时对后世乐舞的发展产生了深远影响。

天长镇北关一带的井陉拉花，带有唐代胡舞的元素，尤其是抖肩、拉弓的动作，与北方少数民族的摔跤、射箭有着密切的关系。而且井陉拉花的服装中的腰带、靴子，也带有古代北方游牧民族的遗风。

到了金元时期，这条太行古陉成为多民族文化的融合地带。金朝的女真族、元朝的蒙古族和来自西域的色目人，与汉族杂居，促进了多元文化的融合。聪明智慧的井陉人民，不断借鉴各民族舞蹈，结合井陉特有的地域特征、风俗特征发展形成了独有的井陉拉花，还从井陉传播到山西。

《中国舞蹈史》提到："明人姚旅在山西洪洞县曾见到多种民间舞蹈。如手持小凉伞的《凉伞舞》，手持檀板、边拍边舞的《花板舞》等。"这种古老的山西民间舞蹈如今在洪洞县已经看不见了，不过，伞和板却是井陉拉花表演的重要道具，这也从一个侧面反映了井陉拉花与山西古老舞蹈艺术的关系。

井陉地处太行腹地，留下了许多先民生活的古老民居和村落。于家石头村就是一个典型的明朝移民形成的村庄。那么，这座用石头建造起的山村中，又埋藏着多少有关拉花艺术的故事呢?

石头村的博物馆里保存着众多石碑，在一块清代同治年间的"整敕村规"碑上刻有这样的文字："有开设赌场群聚玩钱者，一经查出，罚每人写戏一台、歌舞三日……"

这里所说的写戏、歌舞，并不是让赌博者亲自写戏、亲自跳舞，而是让他们出资钱请戏班到村里唱戏、歌舞，由此可见井陉百姓说话俏皮幽默。这样的村规也推动了民间歌舞世代传承。可别小看这个深山小村，村里竟有六座戏台。想当年，井陉拉花、社火和各色的歌舞百戏，都曾经在这些古老的戏楼上占尽风流。

如果说井陉拉花的表演粗犷有力、豪迈奔放，这的确不假。可如果有人说，表演拉花还能起到预防关节疾病的作用，恐怕人们就不大会相信了。那么，拉花真有这样惊人的功效吗？

井陉拉花最具魅力的艺术特色，就是拧肩、翻腕、扭臂、吸腿、撇脚等舞蹈动作，舞姿舒展大方，形成了刚柔相济、粗犷含蓄的独特艺术风格。井陉拉花的舞步，来源于在井陉崎岖山路行走的步伐，尤其是“登山步”和“撇脚”，更是人们在井陉山道上蹒跚行走的写照。因此有人说，“拉花”其实就是“拉荒”的谐音，是人们背井离乡逃荒路上发明的舞蹈。

让人意想不到的是，拉花专家马佶研究发现，井陉拉花的传承人几乎都不会患上肢体和关节疾病。他请教了很多运动健康专家，大家都认为，井陉拉花的点、提、拉、扣、挑表演和撇脚、翻腕、抖肩、拧背、吸腿的动作，能促进全身关节的运动，有助于肢体的健康。既然拉花具有如此神奇的功效，我们不妨马上行动起来，都来练一练拉花，既能健身强体，又使身心得到美的享受，何乐而不为呢？

在民间花会中，艺人在台前风风光光地表演，幕后乐队的演奏配合是功不可没，尤其是井陉拉花，它的音乐相当给力。

井陉拉花的音乐，既有河北吹歌的韵味，又有传统寺庙音乐、民间小调的色彩，刚而不野、悲而不泣，与井陉拉花舞蹈深沉、豪迈的风格浑然一体。井陉拉花，还有三种特色乐器，堪称是拉花音乐的秘密武器。它们就是管子、云锣和镗锣。

管子吹出的声音，低沉而委婉，就像牛叫的声音。云锣由十个同样大小的铜锣组成，也叫“十样井”，它既是道教常用的打击乐，也是传统算命先生演街的招呼乐器，可以打出十个音高的旋律，甚至还能模仿一队驴车走在山路上的嘈杂之声。而名叫“狗娃子”的镗锣，是握在手里的打击乐，可以通过敲打和手捂，模仿狗叫的效果。

这三件乐器，都带有山村旷野生活的印记。井陉拉花虽然不是以声乐为主的演唱艺术，但是在大山里表演，需要具有穿透力的声响在山水之间传播。同样的一段曲牌，如果用其他乐器替代，音乐的效果就会大打折扣。只有用云锣、管子、镗锣，才能将拉花这种民间艺术的乡土气息淋漓尽致地呈现出来。

大显身手，井陉拉花如何走出偏僻小山沟？

脱胎换骨，民间艺术怎样迈上国际大舞台？

新中国成立以后，井陉人民更加热爱自己的民间艺术。1957 年以南正村的拉花为代表，参加了全国第二届民间音乐舞蹈会演，受到了周恩来、朱德、董必武等中央领导的亲切接见。散发着泥土芬芳的拉花艺术，从此走出了大山，在省内外产生了深远的影响。

1978 年，井陉文化馆编排出新拉花《咱去西柏坡看亲人》。井陉拉花第一次脱去旧日服装，换上富有青春活力的秧歌服饰。他们去掉了一些拘泥、小气的动作，大胆改编旧曲牌、旧歌词，使古老的拉花音乐有了鲜明的时代精神。新拉花《咱去西柏坡看亲人》1979 年 9 月进京参加了庆祝建国 30 周年全国文艺调演，一炮走红，荣获文化部颁发的创作表演二等奖。

其实，井陉人民与当年西柏坡党中央的鱼水深情，还真是非同寻常。1948

井陉拉花

年春天，党中央进驻西柏坡后，井陉矿区人民将段家楼的桌椅、沙发、电话等办公用品和生活用品运往西柏坡，还积极为前线作战提供物资保障。一大批技术工人到沕沕水发电厂制造机器、修理电机，为党中央西柏坡指挥三大战役提供了照明和收发电报所需的电力供应。可以毫不夸张地讲，井陉人民为中国革命胜利做出了巨大的贡献。所以，新拉花《咱去西柏坡看亲人》，才跳得那么动情，那么感人。

从20世纪80年代末开始，井陉拉花受到中国舞蹈家协会副主席贾作光先生的关注，这位中国舞蹈界的泰斗几次应邀来井陉指导拉花艺术。从此，井陉拉花开始脱胎换骨。为了加强场面气势，他将传统的6人、12人增为36人；为了加快节奏动律，适当融进了跑台步；为了加强气氛渲染力，在传统的伴奏乐器中加进了大鼓、大镲、唢呐，同时还将服装、化装、道具做了全面改进，让人耳目一新。

1991年10月，井陉拉花以全新面貌参加了首届中国沈阳全国优秀秧歌大赛，在赛场上一举夺魁，荣获最高奖——优胜奖。此后还夺得了全国社会文化领域政府最高奖——群星奖金奖。

如今，在吴桥国家杂技艺术节、上海世博会上，都有井陉拉花艺术团的精彩表演。来自太行古陉深山中的民间艺术，还多次赴中国香港、澳门以及日本、新加坡等地表演，走上了更广阔的舞台。

这正是：

洛阳牡丹进山沟，井陉拉花遍地扭。

革新献艺夺魁首，太行奇葩传九州。

第九十一回

河北抬皇杠 三地不同样

上一回说到了太行奇葩出深山，井陉拉花遍地扭，土生土长的拉花说不尽年节的红火吉祥。在井陉，还有一种花会表演，同样热闹喜庆，那就是抬皇杠。上千人表演，上万人参观，这样大的排场究竟有什么来头，又有哪些讲究呢?

提起抬皇杠的由来,我们还得从《隋唐演义》中的“三板斧”程咬金说起。关于这位草头王最有名的一段故事，就是“劫皇纲”。所谓皇纲，就是皇帝生日，各地大臣送给皇帝的礼物。程咬金抢的是靠山王杨林手下护送的皇纲，从此演出了一场群雄聚义瓦岗寨的大戏。

皇纲少不了金银珠宝、玉器古玩，容易遭到抢劫，所以历代对护送皇纲都非常重视，于是民间产生了一种特殊的花会形式——“抬皇杠”。

说起井陉的抬皇杠，必定要和一个地名联系起来，那就是赵庄岭。相传明朝万历年间，明神宗西下五台山拜佛，所经之处，地方官员纷纷奉上贡品孝敬皇帝。在庞大的护驾队伍里，有一支特殊的押运贡品的“纲”队。当他们途经井陉赵庄岭时，忽然间一只火球从天而降，落在人群中，众人惊慌四散，神宗皇帝以为这是火神显灵，连忙下旨在这里修了一座火神庙。返回的途中，再次路过这里，恰逢火神庙竣工，神宗皇帝亲临庆典，并旨谕这一天，也就是正月廿五为“赵庄岭火神庙会”。

还有一种说法是，明武宗病危，急忙把外巡的皇子朱厚熜召回朝中继位。朱厚熜马不停蹄地往回赶，没想到在正月廿四夜里，遇到贼兵劫杀，慌乱之中，藏到火神庙才躲过劫难，成为后来的嘉靖皇帝。他也懂得感恩，当了皇帝后，命人重建火神庙，每年派专门的护送队伍押着 48

箱装满金银珠宝的皇纲送到赵庄岭火神庙，供庙里的香火之用。

说到这，各位就明白了。抬皇纲就是抬着皇上赐给的金银珠宝前往火神庙上贡，可这又有什么可看的呢?

这抬皇杠可是大有讲究。要抬皇纲，自然少不了运输工具，需要用到“杠”。一盘杠由杠杆、箱架、箱、箱环、顶旗等五部分组成，重量一般在40公斤左右，参演时，有时候30盘，有时候40盘，没有定数，越多越好。

赵庄岭火神庙会的抬杠，要有1000多人参加表演。最前面的仪仗队有皇家气派，数十面彩旗、龙凤大旗、大帅旗、万人伞、龙虎牌、回避牌、肃静牌、金瓜、钺斧、朝天蹬，还有庞大的吹奏乐队。仪仗队后是神驾，也就是火神像，神驾后为杠队。杠队中押纲官，身上系着串铃、手里扬着马鞭，装束犹如七品芝麻官，他负责查验运送的贡品。另外还有四名衙役跟班护纲。杠队之后是各种“伴驾”文艺节目，有拉花、竹马、旱船等数十种。

抬杠又被称为“颠杠”，那是因为在表演中突出了一个“颠”字。表演是随着仪仗队伍的拉开而开始的，有时在崎岖的山路上，有时在狭窄的小巷里，抬着一盘盘杠的演员一边往前走一边颠动杠箱，几十盘杠，要同时颠起，同时落下，使得箱环有节奏地拍击杠箱，发出“啪啪”的声响，让人们欣赏“颠”的艺术，所以称为“颠杠”。

当他们行至“落驾”处，也就是火神下架的地方，表演进入高峰。“全罗执事”以及数十面彩旗围成圆环，在震耳欲聋的铁炮声中，几十盘杠形成两条长龙，你来我往，“穿十字”、“走连环”、“掏剪子股”，队形千变万化。同时，演员争相施展换杠、戗杠、驼杠、顶杠等高难技巧。

两个演员配合默契，杠在左右肩上瞬间交换位置，叫“换杠”；两人面对面将杠置于咽喉处，叫“戗杠”；皇纲送到了，验纲官要检验货物是不是齐全，杠员们又换了一种姿势，这叫“顶杠”。规矩是箱子不能落地，要等着验纲官一个一个的来检验。押杠官在衙役的护拥下，扬鞭舞蹈，在杠间穿梭，查验贡品。整个场景使人眼花缭乱，目不暇接。颠动时箱环拍击箱子发出的不同节奏的声响，粗犷而又豪放。

据说，在正月廿五赵庄岭庙会那天，抬皇纲的珠宝有48箱，连表演带观看的人加起来有几万人，声势浩大，可以说是抬出了规模，玩出了名堂。

源远流长，南和杠会抬出何种精彩？

声名远扬，民间社火留下哪般传奇？

在河北大地，正月里有不少地方都有类似的社火节目。说完了井陉的抬皇杠，我们接着聊一聊邢台南和县的抬皇杠。

南和县城北，自古就有两个友好村，一个河郭，一个贾宋。每年正月廿一，河郭村的人，总要抬着皇杠，到贾宋村去玩社火；贾宋村的人也像招待亲戚一样热情款待他们。相传，这是东汉末年黄巾军与官兵打仗时留下的老传统。

话说当年，张角带领黄巾军在巨鹿起义后，汉灵帝惊慌失措，派中郎将卢植前来镇压，刘备、关羽、张飞在半路上投靠了卢植。关羽带领一个小分队进军南和，在南和城北摆开战场，你来我往过了几次招，关羽丝毫没占到便宜，还损兵折将。

这天，关羽听到探马来报说黄巾军的粮草快用完了，就带领人马趁夜深人静偷袭黄巾军寨，快到张路村时，关羽停下马来，见村里静悄悄没有动静，心生怀疑，他亲自勒马到村头向里张望，只见在月光下，黄巾军寨里隐约可见粮草如山，就向农户打听。一个农夫对他说，黄龙带领部分黄巾军向南去了，关羽大吃一惊，以为中了调虎离山之计，赶紧向回撤。

其实，那些粮草都是假的。黄龙让手下士兵堆起一溜土堆，上面盖了一层席子，写上粮囤号码，迷惑了关羽，同时派人到河郭一带筹集粮草。河郭的百姓听说黄巾军缺粮，纷纷捐献，很快收起米粮百担。为了把米粮安全送到黄巾军手里，村民还负责抬送米粮，黄巾军将士护送迎接。

当送粮人员走到贾宋村边，恰巧碰上关羽的兵马，双方打得不可开交。贾宋村的百姓听说官兵拦截黄巾军的粮饷，一起涌出村来，向官兵猛烈扑杀，官兵被打的丢盔卸甲。

打这儿以后，河郭和贾宋的村民就结下了深厚的友情，成了患难的朋友。因为这一天是正月廿一，所以每年这一天，河郭的村民都要仿照原来送粮时的样子备下32杠，表示送粮。32名骑着高头大马的勇士和320名村民、兵丁来护送，浩浩荡荡到贾宋村去感谢支援之恩，这叫作“送杠”。贾宋村的人，也以同样多的人数来迎接，这叫作“接杠”。两村在交接的时候，还要按照太平道的规矩，举行庄重的仪式，后来逐渐演变成民间喜闻乐见的社火。

抬皇杠的时候，人要化妆，马要挂彩，杠上披红挂绿，再加上锣鼓响器，吹吹打打，载歌载舞，十分热闹。“杠”就是一种独杆轿，里面装的是“金银财宝”，由两人抬着。在抬杠的过程中，两人要进行精彩的表演。轿夫不准用手，轿杆在他们的脖子、肩膀、脊背、胸前灵活地移动。当两人都用前胸顶着轿杆时，就发生顶牛现象。北方人习惯把两人吵架顶嘴称为“抬杠”，可能是从这儿来的。

抬杠活动最后是马术表演，最精彩的一场是“野鸡旋窝”。人、马、杠呈螺旋式飞奔，就像漩涡一样，越旋越大，围观的人群也跑着吆喝声四处飞奔，那阵势就好像人在马上、马下翻腾、旋转、奔跑，龙腾虎跃，煞是壮观。这些活动都是在平坦的麦田里进行的，人们都说，经过人马的踩踏，田里的小麦就长得非常旺盛，定会有好收成。

表演队的人员要从河郭玩到贾宋，河郭的表演人员全部到贾宋镇的百姓家中吃饭。尽管大家互不相识，可是各家都争相做最好的饭菜款待客人。

正像当地民谣中千年传唱的那样——

抬黄杠，送黄粮，
送给黄巾做粮饷。
黄巾吃了打豪强……

这种抬杠的风俗，一直流传到今天。

都说“方圆百里不同俗”，井陉抬皇杠是在正月廿五，南和县是在正月廿一，可是在河北隆尧，正式的抬杠日却在正月十五，这里的抬杠又有什么不一样的看头呢?

相传，上古明君舜的胞弟象氏君侯曾被贬于隆尧的固城，他带领族人抽水排碱，开荒造地，很快就致富奔小康，各地的富豪纷纷前来投奔，不仅带来了大量居民，还带来了大量土地。可是很多土地远在赞皇野草湾以及临城西河一带，种起来不方便，固城人就租给当地人耕种，到了收获的时节，他们再去收租。

由于路途遥远，收租人在担粮时，为了解解闷，提提神，就用粮担颤着玩。通常两个人一组共同抬担，每组互相较量，看谁担得多、担得远，同时还加上技巧，表演换肩、掉头、哈腰、挺胸等动作。慢慢地，一种独特的游戏——抬杠，便产生了。随着朝代的更替，这种游戏逐步演变成乡艺社火节目，称为“抬杠”。

龙腾虎跃，抬杠艺人展现何种风韵？

流光溢彩，夜间表演流露几多风采？

现如今，每年春节“破五”后，人们就开始制作皇杠。正月初十是传统的“亮杠”日，所谓“亮杠”，就是比比谁的杠做得更出彩。人们把做得出彩的杠叫“富杠”；把花样一般的叫“穷杠”。这天一大早，各街制作的两组杠都放在街上，让全村的父老乡亲前来评头论足，提出修改意见，以便把杠做得更精美。

正月十五就是正式的抬杠日，这天十里八乡的老人拄着拐杖，妇女抱着孩子纷纷前来观看，人山人海，好不热闹。抬杠的队伍在一片锣鼓声中进入演出场地。总杠头手持三眼火枪，三声枪响后，起杠开始。每个杠前都有一个拿红缨枪的杠头，指挥着身后的杠做花样表演，演员们头上裹红布，脚蹬黑色布鞋，他们摩拳擦掌，迫不及待想要在观众面前露一手。

十个杠同时表演又叫十连杠。只见十连杠自西向东一字排开，领杠人手中的红缨枪左右开弓，上下翻飞，抬杠的队伍随着杠头的动作变幻着花样。一时间，十连杠杠箱两侧的铁吊随着杠的颤动，同时咔咔作响，杠箱上的四串铃铛叮叮当当，杠楼上的彩绸飘飘，好不热闹。

隆尧抬皇杠，最出彩的要算是杠箱上的杠楼了。人们用木棍插出各种花鸟、动物、人物，有《西游记》中的孙悟空、唐僧、猪八戒、沙僧、观音菩萨等，个个活灵活现。

据村中老艺人回忆，民国初年杠楼的制作最精彩，杠楼里的人物、瑞兽随着杠上吊环的啪哒声，还可以摇头、眨眼、摆手、摇尾巴，简直就跟活的一样。

如果你在晚上看抬皇杠表演，更是别有一番滋味。每个杠箱内都安装了干电池，两边接有彩灯泡，随着杠的颤动，铁环拍打箱体时，彩灯会明明灭灭，闪烁迷人。杠杆两端也挂有小纱灯，点缀在杠的两旁，增加了几分妩媚。每个领杠人手中拿一杆 2 米高的戳灯，指挥着杠作表演，十连杠灯光闪烁，上下起伏，就像是蛟龙出海，又像是繁星点点，让人心旷神怡，流连忘返。

这正是：

赵庄岭上押皇杠，山路崎岖耍颠晃。

隆尧杠楼最奇特，南和抬杠送粮饷。

第九十二回 晋州有官伞 神州赞魁首

上一回说到井陉、邢台的抬皇杠，接下来咱们再到晋州去欣赏官伞表演。一把小小的伞，在晋州的百姓手中玩出了花样，耍出了风情。来自民间的伞为什么加上了“官”的封号，它究竟是什么来头，又有哪些讲究呢？

伞，能遮阳，能挡雨，谁的生活里也少不了。它是聪明的中国人创造的，已经有3500多年的历史。有关它的记载最早出现在《史记·五帝纪》里。

伞的发明者到底是谁呢？相传是土木工匠的祖师爷鲁班。很久以前，世界上没有伞，人们出门不方便。烈日炎炎，阴天下雨，也没个遮挡。鲁班想，如果能做出一个又能遮太阳又能挡雨的东西，那该多好！

有一天大太阳很毒，一群孩子晒得受不了，都跳到荷花塘里玩水，一个个小脑袋上还顶着张大荷叶。鲁班心里一下亮堂起来。他赶紧跑回家去，找了一根竹子，劈成许多细条，照着荷叶的样子，扎了个架子；又找了一块羊皮，把它剪得圆圆的，蒙在竹架子上。鲁班把刚做成的东西递给妻子，说：“你试试这玩意儿，以后出门带着它，就不怕日晒雨淋了。”

鲁班的妻子瞧了瞧，说：“不错不错，就是老举着累得慌，要是能收拢起来，那就更方便了。”鲁班一听，立刻动手加以改动，既能撑开，又能收拢，伞就这么着发明出来了。

伞放在寻常百姓家叫作“伞”，要是放在皇族贵胄、士大夫那儿，叫作“华盖、黄色罗伞”，是达官显贵的装饰品和士大夫权势的象征物。帝王出巡时，总有长柄扇、万民伞左簇右拥，乘坐的车舆上还有黄色罗伞，表示“荫庇百姓”。虽然说的热闹，其实最主要的用处还是为了遮阳、避雨。官位、职务不同，罗伞的大小、颜色也都不同，这个惯例一直传到明朝。

伞不仅在中国出头露脸，还漂洋过海，造福世界。纸伞在唐朝时传入日本，16 世纪传入欧洲。意大利艺术大师达·芬奇受伞的启发，设计了第一顶降落伞。19 世纪中叶，在多雨的英国，雨伞成了绅士淑女们的最爱，除了功能性的用途，还成了身份和品位的象征。

在许多广为流传的中国故事里，伞被赋予了传情达意的特殊用途。在戏曲舞台和民间花会表演中，伞更是不可缺少的道具。在中国四大传说《白蛇传》里，美丽的西湖边上，许仙把书生味十足的油纸伞撑在了白娘子的头顶，一伞定情，成就了一段凄美的爱情。除了白面书生许仙，天师钟馗也离不开伞。传说，钟馗捉鬼总是给阎王制造麻烦，阎王忍无可忍，就送给他一把伞。其实，那把伞里有五个无法无天的小鬼，阎王想让那五个小鬼给钟馗制造点儿麻烦。可是，五个小鬼本性并不坏，到了钟馗那里很听话，钟馗也就善待他们，经常打开伞，让他们出来放放风。所以，后来的戏曲舞台上就多了钟馗打伞的戏。

说起伞舞，就是以伞为道具产生的歌舞品种，花样繁多，有甘肃的“伞灯”、湖北的“万民伞”、广西的“罗伞舞”、山东的“伞舞”等。河北也有伞舞表演，

晋州官伞

那就是晋州官伞。

晋州官伞在众多的民间伞舞中排在第一位，是伞舞中的大哥大。这不是自吹的。中国伞文化博物馆编写了一本名叫《伞行天下》的书，专门有一章《伞与舞蹈》，罗列了东西南北、大大小小的伞舞，晋州官伞正儿八经、堂堂正正地排在第一位，由此可见它的魅力。

君臣情深，太宗皇帝为何御笔赐名表业村？

故乡难忘，一代名相怎样改编伞舞成绝响？

说起晋州官伞，不能不提一位晋州的历史名人，他就是中国古代最有名的敢于向皇帝提意见的贤臣魏徵。相传晋州官伞就是从他那儿兴起的。接下来，到魏徵的故乡晋州表业村去看一看。

村里一些上了岁数的人都知道，“表业”这个村名大有来头，还是唐太宗李世民钦赐的！魏徵拜相后，克己奉公、为官清廉，又敢于直言进谏，受到李世民的敬重，他特意给魏徵老家的村子赐了这个名字，意思是表彰魏徵功业。

可来到这个村就会发现，现如今，村里的两个大姓分别是庞和孙，竟然没有一户人家姓魏，这是怎么回事呢？原来，魏徵曾经当过太子李承乾的老师。魏徵死后，李承乾谋反伤了太宗李世民的心，害得魏徵也受到牵连。消息很快传来，老家的魏姓人都吓坏了，全部拖家带口逃往他乡避难，只留下两个仆人看护祖宅。这两个仆人也就是村内庞姓和孙姓的祖先。

古时候，曾有一路军队路过表业村。一位魏姓军官问这里的村民，这个村叫什么名儿，村民便告诉了他。那名军官激动地说：“原来表业村在这里呀！我是魏徵的后代，早有祖辈告诉过我，魏徵的老家就在表业。”

魏徵不但生前十分廉洁，死后也不愿浪费国家钱财，他临终前留下遗愿，要求丧事一切从简。古人讲究“寿终正寝”，意思是年老病死后，灵堂要设在家中正屋正中的房间，以示善始善终。令人难以置信的是，魏徵家里居然简陋的连个正厅都没有。魏徵去世以后，唐太宗悲痛不已，想按一品官的规格为他举行隆重的葬礼，魏徵的妻子裴氏夫人再三辞谢，方才作罢。这在我国2000

多年的封建社会中大概是绝无仅有的。

虽然魏征身后并没有为家人留下什么物质遗产，但他却给故乡留下了最为珍贵的非物质文化遗产，那就是名闻后世的晋州官伞。

古时候，晋州一代流行送伞，这是人们为亲朋好友贺喜、庆寿、治丧的一种礼仪和表达方式，而且不同的场合有不同的纹饰，比方说，祝寿要送绣有寿星、松鹤图案的伞，蕴含寿比南山不老松之意，象征吉祥如意、富贵长寿；治丧要送绣有天堂的伞，祝死者早升天界；结婚要送喜伞，以示祝贺。谁家要是有了婚丧嫁娶，红白喜事，都有成群结队的乡亲们，举着象征多种不同含义的各种伞具，用蹦蹦跳跳的不同动作表达情意。

魏徵从小就对家乡的这种风俗耳濡目染，乡亲们的质朴、淳厚也让他感动。所以，他在空余时间，精心编改，将伞舞加工成为一种百姓们喜闻乐见的歌舞表演形式。

后来，魏徵当了官，不过他从没有利用自己的特权给家乡的父老乡亲们开“后门”，越是这样，淳朴善良的乡亲们越是敬重他。魏徵去世后，乡亲们便把对他的思念和崇敬，融入了官伞的表演之中。从那以后，官伞就成了魏徵故里最具地方特色的民间花会形式。晋州出了这位古今第一名相，自然也就有了这古今第一官伞舞。

晋州官伞的主要道具是官伞，用 1.5 米长的竹竿做把，厚竹篾做伞圈，铁丝做伞顶，绸子做成大围子转住伞圈，围子下面缀上漂亮的丝穗。另外，伞顶置两根弹簧，弹簧的顶端还安了两个 10 厘米高的大绒球。如此精美的官伞，舞动起来，就像是一朵朵色彩鲜艳的花儿，煞是好看。

晋州官伞表演没有统一的队形，就连表演人数也没有规定限制，角色装扮也相当灵活。开始，男演员穿着古代官吏装，头戴凉帽，腰上着褡包，后来，逐渐演变为身着箭衣、彩裤，头戴红缨帽，腰系大带，脚穿快靴，如同古戏中的小生扮相。女演员呢，身穿彩衣彩裤，脚穿彩靴，脑后梳一条大辫子，两鬓戴花，就像是古戏中小旦扮相。另外还有穿丑角服饰的，还有人干脆直接扮成现代青年男女，可谓五花八门，犹如时光大穿越。

晋州官伞在扮相上看似没有章法，不过，这才是民间艺术的本来面目。老百姓凭着即兴发挥、自由表演，一扭腰、一转身都透着那么一股自然淳朴的乡野之气。

每逢元宵节，在一片热热闹闹的锣鼓声中，官伞表演打开场点，会头出场自报村名、会名。演员念白叫板："左手执伞，右手叉腰，足跟提起，咱们走起来了！"在乐队伴奏下，几十个舞蹈组纷纷上场，一会儿绕八字，一会儿围成圆圈，一会儿又组成龙摆尾的阵势，他们铆足了劲儿将看家本领使出来，看谁吸引的观众多，谁就是胜出者。

有人要问了，这晋州官伞的表演好看在哪儿，又有哪些压箱底儿的绝活呢？其实，它的拿手绝活可以用四个字来概括，那就是碾、拧、夹、转。

脚步每前进一步都是脚跟落地后，立即把重心移向脚掌，脚掌又用力辗动，这叫"碾"；脚掌辗动后，又形成腿、腰、上身的反向拧动，这就叫"拧"；动力腿落地时双腿夹紧，这就叫"夹"；两个肩膀反向转动，这就叫"转"。可别小看这四个动作，晋州的老百姓将它们和谐完美的组合在一起，舞出了说不出的韵味、道不尽的风流。

百年沧桑，民间舞蹈怎样世代传承？

风云变幻，晋州官伞如何再现风流？

近代以来，由于战乱频繁，加之天灾人祸不断，晋州官伞日渐衰落。直到1976年开始，晋州市文化馆的艺术工作者，走街串巷，深入晋州的古老村镇，走访民间艺人，进行发掘、整理，在掌握原有招式、风格的基础上，大胆创新，创作出了适合舞台表演的节目。他们创作出八人舞《闹新春》，在石家庄地区文艺会演中获了奖；又创作了16人的大型群舞《丰收乐》，参加河北省首届民间音乐舞蹈观摩演出，再次获奖。晋州官伞在新时代重放异彩。

说到晋州官伞的传承发展，不能不提已故的老艺人彭双全，他多才多艺，自幼爱好表演，14岁就学演高跷《老汉背妻》。他以执伞见长，站得稳、跳得高、肩膀活、脖子活，表演幽默、风趣、生动，在晋州颇有名气。

而另一位老艺人宿无用，以扮演女角见长。他的肩膀也非常活，人称"带轴承的肩膀”，他还创作了“小吸腿、轧腰步”等动作，表演风格滑稽、幽默，很受群众欢迎，经常应邀到各村镇传艺，为晋州官伞普及传播做出了贡献。

2000 年 1 月，在我国舞蹈艺术大师贾作光先生的悉心指导下，晋州官伞应邀参加北京“龙潭杯”全国民间花会大赛，荣获金奖。2007 年，晋州官伞成为河北省非物质文化遗产保护项目，在河北省“千人大比舞”活动中获一等奖。晋州官伞这门世世代代靠口传心授的土玩意儿，还被收进了《中国民族民间舞蹈集成》，走进了民间艺术的最高殿堂。

这正是：

鲁班造伞四海传，晋州官伞舞翩翩。
碾拧夹转展才艺，魏徵故里神韵现。

第九十三回 高跷源沧州　街舞争抖擞

上一回说到官家打伞威风八面，魏徵故里神韵流传。正月里面闹社火，好玩好看的特别多，其中人气最高最热闹，个头最高最惹眼的莫过于鹤立鸡群的踩高跷。这门艺术有着什么样的来历，其中又包含着什么样的故事？

细溜溜的高跷长又长，它的历史也是源远流长。高跷名列中国古代百戏之一，早在春秋战国时期，它就已经出现了。历史上最早提到高跷的文章是《列子·说符》，其中讲到一个名叫兰子的艺人表演踩高跷的技艺，他小腿上绑着两人来高的木棍，一步一颠地跑跑跳跳，还像马戏团的小丑似的倒着七把短剑，五把在天上飞舞，两把在手里倒腾。这一出好戏把宋元君看得直叫好。从这段故事里面就能看得出来，2500多年前，高跷就成了流行的把戏。

在古书《山海经》中也说到了一个古怪的“长股国”，据说，在那里生活的人们都有一双超级大长腿，平时就背上长了长胳膊的小哥们到海里去捕鱼。这个神话的原型，不正是踩着高跷的渔民吗？现如今，广西防城海边的渔民还保留有踩着高跷在浅水中撒网捕鱼的老传统。

关于高跷的起源，有历史学家认为，在尧舜时代，丹朱氏族以仙鹤为图腾，在祭祀祖先的典礼上要踩着高跷模仿仙鹤翩翩起舞。这也许就是高跷的雏形。

讲过了正史上的故事，再来听听民间的传说，在老百姓口口相传的段子里，高跷这门技艺又有怎样传奇的前世今生呢？

相传，春秋战国时期，齐国有个大官叫晏婴，他智商高，个头小，常常因为海拔的问题被人笑话。后来，晏婴就在身高的问题上动起了脑子，给自己装了一双木腿来增高。晏婴这套装备让人看着挺新鲜，就有很多人学着他的样子在腿上绑了两根木头棍。据说，这就是踩高跷的由来。

另一种说法把踩高跷和反对贪官污吏的事联系到了一块。这故事讲的是从前有个县城名叫“两金城”，城里城外的老乡们关系处得特别好，逢年过节的时候总要互相串串门。谁知道，当地的父母官竟然把这事看作了发歪财的好机会，他在城门口贴了个告示，说是进出城门要交费，费用是每人每次二两银钱。老百姓的银子也不是大风刮来的，谁会花这个冤枉钱？于是，就有人想出了好主意，踩着高跷翻过城墙，跨过了护城河。从这以后，踩高跷就成了年节底下的热闹事，世世代代传了下来。

源远流长，高跷艺术究竟起源何方？

推陈出新，传统绝活如何融会时尚？

踩高跷，看高跷，要在河北地界上推选一个高跷之乡，谁又能占上这头把交椅呢？这就是燕赵古城沧州。在明末清初的时候，沧州运河边上的船工们发明了一种好玩的把戏，用双脚踩上两根棍子走来走去，再加上一些个好看的花活，就跟咱们现在看到的踩高跷差不多了。所以，民间艺术界就有了高跷发源于沧州的说法。其实，这事也在情理之中，沧州是武术之乡、杂技之乡，踩高跷的技艺跟这两门艺术都沾亲带故，也难怪沧州人的高跷踩得那么出神入化了。

要看正宗的沧州高跷，在沧州姚官屯乡的东孟庄村，准能一饱眼福。就听锣鼓一响，一个个穿着行头扮上脸的男男女女就踩着高跷亮了相。高跷踏着锣鼓点，配上各色的衣裳手绢，各种的身段花样，真让人眼花缭乱、拍手叫绝。村上的老人都知道，东孟庄高跷队已经有好些年的历史了。这门技艺好看不好学，不狠狠地摔上几十个跟头，根本练不出这样的绝活。

在沧州看高跷，还有一个好去处，那就是历史悠久的泊头。这里的高跷挺稀罕，那高跷腿子有 1.7 米长，在 1.2 米的地方安着一个脚踏板。这物件又是怎么来的呢？古时候，泊头是个很出名的码头，赶到运河封冻的时候，码头上就聚下了不少停靠的船只和守船的工人。天寒地冻的，大伙都没有活儿干，就用喝酒打赌打发日子。有一回，一个老船工在火神庙码头上喝酒，这一杯一杯喝下去，他还是觉得没个够，非让别人陪着他再喝一场。有人跟他开玩笑说：“你要是能在河滩子上面看见大堤外头，我就陪你喝个够。”这老船工的倔脾气也上来了，就找出来修船换下来的旧桅杆，做了一对老高老高的高跷。他踏上高跷这么一瞧，还真望见了大堤外面的地方。别人看着老船工的高跷觉得挺有趣，就着这事发明了一个小游戏，踩高跷的人迈一步，就让人跟着敲一下船帮子，人走得越快，船帮子上的点儿也就快，这就是踩高跷、敲鼓点的起源。

高跷好看人人爱，当地的官员也把它当成了宝，委托一个姓李的漕运管带献给皇上。李管带根据宋江三打祝家庄的故事编了个剧本，演绎出“渔、樵、耕、读”四种扮相，18 个角色。他怕梁山好汉举旗造反的故事惹的皇上不高兴，就把这些人物改名叫作棒头、卖豆的、老座子、樵夫、青杆、白杆、渔翁、公子、刘二哥、刘二姐、傻老婆、傻小、瞎子、瘸子等。这一班人马进了皇城，一下子就赢得了皇上的欢心。也就是从这时候起，泊头的高跷就成了传承百年的经典。

在人杰地灵的白洋淀，还有一支挺另类的高跷队，他们把高跷变成了街舞，让这古老的艺术融合了时尚的元素，使高跷表演从乡间村头走上了春晚舞台。要说起这支队伍，本来是有着近百年历史的增庄登云会，也就是如今的安新县“白洋淀永生高跷艺术团”。这支了不起的队伍经历了什么样的故事呢?

从前，高跷在白洋淀边上表演了百十来年，曾经的人气明星已经过了早先的热乎劲儿。这事让增庄村高跷技艺的传承人邵永生犯了愁，他琢磨着，高跷是祖宗留下的传家宝，不能让它在咱这一辈断了篇。这古老的艺术该怎么发展、传承？邵永生时时刻刻地动着脑筋。

功夫不负有心人。终于，邵永生在一段街舞表演中找到了灵感，他发现这街舞虽然跟高跷差着辈儿呢，不过那其中的节奏鼓点却跟高跷差不多。邵永生想着，街舞是年轻人喜欢的玩意儿，要能让它跟高跷来个二合一，没准这效果还真不错。说干就干，邵永生立马把儿子和村里几个小伙子招呼过来，让他们踩上高跷跳起了街舞。

劈叉、倒立，起转腾挪，几个动作练下来，孩子们都觉得很带劲儿，邵永生也在一边看得很起劲儿。他想着，这样的节目一定能冲出白洋淀，走向更大的舞台。

2009年，邵永生牵头成立了“白洋淀永生高跷艺术团”。也正是在这一年，他的“高跷街舞”参加了山东卫视的《中华达人》。这几个来自白洋淀的小伙子到了舞台上面一亮身手，把现场的观众全都嗨翻了，就连场上的评委——周杰伦的专业编舞老师、“亚洲舞王”蓝波也惊掉了下巴，他拍着手大声说：“这是世界上最棒的舞蹈！”

邵永生的创意一夜成名，高跷街舞成了当红的节目。从这儿起，这支队伍登上了各大卫视的舞台，还接到了央视2010年虎年春晚和元宵晚会的邀请函。那年春节晚会上的儿童魔幻剧《玩具店之夜》当中就出现了他们的身影。

有了这样接二连三的精彩亮相，白洋淀的老乡们都觉得很自豪。当时，谁也没想到，还有更大的世界等着他们。在上海世博会闭幕前夕，负责闭幕式文艺节目的总导演到来河北挑节目，一下子就选中了安新的高跷街舞，这个节目也成了河北省唯一一个世博会闭幕式的参演节目。到了演出的正日子，白洋淀的高跷街舞踏着“世博节奏”亮相上海世博会闭幕式,一个“下腰”连着“快起”，一个“后空翻”接着“侧翻”，高跷上的街舞赢得了真正的叫好又叫座。

这样的精彩节目不单是观众喜欢看，就连大腕级别的专家们也都瞧得入迷了。他们认为，安新白洋淀的队伍把流行的街舞嫁接到传统的高跷表演之中，使之既有传统民间艺术的魅力，又具有现代审美情趣。最后，还得出这么一个结论：高跷街舞对继承发展传统民间艺术的课题具有重要的借鉴意义。

“安新高跷”这项原本只属于当地老乡的乡村艺术，经历了土洋结合，终于脱胎换骨，引领了世界艺术的新潮流。

花开满地，一双高跷如何走遍神州大地？

名传百年，神奇跷功如何登上大雅之堂？

传统的踩高跷是勇敢者的艺术，它不光流行在河北，在全国各地都能看见这门艺术的影子。它在北京被称为“高跷会”，在黄河边上又叫作“扎高脚”。再说这少数民族的高跷，有布依族的独木跷，有白族的高跷耍马，还有维吾尔族的双人高跷。要按着种类说，还有文跷、武跷之分。文跷讲的主要是边走边唱，舞蹈动作比较简单，最好看的是它的扮相和扭逗。武跷的看点是花哨的动作，有倒立、跳高桌、叠罗汉，还有劈叉，强调个人技巧和绝招。

一般看见的高跷表演，都是民间艺人在露天亮相，很少会登上大雅之堂。不过，那京剧里面的跷功可算是艺术舞台上的一枝奇葩。这神秘的绝活又被称为“东方的芭蕾舞”，它究竟有什么神奇之处呢？

所谓的“跷功”又叫“踩寸子”。早年间，京剧舞台上清一水地都是男旦，他们的扮相清秀身段足，只是罗裙下那一双大脚会露馅。于是，戏曲界的老前辈就发明了这“踩寸子”，也就是在脚下蹬一双木头做的“小脚”，脚尖朝下地立在里面，就跟跳芭蕾的姿势差不多。

“踩寸子”的姿势很难拿，所以就更能显出功夫，不少花旦戏、武旦戏里面就专门有展示跷功的情节，演员用一双木跷踩在桌沿、椅背等名副其实的“立锥之地”，演出各种各样的身段。据老辈儿人说，从前，戏园子台前有一排木栅栏，常常能看见旦角演员在那不足一寸的木栅栏上面展示跷功。在地方戏里边，也能看到踩跷的精彩表演。比方说，蒲剧男旦王存才老先生主演的《挂画》之中，就有这样一个场景：王老先生脚下绑着跷鞋，可着一把罗圈椅上蹿下跳，单脚踩着椅子的上沿，做出钉钉、挂画等一系列高难度的形体动作，实在令人叫绝。

后来，有女演员登上了戏曲舞台，跷功也就渐渐成了历史，不过它作为一项表演特技，依然有人在坚持、在传承。

高跷艺术之所以有这样的经久不衰的魅力，正在于梅花香自苦寒来，有一代一代的艺术家为它付出了汗水和努力。它植根民间，一直都带着那一股子最亲切的乡土味。

这正是：

高跷相传出晏婴，沧州好汉武艺精。

更有今日白洋淀，街舞踩跷传美名。

第九十四回 陆地跑旱船 炮打现奇幻

上一回说到正月里来闹社火，踩着高跷当空舞，如果说踩高跷是高空的艺术，另一种民间花会表演则是“船上”的舞蹈。划船的带劲儿，坐船的陶醉，他们投入的表演，引得周遭的观众也想跳上前去比画两下。当然，这船不是真船，水也不是真水，要不怎么叫“跑旱船”呢！

跑旱船也叫“无底景”，作为一种民间游艺，古往今来都特别有人缘，尤其是春节的各种庆祝活动，擅长逗趣的它可是绝对的主角。

在庙会上，顺着阵阵锣鼓准能找到那一顶顶花红柳绿的旱船，船的形制各异，有一两人乘坐的小巧轻便型，还有四座以上大气热闹型。头里划桨的“艄公”身手矫健、大步前行，后面坐船的“娘子”扮相俏丽、碎步跟进，身体随着鼓点左右摆动，可不就是一幅活生生的春日行船的幸福图景！

最有看头的，莫过于每条旱船旁边那位专事搞怪的丑角，他右手拿把破扇，左手拿把船桨，鼻子抹上白粉，绕着船身跑来跑去，姿态灵活、表情夸张，把观众逗得笑声阵阵。

光有这些角色还不够热闹，跟着船一路前行的还有一队敲锣打鼓的乐手，大锣、小锣、鼓、镲、唢呐一齐上阵。这支运动的乐队可不简单，它担负导演和指挥的功能，负责推进剧情营造气氛，锣鼓点时紧时松，唢呐忽高忽低，“旱船”也跟着节奏起起伏伏，随着“波浪”旋转颠簸。

旱船表演有很高的技巧要求，“虎跳”、“旋子”、“扫堂腿”是船夫的必备绝活，表现的是和风浪搏斗的勇；船娘子手握船舷，亦步亦趋，强调的是对节奏把握得准。南方有一种采莲船，以歌伴舞，即兴编唱，一人领唱，众人合唱，要求表演者唱做俱佳。原属河北的延庆县还有旱船会，几十条旱船同时上阵，追求的是大场面大制作。

近几年来，跑旱船在原有基础上又有发展。在一些农村，把摩托车装饰成旱船，也有的将自行车装饰成旱船，表演者驾车，结队前进，也十分吸引观众。

尽管在流传中，旱船的样子不断变化，但是万变不离其宗，旱船始终还是旱船，“哥哥坐船头，妹妹船上走”的表演模式始终没变。

根据《太平广记》记载，旱船在唐代已经流行，那时候，它不只活跃在民间节庆活动，还走进宫廷，跻身皇家舞蹈的行列。

宋朝的田况在《儒林公议》一书里写道，五代时前蜀皇帝王衍曾经亲自操刀，集舞美和编排于一身，创造了一种舞蹈模式。他构思一个蓬莱山的场景，用绿罗画水纹铺在地上，上面放上莲花，让跳舞的人乘彩船在绿罗上转动。这段富有想象力的舞蹈，受到宋朝人的推崇，他们仿效编排了一种风雅的“采莲队舞”，宫廷舞队里专门增设了采莲队，跳舞的人乘彩船，手执莲花而舞。

不过，相对于宫廷舞蹈这种小众艺术，跑旱船的活水源头还是在民间，不少记叙宋代风俗的著作，都写到节日街头民间舞队中有划旱船演出。

千古相传，跑旱船留下哪些民间旧说？

世代留名，黑土地演绎哪路燕赵英豪？

有关跑旱船的起源，不仅在唐宋典籍中有记载，在民间还流传着一些古老的传说。

相传禹王治水时，洪水横流国中，尧命禹一面治水，一面大力制造船筏，拯救灾民。洪水退后，船筏便搁在陆地上。农民耕作闲暇的时候，就在空场上推船玩耍，这个游戏偶然被尧的儿子丹朱看到。丹朱玩心大发，坐在船上，让老百姓推旱船供他取乐。这个游戏丹朱乐此不疲，可累坏了推船的人。

丹朱一时兴起发明的游戏就这么传承下来，后世在玩这项活动时，嫌木船太笨重，就改用布帛或彩纸糊船，并吸收现实生活中采莲的动作，取名为“采莲船”。这大概是关于跑旱船最古老的传说了。

关于跑旱船，南方流传这样一个说法：2000多年前，爱国诗人屈原投汨罗江而死，每到端午节，人们在江中赛龙船以示纪念。据《湖广志》记载，云梦县因为河浅不能竞舟，便用竹和纸扎成龙船，鸣锣击鼓，游行于市。这种活动流传下来，形成了跑旱船。

关于旱船的传闻故事很多，真假虚实，且不深究，这林林总总的说法最起码反映了一点，这项活动是由来已久，深受老百姓喜欢。所以，人们才愿意花心思去附会美丽的传说。接下来，我们先到东北去看看那里的旱船舞，跑旱船河北也有，为什么要舍近求远呢？一会儿接着说。

远在东北锦州的义县旱船舞，很有特点，它的独特之处不在于本地风情，而是表现了多民族文化的兼容性，我们特别提到它，还有一个原因，它和我们河北辽代的两位韩姓王侯有很大的关系。

辽金时代，随着中原百戏传到辽宁，跑旱船传到了辽西第一大河——大凌河下游的双井子村。古时的大凌河由于水量充沛，能够在河上行船，两岸商贸繁盛。双井子旱船舞根据宋辽时期历史故事创编出一种独特的形式。

据史料记载，韩姓汉人在辽为官的甚多，封王拜侯的有河北安次韩延徽、玉田的韩知古二人，并称为“辽国二韩”。旱船舞的表演道白中的一句台词“请韩家父子上船”，说的正是河北两位韩姓王侯被辽国招为驸马的内容。不过，在正史中，辽国二韩并未有当驸马的记载，有人分析说这是民间艺人根据韩姓汉人在辽为王的史实，又融入了“四郎探母”的故事编写而成的。

这黑土地上的双井子旱船舞，与全国其他地方最大的不同之处就是，它的主角不是寻常的船公、船婆，而是我们燕赵历史上的古代英豪。河北的汉王与辽国公主两船并船潜行，将官两船并肩在后，表演动作主要有开船、划船、迎风斗浪、搁浅、冲出漩涡等。

来源于河北韩姓王侯的旱船舞，服装道具也独具特色，比如，汉王头戴驸马套，冠下系狐尾，口戴三绺髯，身穿红蟒、灯笼裤、快靴，一看就是来自北方的皇室贵族；北国公主上戴红绒风旗头，身穿黄色旗袍，罩红色坎肩，端庄明艳，尽显辽国公主风采；白袍小将头戴白色太子盔，身穿白袍、灯笼裤，着汉人装束，英俊潇洒；而鞑子官则头戴凉帽，身穿黑马褂，罩坎肩，干净利落，北方马背民族的特点一目了然；水军头戴红色高筒毡帽，身穿黄色对襟衣，腰系绿色彩带，体现了下层平民衣着俭朴的特色。

与大多花会表演中俏皮花哨的装饰风格有所不同，东北义县旱船舞显得庄重大气，表演的四只旱船，每只船长7尺，高宽各2尺，用细木做框架，竹竿撑船篷，船杆上各挂一只红灯笼，船帆上写有“风调雨顺”、“国泰民安”八个大字。两只船船前篷杆上各挂一把木制宝剑，另外两只后竖一桅杆，挂白色幡旗，铁锚和船桨用料也很实在，都是用杂木制成。

双井子旱船舞体现出的是契丹少数民族和汉民族文化的融合，把民族通婚的故事用百姓喜闻乐见的艺术形式表现出来，让跑旱船承载了更多历史的记忆和文化的内涵。

传承久远，河北旱船讲述哪些动人故事？

与时俱进，古老艺术映照哪般时代光彩？

东北的跑旱船说的是河北英豪的传奇，河北的跑旱船里又讲了哪些故事呢？下面主要说说井陉赵庄岭旱船和涞水皇甫村旱船会。

赵庄岭旱船是井陉一带有名的赵庄岭庙会的保留节目，整场表演展示了一个惊心动魄的历史故事。三国时期，孙权为夺取荆州，命心腹大将周善带密书一封，军士500人前去密报刘备夫人孙尚香，谎称其母病危。郡主刘夫人听说母亲病重，不知是诈，立即带少主阿斗随周善乘船回东吴探望母亲。周善与孙尚香刚上船，忽听江边有人大叫：“且休开船，容与夫人饯行。”原来赵云巡哨方回，听得刘夫人回东吴探母的消息，明知是受骗，因此带四员将士追至江边。周善见得此情，忙催水手开船。赵云骑马顺江边追至数里，发现一条渔船，随即乘船紧追。虽然周善枪箭抵抗，但也难挡赵云一身武艺，赵云跳到船上劝孙尚香抱阿斗返荆州向刘备道别，孙尚香不允，赵云将阿斗夺于怀中，正要下船，却见张飞乘船追赶来，上船砍下周善人头掷于刘夫人前。孙尚香告诉赵云、张飞，虽然周善已死，如再劝她回去，她当跳江而尽。张飞与赵云怕逼死刘夫人，对不起主公，只好放其回东吴，二人率兵带少主返回荆州。

在这个故事里，所有的情节、冲突都在一条小小的船上展开，生动地表现了这一水上战斗的场面。后来，表演者又把竹马、旱船两个节目合在一起，称为“竹马搅旱船”，表演更加精彩。

再来说保定涞水县皇甫村旱船会，它起源于1805年，经过200多年的创新传承，打造出自己的拿手好戏。它糅合了田汉先生创作的《白蛇传》及传统戏《金山寺》等诸多情节，在传统的跑旱船表演中增加了唱、念、做、打等戏剧元素，让热闹的旱船表演多了几分文气。

这出跑旱船的剧情大戏贯穿了白蛇与许仙忠贞不渝的爱情故事，全部唱词共25段，400多句，唱腔以本地独创的中丝调为主，以蹦板腔及河北梆子为辅，三腔一体，表演形式有文唱、有武耍，表演者还独创了“双葫芦套盘肠、珍珠倒卷帘、四门斗、五股擀心”这些看家绝活。

旱船造型也很别致，围底层为海浪，表示船在海上行驶，上有八仙图案，旱船前后各有大彩球一个，表示喜结连理，船顶四角共有四面小旗和八个小彩球，象征着四面八方对白蛇与许仙爱情的支持。

小小的旱船里，有历史的典故也有好听的戏文，有战争爱情也有英雄美人……说不尽的千古风流、爱恨情仇。河北最为独特的一种跑旱船，是新乐的一种古老的表演“炮打五只船”，就是在全国，那也是独一份。

“炮打五只船”流传于新乐的香城村，由五人各架一只小船联结成一条大船进行表演。为造成宏大的演出阵势，节目里设置了渔夫队、旗手队、娃娃头，还有丑角的跑驴表演，当表演达到一定火候时，三声炮响，在烟雾的笼罩下，大船分成五只小船，独立起舞，从而把舞蹈推向高潮，故名“炮打五只船”。据当地人说，“炮打五只船”兴起于清咸丰年间，距今已有150多年的历史。

但凡上了点儿年纪的当地人都知道，位于华北平原腹地的新乐，早在几十年前，也是碧水环绕的北方水乡，沙河、木刀沟等五大河流纵贯新乐全境，那时候，沙河的南北交通也主要靠船运。由此看来，“炮打五只船”也是对当地风土人情的反映和描述。

“炮打五只船”保留最为完整的剧目是《观花灯》，表现的正是生活在水乡的一家老少三代五口人正月里去观花灯的故事。

“老汉今年七十三，年年打渔在江边。恰逢佳节，一家五口去看灯……”故事开始，老渔夫出场，紧接着起锚开船，为表现一家人的好心情，大船还舞出了龙摆尾的动作。观灯之旅，大船不知什么原因突然搁浅了，有人想到了把大船炸开的方法，在急促的乐声中，众旗手入场，大船四周升腾起浓浓烟雾。三声炮响之后，大船一分为五,五只小船冲出了烟雾的笼罩，摆脱困境，到达城里。紧接着开始描述老渔夫一家三代观花灯的场景。“四季发财灯……这个灯那个灯，到处都是灯。”关于灯名的说唱在惊险的“炮打”之后，又掀起一个温馨的小高潮，这时候，娃娃头、旗手、跑驴等角色纷纷出场。最后太阳西坠，一家三代怀着喜悦的心情在回家路上放声歌唱。

“炮打五只船”剧情随着时代不断演变创新。战争年代，这个表演曾是八路军用来宣传战斗主张的工具，表现的是人民群众掩护八路军渡河，运送枪炮的场景。如今，他们的唱词又增加了关于和谐社会和新农村建设的内容。古老的“炮打五只船”在时代中推演，焕发出艺术的青春。

这正是：

陆地行舟巧技艺，民族融合传好戏。

截江夺斗金山寺，炮打五船更叫奇。

上一回说到跑旱船，民间艺人们撑着船、划着桨，跑出了千古风云变幻，跑出了幸福如意吉祥。除了跑旱船，在民间花会表演中，霸王鞭也是个重头戏，霸王鞭名字霸气，打起来威风。它究竟是因何得名，又有着怎样的前世今生呢？

霸王鞭很早就在河北地区流行，八年抗战时期，还曾经发挥了意想不到的作用。

霸王鞭是一根大约3尺3寸长的木棍，中间稍细，两端各钻有两个孔，每个孔再装上几枚铜钱，用红布条缠住棍儿头。上下左右舞动时，铜钱发出清脆的响声，红布条像火苗在燃烧。年轻健壮的小伙子们唱着雄浑奔放的小调，打着霸王鞭，如蛟龙出海，像猛虎下山，潇洒俊逸，威武霸气。

其实，霸王鞭也就是表演民间舞蹈用的道具。乍一看，也就是一根彩色的小木棍，不怎么起眼，可是却有着一个霸气十足的名字。那么，霸王鞭到底有着怎样不寻常的来历呢？

说起霸王鞭的来历，可就复杂了，在民间有好几种说法。

一种是说，秦末楚汉相争，项羽与刘邦击掌相约，先入咸阳者为王。后来项羽一路过关斩将，每攻下一座城池，项羽就站在马上，挥舞马鞭，高歌劲舞，舞到兴头上，还让手下的人砍下一截树枝当鞭子一起跳舞，庆祝胜利。这样欢快的舞蹈吸引了当地的百姓，人们纷纷仿效，逐渐演变为一种传统舞蹈节目。因为项羽自称西楚霸王，霸王鞭便由此得名。

另一种说法是，霸王鞭源于后赵石勒。西晋末年，五胡十六国中的后赵王石勒，不满西晋王朝的压迫，带领百姓反抗，想要称霸中原。每次打了胜仗，兵将们都要拿着手中的长枪长矛手舞足蹈，表达赵王称霸中原的心愿。这种舞蹈形式流传到民间，发展成了彩鞭形式，称为“霸王鞭”。

还有一种说法是，宋朝有个地方习武成风，无论老人孩子都喜好练舞。其中有一位老者，武艺高强，无人能敌，人称“霸王”。当时，无论官家还是商号，在运送金银财物时，都请他当保镖。他善练鞭杆，功夫出神入化。他的鞭杆长约一米，既是驱赶牲口的工具，又是防御敌人的武器。在他的带动下，善使鞭杆的人越来越多，后来，这种功夫逐渐派生出一种舞蹈形式，就是霸王鞭。

这前几种来历，无论是楚霸王也好，后赵王也好，都是历史上有名有姓的大人物。可还有一种说法，和前几种相差很远，说霸王鞭原属乞丐讨饭的“打狗棍”。乞丐们每次挨门讨饭，总要带上一根木棍，防止被狗咬。后来，乞丐们在木棍上缀上“铜钱”，在讨饭时打出有节奏的响声，说上几句顺口溜或唱上几段吉利歌讨主人欢喜，达到讨食的目的，后来演变为民俗舞蹈的形式。

长鞭善舞，民间艺术如何鼓励人民抗战？

激情澎湃，抗战剧社怎样创作经典歌曲？

霸王鞭历史悠久，早就是民间艺人演唱时的乐器兼道具了。霸王鞭在河北更是深受欢迎，有些村子里逢年过节打霸王鞭，上至八十八，下至小娃娃，都能耍两下。

而在八年抗战时期，流行于晋察冀边区少年儿童中的霸王鞭，还曾经发挥了意想不到的宣传作用。扮演白毛女的田华老师，就是从霸王鞭开始艺术生涯的。

记得在石家庄双凤山陵园沙飞铜像揭幕仪式上，北京文艺界的众多前辈名家都亲临盛会，田华老师也在其中。笔者注意到，她在革命摄影先驱沙飞拍摄的一张照片前伫立良久不肯离去。原来，照片上那个打着霸王鞭的八路军小战士就是她本人。

事情要从 1940 年春天说起，当时抗敌剧社来到河北省完县（今顺平县）

北神南村。“小鬼队”队长郑红羽看到学校在跳一种秧歌舞，领头的两个人打鞭，后面的人耍扇，一边唱一边跳，还有锣鼓、乐器伴奏，觉得既好看又好听，便留心观察了一番。回来后，他就把打霸王鞭编成了一种基本固定的舞蹈，由“小鬼队”表演。

田华是河北唐县人，12 岁来到抗敌剧社，别看她年纪小，可是悟性好，又勤奋，霸王鞭打得最好。她和其他队员们舞动着霸王鞭又唱又舞，从前线到后方，从农村到部队，鼓舞着人们生产和战斗。

霸王鞭最适合儿童表演，而且不受人数限制，少则两人，多至 20 多人，演员只要是双数都可以打，深受群众欢迎。因此，很快就在根据地流行开来。凡是抗战剧社所到之处，都教当地的儿童团打霸王鞭。每到过春节或开群众大会的时候，霸王鞭最是活跃。1945 年秋冬，抗战胜利后，抗敌剧社在张家口开办了几期霸王鞭训练班，很快就流行开来，人们在大街上还忍不住边走边打。

抗敌剧社为了总结和更好地普及霸王鞭活动，决定编一本《霸王鞭初步》。在“小鬼队”队长郑红羽指导下，由田华、华江两人合作编写完成。书还没有出来，田华和华江就到部队搞宣传去了。有次在大同前线，一位部队首长手里正好拿着一本《霸王鞭初步》，并认出来书上的模特就是她们两个，既惊讶又兴奋，大家伙也都纷纷祝贺说：“你们两个红小鬼竟然还能出了书，真是了不起啊！”

抗日战争时期，河北敌后根据地诞生了著名的歌曲《没有共产党就没有新中国》，这首经典的红色歌曲和霸王鞭又有怎样一段不解之缘呢？

1943 年秋天，抗日战争已经进入了第六个年头，群众剧社的文艺战士曹火星随小分队来到平西根据地，就在地处房山区的堂上村。他们一面发动群众减租减息，一面开展抗日宣传活动。堂上村世世代代流传着霸王鞭歌舞表演形式，舞蹈时有规律、有节奏地挥舞击打霸王鞭，伴随着一套跳跃、下蹲、转体、舞打的连续动作，整齐的节奏很是悦耳。舞蹈队伍人数越多就越显壮观。

那年头正是抗日战争最艰苦、最困难的时候，群众剧社宣传小分队利用当地流行的霸王鞭民歌曲调填新词，创作了一组歌曲，宣传党的抗日主张，共五首，最后一首就是曹火星的《没有共产党就没有中国》。

当时，曹火星坐在老乡家的土炕头上，脑子里面回想的都是自己参加抗战的亲身经历。他热血澎湃，一边写，一边伴着霸王鞭的曲调哼唱，整整熬了一宿，一支“说了真话，写了实情，反映人民心声”的歌曲诞生了。

《没有共产党就没有中国》这首歌写成后，剧社的同志以霸王鞭的表演形式教儿童团员学唱，再教村里男女老幼唱，很快流传开来。最早打霸王鞭演唱的儿童团员只有八个人，都只有十来岁的年纪。后来村里还成立了一个抗日文艺宣传队，大家最爱唱的就是《没有共产党就没有中国》。堂上村剧团在外出表演时又教会了周边其他村的村民，直到现在这里许多村子还有霸王鞭表演队。

抗战胜利后，歌词“坚持了抗战六年多”改为“坚持了抗战八年多”。新中国成立初毛泽东又亲自为《没有共产党就没有中国》的“中国”前加了一个“新”字。这支脱胎于河北民间艺术霸王鞭的歌曲，如今早已成为颂党第一歌，被人们竞相传唱。

别具风情，山村歌舞历经怎样百年沧桑?

推陈出新，传统艺术谱写哪般时代篇章?

在承德隆化县章吉营村，民间歌舞霸王鞭也非常流行。据考证，章吉营村的霸王鞭是邹、武两姓的祖传会档，由后人发扬光大。当时，章吉营村霸王鞭花会远近闻名，霸王鞭代代相传，走过了 150 多年的历史。

章吉营村的霸王鞭表演有着别样的精彩。它分两部分表演：第一部分是舞蹈，男角挥舞霸王鞭，女角击打竹板，在打击乐的伴奏下完成“走八字”、“套葫芦”、“龙摆尾”、“倒脱鞭”、“串黄瓜架”等队形。第二部分是演唱，表演者随着霸王鞭、竹板击打的节拍一展歌喉，唱的是什么？都是些民间传说、历史故事，以男女对唱的形式进行，男进女退、女进男退、对肩换位，特别是男角的扛鞭、压鞭、耸肩、扣肩的表演动作，更是滑稽幽默、别有趣味。

经过历代艺人加工提高，隆化霸王鞭形成了自己独特的艺术风格，2006 年被列入第二批河北省非物质文化遗产名录。目前霸王鞭已成为隆化县全民健身和民间舞蹈的传统保留节目，上到六七十岁的老人，下到七八岁的儿童，都掌握了霸王鞭的表演形式，也成为人们茶余饭后锻炼身体的主要娱乐活动，让古老的民间艺术得到了推广和传承。

在第 11 届中国承德国际旅游文化节上，由隆化县回民小学 50 名小学生组成的民俗表演团让观众耳目一新。只见他们穿着绚丽的服装，且行且舞，打起霸王鞭，动作整齐划一，鞭声清脆悦耳，别具一格，他们的表演引起了现场中外观众的阵阵喝彩。

在过去，习武之人舞弄鞭杆是必要的基本功。如今霸王鞭的许多动作，就是从武术鞭技中衍变而来的。打霸王鞭的时候，人全身各个肢体部位都在运动，因此，久练霸王鞭舞，自然可以锻炼身体，提高自身的身体素质。如今，霸王鞭还推陈出新，玩出了新花样。接下来，到革命先驱李大钊的故乡唐山乐亭去看看。

乐亭有一所具有百年历史的名校——乐亭县第一实验小学。多年来，学校不仅为省赛车队、省划船队、省体校等输送了近百名优秀运动员，而且在开展群体活动方面，他们把传统文化霸王鞭巧妙地融入体育锻炼当中，形成了自己的特色项目，这就是健身鞭。健身鞭动作欢快、造型优美、艺术感强，而且还融合了多种鞭法，有跨下鞭、触地鞭、触膝鞭、三交鞭、毽子鞭、过顶鞭、右击脚等。

几年来，学校共创编了两套鞭法，并从三年级开始普及。学校通过举行班级对抗赛等形式来提高健身鞭的水平，还成立了 800 人的校健身鞭队。校健身鞭队成立以来，连续几次获得县大型特色项目评比一等奖，还多次在各种运动会及各种展示表演活动中受到嘉奖。他们创编的健身鞭法迅速在全县推广，很多周边县区也纷纷前来学艺。如今，健身鞭已经成为深受当地中小学生喜爱的新兴体育锻炼项目。

这正是：

霸王鞭里故事多，男女老幼舞婆娑。

走进校园强体魄，红色经典传颂歌。

第九十六回 定州大秧歌 倡导诵东坡

上一回说到龙腾虎跃的霸王鞭，那一条神鞭打响了千古美名。这一回要出场的是热热闹闹的定州秧歌，这秧歌从头到脚都带着一股浓厚的乡土味，是咱草根老百姓的心头好。可是，它的开山鼻祖居然是一位大名鼎鼎的文人雅士，他到底是谁呢？

这位正是中国一等一的大才子苏轼。1093年，也就是的元祐八年，苏轼奉了皇帝的旨意到河北来做地方官，管的正是定州这一带。那时候，定州的地位可不一般，它是汉晋时代的中山国国都，是历代兵家的必争之地，也是宋代的边防重镇。按说，苏轼到这么重要的地方去任职，临走的时候，皇帝多少得嘱咐几句，鼓鼓他的士气。可是，皇帝压根就没见苏轼的面。苏轼正经是个有脾气的人，他遭了皇帝这么对待，心里自然是很郁闷。正在这时候，苏轼的妻子也过世了，真应了那句“屋漏偏逢连阴雨”。遇到这么一连串的糟心事，苏轼的心情别提多差劲儿了，就像他诗里写的那句：“今日中山去，白首归无期。”

苏轼揣着一肚子的委屈出了门，他一路走一路愁，就怕到前面再碰着什么倒霉事。正是怕什么来什么，定州城里还真有一大团的乱麻等着他呢。

苏轼进了定州城门，发现这里实在是一团糟，当官的就知道弄虚作假，当兵的只明白吃喝玩乐。不过，苏轼到底是个有本事的人物，他接连奏请皇帝，出台了好几项措施，没用多少日子，定州就改天换地，成了一个安定和谐的好地方。

看着定州城里这一片新气象，苏轼既没有骄傲，也没有自满，他想着，自己既然做了一方的父母官，就得给老百姓多办点儿好事。苏轼琢磨着还得是下乡瞧瞧才知道老百姓的想法。他换上便装，到了定州城北黑龙泉边上的南定村。一进村口，就见一股龙泉喷涌，一派江南风光。苏轼心想，这么好的地方，老百姓的日子过得一准是不错呀！他一边想，一边找了户人家去打听，没想到，这家人却跟他诉了一大车的苦，说是十年里有九年发大水，家里整天整天地揭不开锅。苏轼觉得很奇怪，说："你们这水土不错，为什么不开水田呢？"老乡被问得两眼一抹黑，回答说："我们祖祖辈辈都没听说过水田这码子事呀！"苏轼一听，哦，原来是这么回事。他干脆在南定村住了下来，手把手地教老百姓开水田、种水稻，把这里变成了一片鱼米之乡。老百姓为了纪念这位爱民如子的好官苏轼，就把村名改作了"苏泉村"。现如今，村里还建了一个苏东坡广场，广场的碑刻上就记载着苏轼微服私访的老故事。

故事里面还有这么一个情节，说是苏轼看见老乡们在水田里干活很辛苦，就编了首歌教他们唱，这么一来，大伙边干活边唱歌，插秧的动作都有了节奏，不光能忘了身体上的劳累，还能提高生产效率。有人把这个调子配上插秧的动作边唱边跳，这就是"定州大秧歌"的雏形。苏轼也就成了定州秧歌的开山鼻祖。

一唱惊天，定州秧歌唱响几度春秋？

一曲留名，传统剧种留取几出大戏？

俗话说的"吃饭吃窝窝，听戏听秧歌"，讲的就是秧歌戏的迷人之处。热热闹闹的大秧歌不只是好听好看，还能强身健体，而且这其中还有不少说道。早在南宋年代，那一本名叫《武林旧事》的书里就提到了秧歌的名字。在千百年的发展过程中，秧歌分出了不少的门类，还发展出了踩着高跷表演的"高跷秧歌"，传统的秧歌也就有了另外一个新名字，叫"地秧歌"。

河北的定州秧歌绝对数得上是秧歌队里的大将军，一是它的历史特别长，二是有苏轼来做金字招牌。这一支往日的田园之歌是怎么发展成为舞台上的大戏呢？

当年，古人有这么一句诗："水上白鹤惊飞处，稻禾千里尽秧歌。"诗里说的就是当年河北定州水田秧歌的盛况。这幅场景确实是别有一番风味，不过稻田里唱戏的都是业余的文艺爱好者。后来，秧歌戏里加入了更多的人物，更复杂的故事，渐渐地分出了行当，搬上了舞台。

到了清朝，定州的民间艺人把有人有事的故事编成了剧本，又在秧歌调里加上了各式各样的乐器，男男女女穿上戏装扮上脸，把大秧歌唱成了一台好戏。

定州秧歌越唱越响，越传越远。到了清朝的嘉庆二十一年（1816年），定州成立了秧歌班，艺人们也攒下了一大批的好剧本，有好些讲的都是反对封建礼教，歌颂人间正义的故事。这样的戏目赢得了老百姓的一片叫好，却惹下了官府的怨气。当官的把定州秧歌当成了洪水猛兽，还专门下了封杀令。可是，好东西到底是好东西，定州的秧歌凭着草根老百姓的支持，愣是挺过了那段最艰难的时期。

等到建立了新中国，定州成立了秧歌剧团，推出了一出又一出经典大戏。定州秧歌终于盼到了又一个春天。

定州秧歌之所以会有这么强大的生命力，正因为它原本就是属于老百姓的草根艺术。它的唱词明白好懂，里面讲的故事更是让大伙喜闻乐见：唱的是四季风光好景色，唱的是一年忙活庆丰收，唱的是乡情乡韵乡土味，唱的是喜怒

定州秧歌表演

哀乐心中情。

定州秧歌的艺人开腔亮嗓一句高唱，凭的就是货真价实的好嗓子，既没有用上假音，更不会有什么假唱。那一种随心所欲的感觉，荡气回肠的气势，正是咱燕赵之士的风度。不过，要是细细地听一听其中的曲调，还是能够体会到其中一板一眼的节奏，感受到那种诙谐俏皮的意味，一段秧歌听下来，包你能把所有的烦心事都抛到脑后。

听戏不只是图个开心热闹，也得听出个门道。定州秧歌的铁杆粉丝都知道，秧歌戏里有好多好多的故事，讲出了好多好多的道理。那里面有缠绵的爱情，也有悲切的孝子，有铁面无私的青天大老爷，也有呆头呆脑的小丑来逗乐。这戏不单是听得高兴，看得痛快，而且它还挺禁琢磨，听完戏了想一想，你就能咂摸出其中包含的忠孝节义。民间的大秧歌有这么多的大道理，也难怪有学者把它整理成书，还把它称为是绝妙的平民文学。

大秧歌里的剧目，大多数都是婆婆妈妈的家庭故事，就和电视上热播的家庭情感戏差不太多，用当地老乡的话来说，这戏就是“拴老妈桩子”。最出名的传统戏目有《双锁柜》、《老少换》、《王小赶脚》、《杨八姐剃头》，再有就是后来改编的剧目《天仙配》、《白蛇传》，还有《白水滩》、《打焦赞》、《蜈蚣岭》等一些个武打戏，到了最近这些年，又上演了《夺印》、《血泪仇》等现代戏。

老骥伏枥，秧歌大王付出几多心力？

志在千里，前辈艺人满怀几许希冀？

定州秧歌唱过了春夏秋冬，见证了燕赵沧桑，其中的信息量实在不小，堪称民俗文化的活化石。眼下，这块老宝贝的保护和传承成了最要紧的事，好在定州城里还有一位响当当的“秧歌大王”。平时瞧着这位挺平常，一说起定州秧歌，他立马就换了模样，一双眼睛神采飞扬，就连脑门都显得那么亮堂，不论是吹、拉、弹、唱，还是编写戏文，简直就没有一件事能难得倒他。他就是国家级非物质文化遗产定州秧歌戏的代表性传承人张占元。

当年，精通定州秧歌的张占元为了把老辈儿人留下的艺术传承下去，不知道花了多少心思，费了多大的劲儿，终于总结出秧歌戏的 31 种板式，整理出 30 多个传统曲目。2004 年，他还亲自当了回大导演，导了一出由老艺人黄翠和陈新军主演的秧歌小戏《扒糕情》，在全国第七届艺术节中一举拿下了“群星奖”。

如今，当年的毛头小伙已经成了白发苍苍的老人，张占元心心念念的还是那个舍不下的老情人——曲不离口的秧歌戏。一提到从前的那些日子，他总要来一段忆苦思甜：“1958 年，我刚刚进入秧歌团，那时候，正是定州秧歌最风光的时代。人人哼着秧歌戏，就像现在的年轻人喜欢流行歌曲似的那个劲儿。想当年，我一场接着一场地去演出，一年也没几天闲在家里，就跟现在的明星赶场差不多。”

当年的曲，当年的情，当年的一切一切，还留在那段秧歌戏的唱腔当中。张占元 16 岁入行唱戏，几十年前的他怎么也没想到，有一天，自己这一个民间艺人会成为国家级“非遗”项目的代表性传承人。他把这个称号放在自己的心尖尖上，只觉得一颗心颤颤悠悠，压力很大。张占元说：“好多老艺人都没了，好多老戏目也没了，自己能为定州秧歌做些什么呢？”他日日夜夜地惦记着这事，唯一的心愿就是让这门艺术再现辉煌。

为了抢救这个古老的剧种，当地已经成立了专门的定州秧歌研究会，组织年轻演员排演起优秀的传统剧目，还留下了不少的音像资料。这一番努力让老一辈的秧歌艺人看到了希望，也让定州秧歌的曲调越唱越响。

这正是：

东坡戍边知定州，德政为民秧歌留。

旧时小调成大器，全国“非遗”榜上有。

第九十七回 沧州跑落子 舞林出经典

上一回说到河北秧歌远流长，东坡居士留佳话。在沧州一带，逢年过节人们除了扭秧歌，还有一项特别喜爱的活动，是什么呢？——“竹板响，锣鼓敲，跑起落子过元宵。”跑落子到底是怎么回事，又有怎样的故事呢？

沧州落子，名气很大，与井陉拉花、昌黎地秧歌并称为河北最具代表性的三大民间舞蹈。

沧州落子的发源地是南皮，因此又叫“南皮落子”，至今已有200多年的历史。据沧县县志记载，落子是大秧歌中的一个小场子，起源于清代嘉庆年间。传统的落子，女的脚踩寸跷，手持花扇或小竹板，男的上下腾挪，把霸王鞭打得唰唰作响。只要落子表演一开场，周围的人叫好声不断。

古时候沧州贫困荒凉，放眼望去，大地上一片白花花，那白花花的不是柔软的白雪，而是泛着苦味的盐碱地。盐碱地上打不出粮食，养不了人，只能卖艺为生，喜兴的落子有的就是这么一个苦出身。过去老辈儿人跑落子卖艺，男的拿打狗棍，女的拿牛胯骨。后来，由于牛胯骨不好找，就用两块硬木板代替。

落子一般在冬季农闲时排练，正月十五前后演出，叫作“开箱”，表现人们辞旧迎新、庆祝丰收的喜悦心情。农历二月初二收会，叫作“煞箱”。有时候，男女角色分成两个纵队，走街串巷，边走边舞，这叫“踩街”，队形和动作都比较简单；还有些时候，演员们在广场、街头、院落停下来表演，这就叫“打场”，又叫“撂场”。他们唱的大多是老百姓喜怒哀乐、所思所盼。其中《茉莉花》、《放风筝》两首曲子最经典，经过加工、整理，传唱至今。

几百年过去了，沧州落子在庄稼人心里扎了根，不听

沧州跑落子

想得慌，不跑痒得慌，尤其逢年过节，锣鼓一响，谁还能坐得住？这沧州落子看着是一样的热闹，一样的喜庆，却大有文章，其中两大流派各据一方，聚拢了一代又一代的忠实粉丝。

落子主要有两大流派，一派是以南皮县杨八庄子为代表的杨派落子。因为杨家家境富裕，买乐器、服装，管着整个落子队的吃住，经过杨铁桥的改编完善，形成了杨派落子。后来，梅盛林师从杨铁桥，又拜“把式房”麻四爷学艺，逐渐形成了自己的风格。现如今，杨派已经传到第十代，也是英雄出少年。传说，最早杨派落子只有四鞭表演，后来改为四鞭、四板的表演。传到了第四代梅盛林那里，又增加了扇子的表演，分为五鞭、三板、二扇。在代代相传的过程中，每一代艺人都对杨派落子做出了不同程度的改进，使它变得更加完善，为后人留下了宝贵的民间艺术遗产。

另一派是以孟村回族自治县王帽圈村为代表的帽派落子。大约在1738年左右，帽派落子就已经活跃在这一带了。起初只有武场伴奏，到了嘉庆年间，加入了文场伴奏。帽派落子不用扇子表演，只用二鞭、八板表演。因为沧州人喜爱武术，长期受武术熏陶，所以在落子舞中也带有明显的武术动作，比方说“虚步捋鞭”，它是男性演员最基本的动作。“虚步”是三角形的行进路线，老艺人谓之“三角铆”，就是说步伐的稳健，就像铆在地上一样。女演员的“抽板”、“绕头板”、“蹬步”等动作，也带有浓郁的武术风格。

豪迈奔放，疯秧歌怎样呈现男儿本色？

轻歌曼舞，大酸梨如何展现女儿风流？

在落子舞历史发展过程中，又分成“文落子”和“武落子”两个系列。

文落子以歌为主，舞的成分少一些，往往把几支民歌连起来表演。在表演的时候，女演员手拿竹板、扇子，男演员手拿霸王鞭，有时候所有的演员全都拿着扇子表演，由丝竹管弦乐器如笙、笛、板胡、二胡伴奏。当地人称之为“文落子”或“小风流”。

文落子注重齐整划一的队形和身段曲线的优美，讲究的是女性“三道弯”造型。俗话说，“三道弯是硬功，嫦娥下凡在舞中”，突出的是婀娜多姿、秋波含笑的韵味。文落子轻歌曼舞，比方说，《叹情郎》、《绣手绢》、《织蒲席》等，寻常日子里的苦辣酸甜，千古流传的爱恨交织，百般滋味尽在其中。

那么，武落子又是怎么诞生的呢？

辛亥革命以后，逐渐废除妇女缠足，落子舞中男扮女装的踩寸子也开始被淘汰。落子舞的动作得到了丰富和发展，在文落子的基础上，适当吸收了一些戏曲中的动作和技巧，加强了舞蹈和武术的成分，减少了唱词，增添了热烈、健壮、欢快、豪爽的气氛。在道具配备上，只用鞭、板，不用扇。当地人称之为“武落子”或“疯秧歌”。

在表演武落子时，女角演员右手拿竹板，左手拿节子，竹板、节子上下翻飞，声音清脆，节奏欢快。男角手持霸王鞭，全是横鞭、捋鞭、翻身鞭、大背刀、小花刀等武术招式。他们“走似水上漂，跑似草上飞，跳似凌空燕，转似燕翻身”，敏捷的动作、干脆利落的功夫，让人忍不住拍手叫好。

打完二板后，队形变圆场，男角演员随着紧锣密鼓的节奏，从队列中向场子中间同时个个跟斗翻了出来。这时，翻踺子、打跟斗、蝎子爬、剜泥鳅、海里翻花、鲤鱼打挺、狮子滚绣球等武功都亮了出来，掌声、叫好声连成一片，场面异常火爆！

沧州落子有一位大名鼎鼎的艺术大师周树堂，艺名非常有意思，叫作“大酸梨”。

周树堂先生是第五代落子传人，1925年出生于“落子之乡”南皮县倪官屯村，从小在本村“落子坊”学艺，之后又拜著名河北梆子表演艺术家“玻璃翠”阎双祥为师坐科学艺，工旦角青衣。

寒来暑往，秋去春来，经过多年的学习磨炼，周树堂打下了深厚的功底，他把那种多愁善感、悲悲戚戚、文静贤淑的女性形象塑造的活灵活现，成为远近闻名的青衣皇后，还被戏迷朋友们誉为“大酸梨”。酸，其实就是落子表演中女性动作的味道，只有很好地掌握了动作风格，才能把那股子酸劲儿甩出来。所以，这个绰号正是当地乡亲们对他的夸赞。

尽管博得了乡亲们的赞誉，赢得了“大酸梨”的美名，可周树堂却没有沾沾自喜。他刻苦钻研，不断创新，把落子跳出了“三道弯”，把这乡野的艺术带上了更大的舞台。

那时落子中的旦角，都是由男性扮演。为了突出女性柳枝一样婀娜的风姿，需要通过踩寸子来呈现。“寸子”踩上去就像穿上芭蕾舞鞋立起足尖，是相当受罪的。艺人脚尖立在木制的三寸小鞋中舞动起来，就自然形成了屈膝、拧腰、腆腮的基本舞姿。

周树堂在落子的基础上进行了大胆创新，把戏剧舞台艺术揉进了落子舞中，突出刻画了女性“三道弯”的舞姿造型：头是歪的、腰是拧的、腿是曲的。再加上表演者夸张地模仿女性的身姿动态，就越发突出了“三道弯”舞姿独特的韵味，塑造出典雅秀丽、活泼可爱的少女形象！青衣的周树棠，身段扮相非常漂亮，当时看过他表演的人，都认为他是一个标准的美人。

为了发展落子舞中的板舞和扇子花，他又从我国古典舞和民族舞中取经，把许多舞蹈与动作融入落子舞当中，进而加工整理出20多套扇子花和板舞动作组合，使沧州落子达到了前无古人、后无来者的艺术高度。

抗战前期，周树堂到冀中一带演出，塑造了农村妇女勤劳朴实的形象，深受欢迎。抗战时期，又加进了抗日题材，鼓舞了抗日军民。抗战胜利后，他结合陕甘宁解放区歌曲，排演出《解放区的天》等剧目，到盐山、泊头慰问解放军，受到了观众们的好评。

1956 年，南皮县举办了一次民间文艺调演活动，倪官屯村落子队一亮相，周树堂扮的俊美花旦立刻赢得了满堂彩！河北省艺术院校和战友文工团争相聘请他担任舞蹈教师，来自民间的周树棠登上了国家高等文化艺术院校的讲台。

梦回家乡，落子小调如何催人泪下？

飞出国门，民间小曲如何誉满华夏？

说起沧州落子的传播，晚清重臣张之洞功不可没。因为，沧州落子的发祥地南皮，正是张之洞的故乡。据说，落子中的常用乐曲之一《茉莉花》，就是张之洞一位南方的如夫人传到南皮的，表现了《西厢记》中红娘、张生、莺莺等人物故事，后来加入了板胡、唢呐、笛子演奏，赋予了浓重的地方色彩。

1956 年冬天，河北省艺术学校舞蹈班师生来到南皮县倪官屯村学习民间舞蹈，著名落子艺人周树棠把这首《茉莉花》传给了他们，后来才改编成了民间舞蹈《茉莉花》。舞蹈由一群青春少女到花园赏花开始，动作轻盈妩媚，随少女们在花园游玩嬉戏，动作不断变化，舞蹈气氛逐渐进入高潮。

经过改编之后的《茉莉花》一炮打响，后来一直被作为河北省歌舞剧院的主要演出节目，影响遍及全省和其他部分省市。它是在著名落子艺人的积极参与中形成的，是从民间艺术到舞台艺术创作的又一个成功范例。

除了《茉莉花》，沧州落子还有一个代表性的调子，就是《放风筝》。很多奔波在外的沧州老乡说，一听到《放风筝》、《茉莉花》这些落子调，就会流泪，就会梦回家乡。南皮落子调，就是乡音，就是乡情啊！

“姐妹二人忙不停，梳洗打扮把衣更，镜子照花容……姐姐穿的是葱心绿，妹妹穿的是石榴红，裙子系腰中……” 落子小调《放风筝》，是如何改编为优秀的舞蹈节目，并跻身世界艺术之林的呢？

1962年，周树堂与舞蹈工作者们合作，将落子小调《放风筝》改编成了扇舞，表现了一群少女踏青放风筝的美丽画面，动作舒展优美，表现了女子屈膝、拧腰、腆腮“三道弯”的体态和“风摆柳”的动态特征。少女们手持的双扇随动作变化上下翻飞，舞台上忽而出现一只彩蝶，忽而出现一只蜈蚣，满台生辉，美不胜收。扇舞《放风筝》还成了省歌舞剧院保留节目，多次赴美国、意大利、希腊、新加坡和马来西亚演出并获国际大奖。

在后来的40多年中，《放风筝》被加工修改很多次，从最初的16人、24人，一直扩展到32人，甚至是64人的庞大演出阵容。河北歌舞剧院表演的《放风筝》早已走出国门，摘得国际民族舞蹈大赛总冠军和世界艺术节比赛第一名。《放风筝》为继承、发展和弘扬传统优秀舞蹈文化树立了典范和新的里程碑。可见，沧州落子这朵民间艺术之花，一花引来百花开，迎来了燕赵大地的满园春色。

这正是：

沧州落子锣鼓响，文武不挡各擅长。

茉莉香源张南皮，风筝传自周树堂。

第九十八回 九曲黄河阵 神奇迷宫转

上一回说到沧州落子一枝花，唱腔曲调传万家。今天要说的这个场面更神奇，它是现实版的迷魂阵，是加强版的绝活儿，这就是流传在河北的“九曲黄河阵”。那一盏盏灯花点亮了多少年的历史？曲曲折折的场子里又藏着什么样的秘密？

九曲黄河阵，俗称“灯场子”。在明洪武四年（1371 年），大槐树下的山西人把它带到了河北，到如今已经有 600 多年的历史。这阵式按着周易九宫八卦的方位，仿着富贵不断头的九曲图案，用木头杆子或者是玉米秸秆扎成 2 米来高，围出一条条弯弯曲曲的道路。这边有出口，那边便有入口，沿着 1 米来宽的小道从这头走到那头，差不多有 1 公里的路。一路上点缀着闪闪发亮的油灯，挨着个来数一数，总共有 365 盏，象征着一年 365 天。等到天色擦了黑，这九曲黄河阵里亮得就像是大白天，有大人孩子在里面跑来跑去，那一片欢声笑语别提多热闹了。

这么讲究的阵法，这么浩大的声势，这么多的男男女女都来凑热闹，图的不只是人多好玩，还要求一个顺顺当当、平平安安的好彩头。

每到了农历的正月底，二月初，好多地方都早早摆上了九曲黄河阵，白天唱上一整天的大戏，晚上就来转转九曲。吉时一到，有“灯官”入场，伴着鸣炮三声，场子里的灯光亮成一片，场子外面的“旺火”也点了起来，远看像是银河落地，近看就像是莲花朵朵。这时候，就听见锣鼓震天，就瞧着秧歌队披红挂绿扭了起来，男角扭得特带劲儿，女角扭得很多情，孩子们在秧歌队里穿来跑去，一片热闹祥和的景象，预兆着万事如意的新年。

这一阵的热闹劲儿到了顶点，有人点着了鞭炮，放起了烟火。场子里面的喝彩声一浪高过了一浪，一拨接着一拨的人群到了会场中间的老杆下面绕圈圈，就连平时不怎么出门的老人和妇女也凑到了这儿。人人都要绕着老杆走一圈，还要用手摸摸杆，图的是个“摸摸老杆，祛病延年”的吉祥寓意。

看过这一场热热闹闹的景象，再来说说九曲黄河阵的来历，关于这种神秘的阵法有好几种说法。有人说，这是因为黄河流域老闹水灾，摆这个阵势是为了敬奉龙王；有人说，这出自于封神演义中姜子牙破阵的故事；还有人说，九曲黄河阵再现了战国时期孙膑和庞涓斗智的场面。这一段一段的故事都挺神，其中又有着什么样的情节？

高人斗法，正义能否战胜邪恶？

兄弟竞技，谁人可以占得上风？

据说，九曲黄河阵最早出现在唐代。相传，那个年代里，老天爷常常会翻脸，大雨哗啦啦地一下就是好几天，直闹得山洪暴发，洪水就像是脱缰的野马，搅得老百姓的日子根本就没法过。人们实在是没辙了，只好点起灯火，求龙王爷开恩，保佑一方的太平，这就是传统的“点平安灯”。因为洪水流得曲曲折折，

九曲黄河灯阵

所以，又称为“九曲黄河灯”。后来，这样的仪式就演变成为祈求吉祥如意的九曲黄河灯会，也成了百姓们乐乐呵呵共度佳节的娱乐活动。

另有一说把九曲黄河阵和道家的鼻祖老子联系到了一起，说九曲阵的来源就是道家阴阳太极图形，也是古代战争中的迷魂阵。这里面也有一个小故事，说是在商代末期，商纣王把大好的江山祸祸的不成样子。这时候，姜子牙带着大军替天行道，一路打到了商纣王的城门之前。商纣王一看大事不好，赶紧请高人赵公明前来助阵。赵公明的本事再大也没有姜子牙大，没几个回合就死在了战场上。赵家的三个妹妹急红了眼，说什么也要为哥哥报仇，就费尽心思设下了九曲黄河阵。可是，这个神秘的阵法也没难倒姜子牙，在故事的结尾，还是正义的队伍笑到了最后。后人为了纪念这件大事，就仿造了九曲黄河阵，学着姜子牙的样子来破阵。

还有一个故事讲到了战国时期，说那时有两个大才子，是一对师兄弟，一个是孙膑，一个叫庞涓。这庞涓有点儿小肚鸡肠，嫉妒孙膑的才气，没事就给孙膑找个茬。一来二去，孙膑实在是没脾气了，就当面告诉庞涓：“咱们老这么斗心眼儿也挺没劲，不如干脆来个了结。我来设一个九曲黄河阵，你要是破得了阵法，我就拜你为师，你要是不行的话，往后就别再找我的麻烦。”庞涓不知深浅，一口答应，没想到，他一进了九曲黄河阵，就成了没头的苍蝇，左转转，右撞撞，怎么也出不来了。庞涓被困了七七四十九天，终于心服口服认了输。

各式各样的说法，历朝历代的故事，都为九曲黄河阵的来历找了个说法，且不论这些情节是真是假，其中包含的文化元素还是很值得我们深思。滔滔黄河在河北流过，也在这片土地上积淀下了深厚的文化，流淌千年的黄河水或许正是九曲黄河阵的源头。

到石家庄井陉矿区的贾庄和井陉县的南王庄、胡家滩，就能见识到这神奇的九曲黄河阵。每年到了正月，这一带村村都摆上了九曲黄河阵，点上了九曲黄河灯。

井陉这一带的黄河阵，大多都是用365根竹竿或者是葵花杆子搭一个1.5米宽，2里多长的通道，杆子上点上花灯，场子里摆一根旗杆，有的还要设一座3丈多高的指挥台，上面放一盏大号的寿星仙鹤灯。走进场子转一圈，瞧瞧那弓腰的虾米灯、张嘴的鲤鱼灯，还有八条腿的螃蟹灯、转着圈的走马灯，其中包含的巧妙心思实在让人叫绝。仔细一打听，原来这一盏盏的花灯全都是当地的老乡自己动手做的工艺品。

自己动手，打造热热闹闹的大场面；自己动手，开创红红火火的小日子。这就是勤劳朴实的河北人。看过了井陉的黄河阵，再到承德丰宁县去看看那里的阵法。

承德丰宁的九曲黄河阵已经是200多岁的老寿星。大老远地看过去，它是个四四方方的形状，里面有个三乘三的九宫格，源于古老的道家阴阳八卦，所以又叫作"九宫八卦阵"。灯阵前面有两个门,右边是正门入口,左边是反门出口。看灯走阵的人要从正门进，反门出，中间不能回头，也不能停顿，一口气走出来才算是大功告成。

在这黄河阵中边走边看，最惹眼的就是正中间的一根"神灯杆"。那杆子上面挂着四面三角旗，旗子下头挂彩灯，四个一串的叫"四季平安"，五个一串的是"五谷丰登"，一串串的彩灯连起了一串吉祥话，为的就是盼望这些好事都能成为真的。

看了神灯看花灯，黄河阵中365盏花灯谁跟谁也不一样，有上八仙、下八仙，有飞禽，有走兽，一路的花灯让人眼花缭乱，不过也不能只顾着东张西望，忘了转迷宫的正经事。阵中的道路九曲贯通，只有一处是个死胡同，这就是当地人所说的"狗洞"。按着传统的说法，谁要是一不小心钻进了狗洞，接下来的一整年里都不顺。只有顺顺利利转出来的人，才能赢得一年平安的好兆头。

光辉灿烂，彩灯盏盏照亮怎样一场盛会？

九曲回环，兜兜转转走出怎样一片未来？

最后一个出场的是九曲黄河阵中的重量级选手——邯郸武安的黄河灯会。它的规模在河北省内是数一数二，它的历史已经有700多年。由于这里的九曲黄河灯会保存完好，越办越红火，还被列入了邯郸市的非物质文化遗产名录。还有一点更稀罕，根据当地老乡的说法，谁要能在这灯会上偷着一个灯桩子，还能求来添丁进口的好运气。

要想看一场武安的黄河灯会，正月十七的一大早就得赶到这里。上午八九点钟，就有十里八村的戏班子在九爷庙前的广场上齐聚头，上千名艺人吹拉弹唱，各亮绝活，舞龙、跑驴、旱船、高跷、秧歌、歌舞、杂技轮番开演，简直就是一场民间文艺大会演。

看着百花齐放，听着锣鼓齐鸣，这一天很快就过去了。眼看着太阳落西山，最有看头的花灯一盏接着一盏地亮成了片。这灯的海洋里最值得一看的就是那六个亮亮堂堂的“花牌坊”。那上头披着红布，挂着灯笼，插着松柏枝，簪着彩纸花，远远瞧着就是个五彩缤纷的大花篮。走近了瞧一瞧，这上面还挂着好些个庄稼人使的农具，像是铁犁、耙子、铁锹、锄头、镰刀，地里干活的东西一样也不缺。老人们说了，这就预示着来年的农业大丰收。要知道，这高高大大的花牌坊好看不好做，当地的老艺人们从正月初七就开始忙活，才让这六个大家伙赶在正月十七闪亮登场。

看过了大戏，瞧过了花灯，接下来就是这一天里的压轴好戏——转“九曲”。在这里，转九曲也有门道，必须得先在入口兜一圈，然后转到九宫之中的最后一个，从这里一个一个地往回转，一路转到最当中的中宫，冲着这里的老杆吐一口吐沫，这是个祛杂病的意思。这一套程序做完了，才能走出黄河阵。对于还没生育的新媳妇来说，还有一个特殊任务，就是要瞅个空子偷个灯桩子。据说，这样就能怀上宝宝，而且能要儿得儿，要女得女。要是这个愿望实现了，来年还要记得来还愿，还愿的法子也简单，在布阵的时候多送几根桩子就算是还愿了。

弯弯曲曲的黄河水，孕育了中华好儿女；曲曲折折的黄河阵，传承着燕赵旧风俗。走在这灯阵之中，弯弯绕绕，头上总有光明，兜兜转转，前面总有方向。

这正是：

九曲黄河古阵法，破敌制胜姜子牙。

花灯璀璨不眠夜，偷得灯桩能生娃。

第九十九回 天下第一鼓 隆声震千年

上一回我们看过了古老神奇的九曲黄河灯，接下来再去听一听威震四方的天下第一鼓。每到二月二龙抬头，藁城市的中心广场上鼓声震天，近千名鼓手云集于此，展开一年一度的战鼓催春表演赛。这表演是怎样的一番红火热闹？藁城战鼓又是如何赢得“天下第一鼓”的美名呢？

藁城战鼓是我国民间艺术的瑰宝。和一般的鼓不同，单看外观，藁城战鼓就充满王者之气：鼓梆由上好的木料精心钉制而成，将近1米高，上面还绘有彩色图案；鼓面用牛皮蒙紧，直径将近2米。这么大的块头，需要有专门的鼓架支撑，还要由四个鼓手站在四周轮番敲击。那可真是威风八面。

藁城战鼓表演共分为五个部分：一潜伏，二出击，三战斗，四胜利，五欢庆。鼓手的动作幅度大、力度强，表演的过程中跳、跃、翻、滚、闪、展、腾、挪等，可谓十八般武艺样样全，同时还用男性舞蹈增添士气，再配以大铙、大锣、大镲来伴奏，更显得彪悍壮烈、气势磅礴。它吸收采纳许多武术动作，又被称为“武术战鼓”。清朝末年，藁城战鼓队曾经到天津参加皇会演出，轰动京津，被誉为“天下第一鼓”。

关于藁城战鼓的起源，当地流传着一个有趣的传说。说的是1000多年前，也就是唐朝天宝年间，滹沱河边有一头神牛，拱毁了河堤，洪水泛滥，老百姓都遭了殃。王母娘娘就派大将尉迟敬德下凡降服这头牛。尉迟敬德用鞭子打断牛犄角，可它还用嘴拱，尉迟敬德只好拦腰一鞭将牛打死。消灭了这个祸害，老百姓为了出口恶气，就把牛皮剥下挂在树上抽打，后来大树枯死，人们又把树木锯成木板，蒙上牛皮敲打，就这样做成了战鼓。从此以后，只

藁城战鼓表演

要发生水旱灾害，人们就擂响战鼓，咚咚咚的鼓声响彻天地。

遗憾的是，战鼓的历史只限于人们的口口相传，相关的文献记载非常少，清代以前的史料只字全无。当地人说，战鼓最早兴起于明朝万历十年(1582 年)，这话又有怎样的凭据呢?

战鼓之乡五界村有一位最年长的老艺人名叫胡喜辰，他说，战鼓兴起于明朝万历十年，新出版的县志上也是这样写的。问起这个记载的依据是什么，老人家却支支吾吾，欲言又止，在笔者的一再追问下，他才透露出其中的真相。

原来，1996 年村边修公路，在始建于唐朝的大佛寺遗址中，出土了一尊没有头的佛像，村中大人小孩儿听说了，都跑过来看。上上下下一通打量，细心的村民发现，石佛背后有题刻文字，记载了明万历十年在寺前演练战鼓的内容。这应该算是藁城战鼓见诸历史文献的最早记载。

没想到，石佛出土还没来得及报告上级部门，就先惊动了文物贩子，他们偷了两次都没能得手。村民们为保护佛像，只得又把它埋入土中，并相约严守秘密，等待时机再现佛身。

藁城战鼓是怎么产生的呢？其实它就起源于民间祭祀。古时候寺庙多，庙会也多，凡是遇到寺庙祭日，求神祈雨，战鼓都是必不可少的表演项目。在本村参加祭祀叫“打醮”，到外村赶会叫“闯醮”。而春节是战鼓最活跃的时期，有“战鼓催春”之称。一般腊月廿三之后，各村就开始组织队伍拉练。除夕之夜，人们有“熬五更”的习俗，村村敲大鼓驱邪避灾，一宿不停，直到各家鞭炮齐鸣，才能停止。初一到初四，人们在本村敲战鼓。初五之后，村与村之间互访表演。这鼓一直敲到农历二月二才退出年节舞台。

刚柔并济，民国鼓王如何展现武林豪情？

大气磅礴，藁城战鼓怎样彰显燕赵古风？

民国时期，藁城土山村出了一位鼎鼎有名的鼓王，他就是刘凤祥。

刘凤祥出生在清朝末年，自幼习武，曾经考中了武举人。他从小就对战鼓非常痴迷，因为家境殷实，他便有机会到处学艺，练了一身打鼓的好本事。

藁城鼓战素来彪悍尚武，两支战鼓队一旦对阵起来，必要较量个高低，不分胜负决不罢休。刘凤祥就把精彩的武术动作融入鼓点和敲钹的动作中，舞起大钹气势磅礴、刚柔并济，被誉为“武林战鼓”，深受老百姓的喜爱。受到他的影响，藁城各村的鼓队形成了“龙腾虎跃”、“铺天盖地”的雄壮气势和独特的表演风格，舞姿雄健，带有浓厚的燕赵古风。然而，身为县商会会长的刘凤祥，因为常年练鼓耗尽了家产，据说最终在一次战鼓比赛中落败而吐血身亡。

多年前，笔者曾在《石家庄日报》上报道过藁城战鼓，没想到的是，有一天竟接到刘凤祥的儿子刘林杰的来信。他在信中披露了另一种说法，刘凤祥不是在对鼓比试中吐血身亡的。

刘林杰说，他父亲从小请家庭教师练武，武功达到很高的造诣。1922 年开始担任县商会会长，1926 年回到了家乡。从这以后，刘凤祥开始编战鼓，这就是藁城战鼓的开始。他的水平相当高，把其他人甩下了不知道几条街。在多次对鼓中保持全胜战绩，一次都没输过。特别是 1934 年在石家庄附近的栗村庙会上，土山战鼓把六台大戏所有的玩意儿都盖了，把现场的观众全震了。那场惊艳四方的表演已经过去70多年，刘家后代提起先人依然是充满崇拜，对战鼓的喜爱依旧血脉相传，这也是藁城战鼓千载不衰的一个原因吧。

藁城战鼓有四大流派，其中的马庄鼓会名气很大，在抗日战争中，它曾大显神威。时间回到战火纷飞的年代，看到原本美丽的家乡被日军侵略践踏，马庄鼓会的铮铮男子汉们，心头怒火燃烧。他们自发参与到抗击日军的战斗中，那终日相伴的大鼓，成了他们的秘密武器。

他们把土枪土炮藏进了大鼓里面，摸进日本鬼子的炮楼，拔掉了扎在根据地的钉子。遇到鬼子扫荡，他们又把子弟兵藏在大鼓中，并掩护他们转移撤退。马庄鼓手的英雄事迹传遍冀中大地，受到当时根据地首长吕正操、杨成武的嘉奖。

新中国成立时，应中央政府的邀请，马庄鼓会参加了开国大典。鼓手们头扎白毛巾，身穿红布袄，赶着牛车，架起大鼓出发，在保定接受了两天集训后，意气风发地开进了北京城。1949年10月1日那天，在天安门金水桥畔，他们精神抖擞，带着喜悦的笑容，尽情地敲响了战鼓。马庄战鼓的风采被永远定格在开国庆典新闻影片的镜头中。几十年后，人们还能从电视中播出的历史资料片中看到那些一身冀中农民打扮的马庄汉子。

20世纪90年代，有人创作了20集电视剧《天下第一鼓》，其中的原型就是藁城市土山村刘凤祥鼓会和马庄鼓会。

现如今，藁城战鼓风采不减当年，在重要的节日庆典中，仍然是绝对主角。

藁城战鼓演出的形式分为走队和扎场。通常是会头举旗在前，鼓钹居中，人鼓车压后，在车上站立三人，鼓手站在鼓后，大钹分立左右，一边走一边击。会头发出指令便停止行进，扎好了场子，就开始表演。战鼓表演者一律扮成武士，他们身穿夸衣彩裤，足蹬虎头战靴，头裹红巾，舞动起来，鼓声雄浑壮阔，如春雷滚滚，钹花片片翻飞，金光闪闪。

藁城战鼓套路有“大添油”、“二添捆”、“大得胜”、“小得胜”、“十面埋伏”、“猴钻圈”、“霸王一条鞭”等，精彩纷呈，让人目不暇接。他们还有一套绝活：表演者站立在四个方位，相距20米，舞动起来不时将钹向对方抛去，又相互接住，这叫作“撇钹”。这时候，大钹在空中飞舞，就像是一个个金光闪闪的圆盘，场面相当壮观。

改革开放后，藁城战鼓推陈出新，表演上加入了新时代的内容，变得更加完美，藁城市也被文化部命名为“民间艺术之乡”。

1992 年藁城战鼓以全新的面貌，出现在第六届北京“龙潭杯”全国民间艺术花会大赛，一鸣惊人，摘取大奖；1996 年还应邀参加中华青年锣鼓擂台赛，与安塞腰鼓、威风锣鼓、太平鼓、朝鲜鼓同场竞技，一举夺魁。

百年传承，战鼓之乡流传几多动人故事？

百花齐放，古老艺术焕发几许青春风采？

现如今，在藁城，古老的战鼓还是当地群众的最爱，各村的鼓会一个比一个劲儿头足，铆着劲儿地比学赶超，这其中还包含着很多新故事。

在五界村，鼓会的骨干胡功宾眼瞅着就要办喜事了，偏偏就在婚期当天，正赶上鼓队去北京参加龙潭庙会。可是鼓队里面少了他又不行，胡功宾咬咬牙，愣把定好的大喜日子往后推了。

澳门回归那年，鼓会又要赴京参加庆典。一位姓刘的鼓手父亲生了重病，小刘想留下来照顾老人，老人却一个劲儿地赶儿子，说：“你只管去，你们拿了奖杯回来，我比啥都高兴。”可当时县里经费困难，为了去北京，全村老少每人捐了三块钱，鼓队队员还自己掏腰包，没有花公家一分钱。

在 1999 年世纪之交的盛会上，战鼓捷报频传。12 月 16 日参加中国文联举办的中华舞龙大赛获得特别贡献奖；12 月 19 日晚，在北京天安门广场参加全国人民喜迎澳门回归庆典演出活动；12 月 20 日参加了中央电视台 24 小时全球联播庆典节目。这天下第一鼓，名声真正传遍了天下。

现如今，藁城农村活跃着 80 多支战鼓队，其中还有男女混合编队和女子战鼓队。另外，他们把扇舞和秧歌融进了战鼓表演，让豪气冲天的战鼓增加了几分柔美。藁城市已将藁城战鼓确立为重点保护项目，专家们多次到农村战鼓基地进行采录、挖掘、整理。

新中国成立以来，藁城市参加各种战鼓学习培训的中小学生达到近万人。藁城市还把战鼓编进了课程中，五界村小学还创编了儿童战鼓舞蹈。延续千年的藁城战鼓正在续写新的传奇。

这正是：

藁城战鼓震天响，传说天宫神牛降。

武举创编无敌手，开国助威好荣光。

第一百回

东路二人台 坝上风光鲜

上一回说到藁城战鼓威风八面，隆隆鼓点声震千年。在河北的最北边，有一种小舞台上的二人小戏，讲的是小日子里的家常事，演的是老百姓的身边人。要说这小戏并不小，它赢得了观众的热捧，赢得专家的好评，赢得了响当当的大名声。这究竟是怎样一出好戏？

在河北张家口坝上地区有一种小戏，乍一看就跟东北的“二人转”差不多，演的都是家长里短的故事，说的就是当地老乡的大白话。正是这种乡土味十足的民间戏曲，曾经登上了人民大会堂的舞台；正是这一路淳厚朴实的老艺人，曾经受到了周恩来的接见；正是这种原汁原味的草根艺术，曾经被郭沫若称之为“百花丛中一点红”。这就是当地最具人气的传统小戏“二人台”。

二人台，二人唱，舞台上一男一女，扮的是一丑一旦。胡琴一响，俩人就亮嗓开唱，扇子舞得是蝴蝶一样，手绢翻得像浪花一朵，演一出夫妻斗嘴打岔，演一回两口子伉俪情深。

张家口的二人台跟陕北的二人台本是同根生出的亲兄弟，为了有所区别，陕北的那一路就叫作“西路二人台”，张家口的这一支就称为“东路二人台”。这东路二人台起源于民歌和民间社火表演，它吸收了民间小曲的腔调、社火舞蹈的姿态，又跟当地的方言融为一体，成为独具特色的民间艺术。

清代的时候，坝上地区多了不少外来户，一些民间艺人也到了这里，带来外地的老艺术。赶到天寒地冻的大冬天，地里的农活闲了下来，老乡们就趁着这个当口闹起了社火，二人台就成了其中一出戏目。

到了民国初年，二人台的艺人们组建起了像模像样的戏班子。逢年过节，就有五六个人组成一支队伍摆着地摊唱开了戏，哥几个奏响了笛子、四胡、扬琴和四块瓦，丑角和旦角舞着手绢、扇子、霸王鞭，就在台上演起了故事。后来，这戏里的情节越来越生动，唱词里面也添了好些个衬字叠词和地方方言，剧目也渐渐多了起来——有载歌载舞，红火热闹的"火炮曲子"；有唱词当家的"硬码戏"；有单独的器乐牌子曲演奏；还有清唱、对唱、表演唱、串话、道白，等等。

经典戏目《挂红灯》跟《打金钱》、《打连成》、《打樱桃》合称为"三打一挂"，是东路二人台的代表作。这一段段故事有着不同的曲折情节，不过它们反映的却都是反封建、反剥削、反压迫的精神，因为这其中的故事来自于老百姓的生活，表达的都是大伙心里最真切的想法，所以，这扎根于土地的艺术有着特别强大的生命力。

老腔老调的东路二人台唱得人哭，唱得人笑，那一曲离别的歌谣，更是打动了很多人心底那一根琴弦。

曲为心声，诉说怎样一回伤怀旧事？

声传百年，留下怎样一段艺坛佳话？

民国初年，艺人十三旦带着二人台的戏班子到了张北的狼窝沟、馒头营。他们踩着高跷，唱着小曲，当地的老乡看着他们挺逗趣，就给这戏班子起了个小名叫"蹦蹦儿"。十三旦的戏班子唱五更、说四季，赢得了一众粉丝的热捧，戏班子也就在这里扎下了根。

几年之后，二人台摆摊唱起了小曲，唱词里也有了简单的故事情节。有这么一段离别的故事，讲的是这一家的男人要出门谋生，新婚的两口子就要分开，夫妻俩难舍难分。可是，这家里的吃喝用度全等着男人去挣呢，最后只得分开。这事就是老百姓经历过的事，这曲唱的就是老乡们的心声。这来源于生活的老故事在坝上地区唱过了上百年。那小曲腔调一起，大伙都想起了自家的伤心事，为台上的情节揪着心，为戏里的段子流了泪。

1936 年，张北县里的老艺人成立了二人台小曲班，那个名叫丁五子的演员就是其中最出名的一位。正是丁五子牵头改良了二人台，在舞台上加上了桌子椅子，在唱词中加上了对白，在歌舞之中加入了剧情，又在剧情中安排了人物角色。丁五子在戏曲改革中的心思用得很足，在演出技巧中也花了不少的力气。他是生、旦全拿的多面手，最得心应手的行当就是三花脸和彩旦。他成功地塑造了《小寡妇上坟》中的淘气、媒婆，《割红缎》中的货郎，《三女拜寿》中的丑三女等一大串形形色色的艺术形象，成为那个年头里坝上最红的二人台名角。

那些年里，丁五子跟吹塌天、满天星等搭班到了张家口。他们淳朴粗犷的气质征服了城里的观众，带着乡土味的风趣表演让戏园子里的老票友都觉得耳目一新。他们那铿锵有味的演唱余音绕梁，他们的大名也一直传到了今天。

张北的二人台演出了不少好戏目，走出了不少好演员，还出了一个大名鼎鼎的北派笛王，他那一只笛子吹遍了神州，吹响了世界。

他就是土生土长的张家口艺人冯子存。十来岁的时候，冯子存就跟着哥哥学笛子。按说，男孩子在这个年龄时，正是满世界撒欢的时候，可是，冯子存跟别的孩子不一样，这一学笛子他就学上了瘾，整天整宿地抱着那根笛子不撒手。在他看来，吃不饱，穿不暖，这些全都不算事，就算是自己一个人顶着大风骑着骆驼去赶路，也要吹上一段笛子曲。日子一久，冯子存的功夫就成了一绝，当地的老乡们还送了他一个大号“吹破天”。

1948 年，张北的天成了解放的天，冯子存报名参加了察北文艺宣传队，在这支队伍里担任了演奏员。他自己编曲自己吹，吹出了一片喜庆欢乐的好光景。

1953 年，全国第一届民间音乐舞蹈观摩会演大会隆重召开，冯子存以河北省艺人代表的身份闪亮登场，演奏的曲目中就有那段《喜相逢》，还有另外一曲《放风筝》。风味十足的笛子曲轰动了大会，轰动了北京，打动了成千上万人的耳朵。一时间，这两段曲调红遍全国，各地的大街、小巷、工厂、学校，到处都能听到这欢快的旋律。从这以后，冯子存就留在了中央歌舞团，做了一名笛子独奏演员，成了人民的笛子演奏家。

也正是在这一年，冯子存作为张北二人台艺术代表到朝鲜为“最可爱的人”慰问演出。1958 年以后，冯子存随着中国艺术家代表团多次远赴国外进行演出，他的笛声传遍了越南、瑞典、芬兰等国家和地区。冯子存所到之处，笛声一响，就是一片掌声和鲜花，他的演奏还被外国朋友称为是“魔术般的笛子”。冯子存载誉归来，到中国音乐学院担任教师，培养出一大批笛子演奏家和演奏员，把北派笛子那悠扬的曲调传承开来。

冯子存在戏曲舞台上演出了数不清的好曲子，在三尺讲台上教出了数不清的好学生。不过，他最了不起的贡献却是另外一件——几千年来，中国的笛子只是为人伴奏的小角色，而冯子存却让它走上了独奏舞台，让小小的笛子翻身一跃成了主角，这可以说是笛子艺术发展史上的里程碑。

二人台上有吹有唱，有说有笑，这老腔老调唱过了多少风风雨雨，见证了多少酸甜苦辣？艺人们在舞台上演出了别人的故事，也在生活中演绎着自己的人生，有时候，这生活中的情节倒比戏台上的还要精彩。

张家口的二人台上有个唱旦角的艺人名叫郑明礼，他虽高高大大像头骆驼，但扮上行头后，那分明就是个袅袅婷婷的大姑娘。于是，大伙就送给他一个美称——“骆驼旦”。“骆驼旦”郑明礼唱的一腔引人入胜的“爬山调”，还凭着优美动听的好嗓子赢得了一位姑娘的芳心。

一腔金嗓，唱响怎样一段乡土小调？

二人小戏，成全怎样一对欢喜鸳鸯？

“骆驼旦”郑明礼的唱腔实在是好，他唱一声“爬山调”，就能招得鸟儿欢笑，观众叫好。可是，就连他自己也没想到，这好听的曲调还引来了一位好姑娘的爱慕。

郑明礼 22 岁那一年，在内蒙古白旗龙王庙连着唱了好几天，聚起了很高的人气。这热情的观众之中有一位 20 出头的姑娘，就是县城里的郝存花。这姑娘听曲子听得入了迷，也把戏台上的“骆驼旦”当成了心中的偶像。郝存花跟人一打听，才知道唱旦角的那位不是女人，而是一个大老爷们。姑娘听了这个消息，心里咚咚直跳，不知怎么就红了脸。往后再见着舞台上的“骆驼旦”，郝存花心里更多了一层说不清道不明的喜欢，她总想挤到人群的最前面，轻轻地喊上一声“骆驼旦”，恨不得跳上台去亲自演一场“哥哥妹妹”的感情戏。

终于有一回，郝存花等着散了戏，趁着人多上了舞台，壮着胆子跟“骆驼旦”搭上了腔。“骆驼旦”郑明礼虽然是每天都唱着“哥呀妹呀”的故事,可是，瞧见眼前这位柳叶弯眉杏仁眼的姑娘，立马变得笨嘴结舌，什么也说不出来了。得说是内蒙古的姑娘有豪气，后来，还是郝存花请“骆驼旦”的大姐来说媒，才成全了一出惹人羡慕的大喜事。

几十年后，曾经的“骆驼旦”已经成了上岁数的老大爷，可是他那一股子精神头依然不减当年，用他最钟爱的曲调感动着一代又一代的男男女女。

在今天，从前的民间曲艺、草根艺术二人台已经成为国家级非物质文化遗产。张家口康保县的二人台凭着独特的艺术魅力从小小的地摊戏台唱到了亮堂堂的大舞台，走进了电视荧屏，拿下了许多大奖。

这不得不夸夸当地艺人敢于创新、敢于突破的精神，他们在传统二人台剧目“三打一挂”的基础上，改编了50多台舞蹈，摄制了以“康保二人台”命名的大型电视纪实片,推出了以二人台艺术为核心的《父子争权》、《抢财神》、《神圣的职责》等一大批艺术精品。有了这样一番努力，康保二人台从小山村唱到了北京城,从民间“小草台”唱到了中央电视台,还拿下了“五个一工程奖”、“群星奖”等荣誉。最近几年来,康保的艺人还把东路二人台传统小戏《挂红灯》、《小拜年》带到了法国，带到了荷兰，让千里之外的欧洲观众欣赏到原汁原味的东方艺术。那动人的唱腔让张家口人自豪，也让河北人骄傲。

这正是：

坝上明珠二人台，乡土艺术真不赖。

笛子大王骆驼旦，大师去后万人来。

后记

河北是中华文明的发祥地，也是民俗文化大省。战鼓、旱船、拉花、草编、石雕、年画、杂技、皮影戏……这些来自河北民间的传统绝活，从古至今，丰富着我们的生活，滋养着我们的精神。

《燕赵传奇》之《民俗文化》百集系列，带我们“听曲艺、吃美食、赏绝活、说节俗”，进入多姿多彩的民俗之旅。讲述者们在多年潜心研究的基础上，在广播里赋予古老艺术新的光彩——著名社科专家梁勇穿行太行，探源民间技艺；国家级餐饮大师孔润常行走南北，遍寻燕赵美食；石家庄学院魏胜敏博士奔波乡野，寻踪武林高手；省艺术研究所青年学者邢洁出入村寨，采撷民间音乐；省民俗文化协会副秘书长高月娟寻路乡里，溯源节俗文化；石家庄学院褚亚玲博士奉献一出出精彩的传统剧曲；青年学者王律带来一场场热闹的民间花会。

感谢这些学者，让我们认识来自民间的美好——它们那么远，穿越了历史的重重幕布；它们那么近，顽强而鲜活地存在于今天的生活。感谢听众，给我们留住美好的动力。